La Gomera

Michael Will

GPX-Daten zum Download

www.kompass.de/wanderfuehrer

Kostenloser Download der GPX-Daten der im Wanderführer enthaltenen Wandertouren.

AUTOR

Michael Will lebte 25 Jahre im Alpenrosenweg in Hamburg, bis es ihm nach dem Flugzeugbaustudium nach München zog, um seiner starken Affinität zum Wandern und Skifahren nachzugehen. Bereits 2002 fing er an, besondere Touren zu dokumentieren und neue Wanderwege auszuarbeiten. Daraus entstand ein erstes Projekt mit einem Online-Variantenabfahrten-Führer (www.gpstrackfinder.com) über 60 Touren in Norditalien. 2012, nach genau weiteren 25 Jahren, zog er nach Kalifornien an der Ostsee. Seitdem lebt er nicht weit entfernt vom nördlichsten Skihügel Deutschlands!

Seit über 15 Jahren bereist er die Kanaren, um in einer ausgewogenen Kombination aus Wanderurlaub, Badeurlaub sowie Besuchen von Sehenswürdigkeiten die Inseln zu entdecken. Dabei legt er hohen Wert auf individuelle Übernachtungsmöglichkeiten und einmalige Restaurants. Besonders beeindruckte ihn das Wanderparadies La Gomera.

Sein Treibstoff ist, neue Wege zu gehen, damit sie entstehen.

VORWORT

Der Werbeslogan der Skigebiete im Bundesstaat Utah in Amerika lockt mit: „The Greatest Snow on Earth“. Es ist nicht vermessen zu sagen, dass La Gomera mit dem Werbespruch „The Greatest Hiking on Earth“, definitiv werben könnte. Dem Besucher erwartet ein grenzenloses Wandererlebnis. Und die Wanderungen haben definitiv alpinen Anspruch, aufgrund der Höhenmeter und der Länge. Der deutsch-tschechische Autor Jan Rys sagte: Das Bergsteigen wird durch die Existenz von Bergen erschwert. Das trifft ziemlich genau La Gomera.

Ein besonderes Naturphänomen und abwechslungsreiches Erlebnis zugleich sind die verschiedenen Vegetationsstufen aufgrund der Höhenstufung der Insel. So liegt man beispielsweise bei 25°C am Strand bei strahlend blauen Himmel im Valle Gran Rey, fährt mit dem Pkw in das zentrale Hochgebirge und befindet sich dort im 15°C kühlen und feuchten Nebelwald. Mit dem Nordost-Passat angewehte Nebelwolken werden vom zentralen Hochgebirge an der Nordseite der Insel gestaut. Ihnen wird die Feuchtigkeit entzogen, um so die wunderbare Existenz des mysteriösen Nebelwaldes, einem der eigenartigsten und bedeutungsvollsten Wälder Spaniens zu gewährleisten. Keine andere Kanareninsel zeigt sich auf engsten Raum so verschieden, wild und zerklüftet wie La Gomera.

Aber auch kulturell ist sie eine reine Fundgrube. 20 % der Fläche der Insel war zu ihren Hochzeiten kultiviert und die unzähligen Terrassenfelder findet man noch heute auf jeder Wanderung vor. Um all diese Dörfer und Felder miteinander zu verbinden, entstand dieses einzigartige Wegenetz das bis zu 1000 Jahre alt ist. Es ist eine besondere Erfahrung, auf diesen ehrwürdigen und historischen Wegen zu laufen.

Die Herausforderung der Zukunft wird es sein, die extrem gut ausgebauten Wanderwege so in Schuss zu halten, dass sie auch in Zukunft genutzt werden können. Da La Gomera aufgrund seiner isolierten Lage, der relativ geringen Bettenkapazitäten und den nicht vorhandenen großen Freizeitparks, nicht mit gigantischen Besucherzahlen zu rechnen hat, bleibt La Gomera auch weiterhin eine ruhige und harmonische Insel, bei der das Naturerlebnis die Hauptrolle spielt.

Ich wünsche viel Freude und spannende Erlebnisse beim Eintauchen in das wildromantische La Gomera.

Überfahrt nach La Gomera, der Teide im Hintergrund

INHALT UND TOURENÜBERSICHT

AUFTAKT
Vorwort ... 2
Inhalt und Tourenübersicht ... 4
Gebietsübersichtskarte ... 10
Das Gebiet ... 12
Allgemeine Tourenhinweise ... 18
Meine Highlights ... 22

ANHANG
Alles außer Wandern ... 252

Tour		Seite
01	Los Granados – Arure – Mirador Cesar Manrique	26
02	El Guro – El Cercado – El Guro	30
03	Pavón – Mirador del Erque Erquito – Pavón	34
04	Lomo del Balo – Las Hayas – Lomo del Balo	37
05	El Contadero – Alto de Garajoney – El Contadero	40
06	La Laguna Grande	43
07	Las Hayas – Las Creces – Las Hayas	46
08	El Guro – Las Pilas – Tequergenche – El Guro	49
09	Chipude – Alto de Garajonay – Chipude	53
10	El Guro – Barranco de Arure – El Guro	57
11	Chipude – Fortaleza de Chipude – Chipude	60
12	Valle Gran Rey – Hochebene – La Merica – Arure	63
13	Barranco de Iguala – Playa de Iguala – Punta de Iguala	67
14	Valle Gran Rey – Barranco de Argaga – Valle Gran Rey	71
15	Alajeró – Ermita de San Isidro – Stausee Alajeró	75
16	Arguayoda – Playa de la Negra – Barranco de la Negra – Arguayoda	78
17	Alajeró – Playa de la Cantera – Alajeró	81
18	Mirador Risquillo de Corgo	84
19	Arguamul Ermita de Santa Lucia Arguamul	87
20	Laguna Grande – Felsplateau – Laguna Grande	90

Übernachtungsverzeichnis 254
Restaurantempfehlungen 258
Transport, Konsulate, Notrufe 261
Fremdenverkehrsämter,
Tourismus-Infos..............................263
Die Sprache.......................................264
Register 268
Impressum 272

km	h	hm	hm									Karte
9,7	4:00	720	720	✓	✓		✓					231
12,5	5:15	849	849	✓	✓		✓				✓	231
9,9	5:40	730	730	✓			✓					231
7,5	3:10	654	654	✓	✓		✓					231
6,7	2:20	225	225	✓	✓			✓				231
4,1	2:20	134	134	✓	✓		✓					231
5,2	2:10	160	160	✓	✓		✓					231
10,8	4:20	745	745	✓	✓							231
11,8	4:10	508	508	✓	✓		✓	✓				231
3,5	1:45	123	123	✓	✓							231
4,8	1:55	170	170	✓	✓		✓	✓				231
7,7	4:00	813	813	✓	✓							231
9,9	4:50	680	680	✓	✓						✓	231
13,5	6:45	790	790	✓	✓		✓				✓	231
6,2	2:30	354	354	✓	✓		✓	✓				231
8,9	3:00	506	506	✓								231
6,3	2:30	505	505	✓						✓	✓	231
1,7	0:50	94	94	✓	✓							231
7,9	2:40	315	315	✓								231
2,9	1:30	107	107	✓	✓		✓					231

INHALT UND TOURENÜBERSICHT

Tour		Seite
21	Chorros de Epina	93
22	Vallehermoso – Chorros de Epina – Macayo – Vallehermoso	96
23	Epina Lomo del Espino Tazo Epina	100
24	Alojera – Caseria Cubada – Playa-Negrin-Blick – Pico de Herrera Alojera	104
25	Guillama – Playa Santa Catalina – Guillama	108
26	Vallehermoso – Punto de la Sepultura – Tamagarda – Vallehermoso	111
27	Tejeleche • 618 m	114
28	Arcadece – Nebelwald – Arcadece	117
29	Vallehermosa – Mirador Punta de Alcalá – Playa Vallehermoso	120
30	Vallehermoso – Mirador Roque Blanco – Vallehermoso	125
31	Alojera – Playa del Trigo – Playa Alojera – Roque de Alojera	129
32	Arure – Taguluche – Arure	133
33	Um den Roque de Mona	136
34	Reventón Oscuro – Ermita de Lourdes – Alto de Garajonay • 1487 m – Mirador Aganda	139
35	La Gerode – Weiße Höhlen	143
36	Hermigua – Las Nuevitas – Hermigua	146
37	Reventón Oscuro – La Laja – Roque de Agando – Reventón Oscuro	149
38	Hermigua – Roques de San Pedro	152
39	Hermigua – Südostwand Lomo Gordo – Los Acevinos – Hermigua	155
40	Mirador La Carbonera – Degollada de la Cumbre	159
41	El Cedro – Nebelwald – Wasserstollen – El Cedro	162
42	Hermigua El Convento – El Cedro – Hermigua El Convento	165
43	Agulo – Playa de San Marcos – Agulo	168
44	Las Rosas – Montaña del Cepo • 659 m – Las Rosas	171

km	h	hm	hm									Karte
2,3	0:55	193	193	✓	✓		✓		✓	✓		231
10,9	3:55	722	722	✓	✓		✓		✓	✓		231
11	5:40	612	612	✓	✓		✓		✓	✓		231
10	4:00	268	268	✓	✓				✓			231
3	1:30	204	204	✓					✓		✓	231
11,8	4:00	719	719	✓	✓		✓		✓	✓	✓	231
3	1:45	165	165	✓				✓	✓			231
5	2:30	233	233	✓	✓				✓			231
13,5	5:25	719	719	✓	✓		✓		✓	✓	✓	231
11,3	3:45	740	740	✓	✓		✓		✓			231
8,9	4:30	572	572	✓	✓		✓		✓			231
6,9	3:25	634	634	✓	✓		✓		✓			231
5,7	2:15	441	441	✓			✓		✓			231
12,6	4:15	721	721	✓					✓			231
10,7	4:20	366	366	✓					✓	✓		231
11,1	4:15	500	500	✓	✓		✓		✓	✓		231
8,4	3:30	690	690	✓					✓			231
2,8	1:10	162	162	✓	✓		✓		✓	✓		231
11,8	4:45	708	708	✓	✓		✓		✓			231
2,8	1:10	236	236	✓	✓				✓			231
6,7	2:35	330	330	✓			✓		✓	✓		231
10,3	4:10	723	723	✓	✓		✓		✓	✓		231
4,9	1:55	218	218	✓	✓		✓		✓			231
6,9	2:30	171	171	✓	✓		✓	✓	✓	✓		231

INHALT UND TOURENÜBERSICHT

Tour		Seite
45	Hermigua – Rote Wand–Südostwand Lomo Gordo – Hermigua	174
46	Playa Caleta – El Muelle De Lorenzo – Playa Calatea	178
47	Hermigua – Casas del Palmar – Casas del Taguluche – Hermigua	181
48	Agulo – Pescante de Agulo-Pescante de Hermigua – Agulo	184
49	Agulo – Juego de Bolas – Mirador de Abrante – Rote Wand – Agulo	187
50	Roque de Agando – Benchijigua – bei Imada – Mirador de Agando	190
51	Degollada de Peraza – El Cabrito – Degollada de Peraza	194
52	Degollada de Peraza – Playa de Santiago	199
53	Playa del Medio – Playa del Guincho – Playa del Medio	204
54	Imada – Alto de Garajonay • 1484 m – Imada	208
55	Alajeró – Imada – Barranco de Guarimiar – Targa – Alajeró	212
56	Caserio Taco – Pastrana – Lo del Gato – Caserio Taco	216
57	Playa de Santiago – Roque de los Moros – Barranco de los Cocos – Playa de Santiago	220
58	San Sebastian – Playa de la Guancha – San Sebastian	224
59	Degollada de Peraza – La Laja – Roque de Agando	227
60	San Sebastian – Ayamosna – Roque Sumbrero – San Sebastian	230
61	San Sebastián del La Gomera – The Big Five	234
62	Las Casetas – Enchereda • 1063 m – Hermigua	238
63	GM-3 – Playa de Ereses – Barranco de Ereses – GM-3	242
64	Alajeró – Drachenbaum – Alajeró	246
65	Playa de Avalo – Roque de Aluce – Ermita de Nuestra Señora de Guadalupe – Camino Puntanella	249

km	h	hm	hm									Karte
11,1	4:30	703	703	✓	✓		✓		✓			231
7	2:20	213	213	✓			✓		✓	✓	✓	231
13	5:40	490	490	✓					✓			231
9,6	3:55	277	277	✓	✓		✓		✓	✓		231
9,4	3:50	570	570	✓	✓		✓		✓	✓		231
12	4:40	734	734	✓	✓				✓			231
19	7:50	1035	1035	✓	✓		✓		✓			231
14,5	5:50	150	1070	✓	✓		✓		✓	✓	✓	231
8,3	4:20	432	432	✓					✓			231
10	4:40	615	615	✓	✓		✓	✓	✓			231
10,2	4:10	636	636	✓	✓		✓		✓			231
8,7	3:40	502	502	✓					✓			231
14,4	5:55	726	726	✓	✓		✓		✓		✓	231
7,9	3:10	159	159	✓	✓		✓		✓		✓	231
8,5	3:00	628	628	✓	✓		✓		✓			231
16,7	6:50	1007	1007	✓	✓				✓		✓	231
6,7	2:20	244	244	✓	✓		✓		✓	✓	✓	231
17,6	7:10	798	1117	✓					✓			231
10,5	4:10	541	541	✓			✓		✓	✓	✓	231
5,1	2:10	285	285	✓	✓		✓		✓	✓		231
8	3:40	382	385	✓					✓			231

GEBIETSÜBERSICHTSKARTE

OCÉANO ATLÁNTICO
Roque de Fuera
Playa de San Marcos
TF711
Agulo
44
43 48
49
Playa de Santa Catalina
Hermigua
47
46
45
Las Nuevitas
39
Las Palmas
Punta Palillos
Punta Majona
El Curato
36 38
Barranco de Juel
42
Encherada 1063
El Rejo
40
Playa Zamora
41
El Carmen
34 37
35 62
Punta Llana
Chejelipes
65
La Laja
50
Punta de Ávalo
TF711
Playa de Ávalo
51
El Molinito
52 59
TF713
Vegaipala
58
Punta de San Christóbal
Ayamosna
60
Jerduñe
Lo del Gato
61
San Sebastián de la Gomera
Barranco Juan de Vera
Seima
Tejiada
Playa del Cabrito
El Cabrito
Contrera
56
Punta del Cabrito
Antoncojo
53
Laguna de Santiago
57
Playa de Santiago
Playa de Ereses

Geografie und Geologie

La Gomera erhebt sich mit nur 25x27 km Durchmesser nahezu kreisförmig aus dem Atlantischen Ozean. Nach El Hierro ist sie die zweitkleinste der Kanarischen Inseln und liegt ca. 350 km vor der nordwestafrikanischen Küste. Wie alle Kanarischen Inseln ist sie das Ergebnis vulkanischer Tätigkeit, als tektonische Verschiebungen zwischen den afrikanischen und eurasischen Platten zu Rissen im Erdmantel führten, flüssiges Magma aus dem Erdinneren an die Oberfläche gelangte und nach dem Erkalten den heutigen Grundstein der Insel bildete. Diese dürften im Wesentlichen in zwei Hauptperioden entstanden sein, die von längeren Stillstandsphasen unterbrochen waren. Sie sind in der Zeit vom Früh- und Mitteltertiär sowie vom Spättertiär bis in das Quartär anzusetzen. Dabei sind die östlichen Inseln der Kanaren vor 13–20 Millionen Jahren standen, Teneriffa und La Gomera werden auf vermutlich weniger als 10 Millionen Jahre datiert, während die Entstehung von El Hierro und La Palma erst vor 2–3 Millionen Jahren stattfand. Im Gegensatz zu den anderen Kanareninseln gibt es auf La Gomera aber keine mit Vulkangestein bedeckten Oberflächen, denn der letzte Vulkan erlosch vor etwa 2 Millionen Jahren. Die wetterbedingte Erosion und die Abrasionstätigkeit des Meeres haben in ihrem Zusammenwirken das Landschaftsbild der heutigen Insel geformt. Vom höchsten Punkt der Insel – dem Alto de Garajonay mit 1487 m Höhe – winden ca. 50 vegetationsreiche Schluchtausläufe bis zum Meer. Diese sogenannten Barrancos bahnen sich ihren Weg durch fruchtbare Täler mit unzähligen Palmenhainen und Terrassenfeldern, in die malerisch Ortschaften eingebettet sind. Vereinzelt stehen Zeitzeugen der vulkanischen Aktivitäten – Vulkanschlote = Roques –, der vergangenen Zeiten landschaftsprägend und willkürlich in der Natur. Die bekanntesten sind der Roque Cano (650 m) westlich vom Vallehermoso und Los Roques, eine Formation von 4 großen Felsdomen im Südwesten vom Nationalpark Garajonay. Die Küste besteht zum großen Teil aus steil abfallenden Felsformationen, kilometerlange Sandstrände finden sich auf La Gomera nicht. Die Strände – Küstenabschnitte wäre die treffendere Bezeichung – bestehen aus schwarzem Lavasand oder Kieselsteinen. Ohne Frage, La Gomera ist das wildeste und zerklüftetste Eiland der Kanarischen Inseln.

Palme bei Gerian

Barranco de Negra

Flora

Die Kanarischen Inseln, und hier im Besonderen La Gomera, stehen unter dem prägenden Einfluss der feuchten Passatwinde, die von Nordost kommend eine Luftschicht von 800–1500 m durchdringen und hier ihnen die Feuchtigkeit entzogen wird oder es zu Niederschlägen kommt. Sie fungiert aber auch gleichzeitig wie eine Isolierungsschicht gegen die starke Sonnenbestrahlung. Daraus resultiert, dass die nördliche Region der Insel weitaus fruchtbarer als der trockene Süden ist. Ein weiterer wichtiger Aspekt für die verschiedenartige Flora auf La Gomera ist die Höhenstufung und daraus resultierende Ausbildung verschiedener Vegetationsstufen.

So reicht das Gestrüpp – das den Küstenstreifen einnimmt – in den Wind ausgesetzten Gebieten bis auf 200 m, auf der windgeschützten Seite der Insel bis auf 700 m. Diese Vegetationsstufe muss mit 250 mm Niederschlag, sehr unregelmäßig über das Jahr verteilt, auskommen. Zugleich sind sie aber einer extrem starken Sonneneinstrahlung ausgesetzt. Diese fast wüstenhaft trockene heiße Zone ist der Lebensraum für Kakteen, Agaven, Aloen, Strandflieder, diverse Wolfsmilchgewächse und andere sukkulenten Unterarten wie zum Beispiel die Säuleneuphorbie, ferner die Tamariske, die Kanarische Dattelpalme und den Drachenbaum. Mit geschätzten 120.000 Exemplaren hat La Gomera im Vergleich zu den anderen Kanareninseln die größte Anzahl von Palmen.

Die thermophilen Wälder beginnen ab einer Höhe von 200–600 m und die Zusammensetzung dieser Wärme liebenden Wälder ist nicht immer dieselbe. Je nachdem, welche Art dominiert, trifft man Wacholder Gestrüpp, Palmenhaine oder Ginster-Gestrüpp an.

Der immergrüne Nebelwald (Monte Verde), eine verhältnismäßig feuchte Zone, erstreckt sich zwischen 600 und 1500 m im Einflussbereich der Passatwolken. Das ideale Klima für die Entwicklung dieser Vegetation sind Temperaturen um die 15°C und Niederschläge von ca. 1000 mm pro Jahr. Hier trifft man die bis zu 2 m großen Farnen, Laubbäume und den Kanarischen Lorbeerbaum.

Aufgrund eigener Ökosysteme gibt es die folgenden Besonderheiten auf La Gomera: In Küstennähe müssen sich die Pflanzen dem hohen Salzgehalt und der starken Sonneneinstrahlung anpassen, in den Schluchten dem Übermaß an Wasser und in den Felsen dem nur spärlich vorhandenen Erdreich. Ein weiterer Sonderfall sind die Kiefernwälder auf La Gomera. Auf den anderen Kanarischen Inseln findet man diese oberhalb des immergrünen Nebelwalds. Auf La Gomera hingegen kommen die Kiefernwälder nur an bestimmten Felsen vor. Daher besitzen sie eine geringe Ausdehnung und es gibt sie nur in der Gegend um Agando, Imada und Garabato (zugleich der Größte auf La Gomera mit seinen 13 ha.) Man findet weitere Kiefernbestände, die aber zwischen 1930 und 1960 dort angepflanzt wurden. Im Nationalpark Garajonay werden diese nicht heimischen Kiefernhaine abgeholzt und durch die ursprüngliche Vegetation ersetzt.

Auf den öffentlichen Plätzen und in den Gärten auf La Gomera ist eine Vielzahl von Bäumen und Sträuchern anzutreffen, wie der blau violett blühende Jacaranda, der Tulpenbaum, der Indische Lorbeer, Johannisbrotbäume und weitere verschiedene Palmarten. Entlang der Straßen trifft man auf Eukalyptus, falschem Pfefferbaum, Zeder, Wacholder, Korkeiche, Platane, Zitterpappel, Rizinusstrauch und verschiedene Tamariskenarten. An exotischen Pflanzen blühen und gedeihen der Hibiskus

Roque mit Tejeleche im Hintergrund

in allen Farben, Jasmin, Frangipani, Bougainvillea, Magnolie, Oleander, Kamille, Trompetenbaum und viele andere Pflanzen, die mit ihrem Duft, den intensiven Farben und den ungewöhnlichen Formen ein einzigartiges Blumenparadies schaffen.

Aufgrund der isolierten Lage der Insel bringt es alleine La Gomera auf 600 Arten endemischer Pflanzen von den insgesamt 2100 Pflanzenarten, die auf den Kanarischen Inseln vorkommen.

Oberhalb von Aurure

Fauna

Fauna 1 – in terra | Die Tierwelt ist wesentlich artenärmer als die Pflanzenwelt, doch auch hier gibt es eine große Anzahl endemischer Arten. Bis auf Kaninchen, Igel, Ratten und vier Fledermausarten kommen auf den Kanaren keine größeren wild lebenden Säugetiere vor. Für den Wanderer ist die Tatsache sehr beruhigend, da er keine Giftschlangen oder Skorpione fürchten muss. Dafür gibt es Eidechsen in großer Anzahl. Den munter trillernden, gelblichen Kanarienvogel sucht man auf La Gomera allerdings vergebens. Auch gibt es in großer Anzahl Amseln, Blaumeisen, Spechte, Buchfinken, Tauben sowie Turmfalken, Bussarde und nicht zuletzt Möwen und Ibiss. In der Insektenwelt findet man sehr viele endemische Arten. Bei den Schmetterlingen gibt es wunderschöne Falter wie den Zitronenfalter und Monarchfalter.

Fauna – ut aqua | Die Gewässer des Archipels sind sehr fischreich. Vor allem Barsch, Sprotten, Rochen, Moränen, Tintenfisch und Salm werden gefangen. Zwischen Teneriffa und La Gomera leben 27 verschiedene Wal- und Delfinarten, deren Beobachtung mittlerweile zu den besonderen Sehenswürdigkeiten zählt. Der touristische Rummel macht trotz der mittlerweile erlassenen Schutzbestimmungen den Tieren jedoch sehr zu schaffen, denn Beobachtungen haben ergeben, dass die Gruppen zunehmend kleiner werden, die Tiere schlechter ernährt und viel scheuer sind. Delfine kann man sehr gut in Küstennähe beobachten – wenn man Glück, hat auch auf der Überfahrt mit der Fähre von Teneriffa –, da sie in der Regel in kleinen Schwärmen von 10–50 Exemplaren auftauchen. Wale wiederum tauchen alleine oder in kleinen Gruppen und sind damit nicht so einfach auszumachen. Besonders häufig trifft man auf Grindwale, eine Walgattung aus der Familie der Delphine und gelegentlich werden sogar Schwertwale gesichtet. Auch berichten Fischer, Orcas gesichtet zu haben.

Klima
Allgemein herrscht auf den Kanarischen Inseln ein warm gemäßigtes Klima. Das Wettergeschehen wird zu 80 % durch den von Nordost wehenden Passatwind geprägt. Dabei ist zu differenzieren zwischen dem Alisio, an niedrigen flockigen Wolken zu erkennen –, dem Scirocco –, einem nur einige Tage im Jahr südöstlich wehenden Wind aus der Sahara –, das Azorenhoch –, ein Hochdruckgebiet, das sich im Bereich der Azoren im Nordatlantik ausbildet und dem Kanarenstrom –, eine kühle bis mäßig warme Meeresströmung im nordöstlichen Atlantik.

Ein äußerst beeindruckendes Wetterphänomen stellt die Wolkenbildung des Nordost-Passatwindes dar. In einer Höhe zwischen 800–1500 m bleiben die Wolken an den Nordhängen der zentralen Bergregion von La Gomera hängen, es wird ihnen ihre Feuchtigkeit entzogen oder sie regnen sich aus – während zum gleichen Zeitpunkt die Südhälfte der Insel gänzlich ohne Niederschlag bleibt. Die durchschnittliche Niederschlagsmenge für La Gomera beträgt 400 mm. Dieser Durchschnittswert hat aber keinerlei Aussagekraft, da

Kakteen mit Kaktusfeigen

	Januar	Februar	März	April	Mai
Tagestemperatur	21	21	22	23	24
Nachttemperatur	15	15	15	16	17
Sonnenstunden	6	6	7	8	9
Regentage pro Monat	6	4	3	2	2
Wassertemperatur	19	18	18	18	19

die regionalen Unterschiede drastischer nicht sein können. So liegt die durchschnittliche Niederschlagsmenge im Norden bei 500 mm, im dicht bewaldeten Nationalpark bei etwa 1000 mm und im Süden bei Playa de Santiago nur bei 20 mm Niederschlag pro Jahr. Dabei sind die Niederschläge auf den Winter beschränkt. Für Schnee im Winter sorgen die selten auftretenden Winde aus Nordwest und Südwest. Die untere Schneefallgrenze liegt im Winter bei 1200 m.

Tunnel in einer Lavamauer bei Playa Santiago

Die Temperaturschwankungen der Luft und des Meereswassers sind außerordentlich gering, wie aus der nachfolgend gezeigten Klimatabelle zu ersehen ist.

Auch hier sind die Durchschnittswerte im Küstenbereich aufgeführt. Aber nur wenige Minuten Fahrtzeit trennen die sonnenreichen Gebiete am Meer von den Wäldern in der Wolkenzone. Dabei ist zu beachten: Mit zunehmender Höhenlage wird es kühler, mit etwa 100 m Höhenunterschied ist mit 1°C Temperaturunterschied zu rechnen. Beispiel: Im Mai beträgt die Durchschnittstagestemperatur 24°C an der Küste, während sie im hoch gelegenen Garajonay-Nationalpark mit seinen Lorbeerbäumen bei nur 15°C liegt. Die Anzahl der durchschnittlichen Sonnentage liegt im Mittel bei 300 Tagen.

Juni	Juli	August	September	Oktober	November	Dezember
25	27	29	28	26	24	22
18	20	21	20	19	18	16
9	9	9	8	7	6	5
1	0	0	2	5	6	7
20	21	22	23	23	21	20

ALLGEMEINE TOURENHINWEISE

SCHWIERIGKEITSGRADE

■ LEICHT

Spaziergänge oder einfache Wanderungen auf breiten Wegen und gut begehbaren Pfaden oder Barrancos. Es gibt dabei keine besonderen Gefahrenstellen. Kräftige Steigungen, steinige oder rutschige Abschnitte sind jedoch möglich. Beschilderungen bestehen nicht überall und so kann es an Weggabelungen zu Orientierungsproblemen kommen.

■ MITTEL

Diese Touren führen in unwegsame und abgelegene Küstenstreifen oder Berggebiete und Barrancos. Einzelne Stellen und Passagen können felsig und abschüssig sein. Diese erfordern dann Trittsicherheit, Schwindelfreiheit und die nötige Wandererfahrung. Manche dieser Strecken setzen guten Orientierungssinn im Gelände voraus.

■ SCHWER

Schwarze Routen sind technisch anspruchsvoll und meistens auch lang. Die teilweise beträchtlichen Höhenunterschiede erfordern gute Kondition. Sowie sehr gutes Orientierungsvermögen. Rechnen Sie mit schmalen, steilen oder abschüssigen und rutschigen Abschnitten, aber auch mit extrem scharfkantigen Gestein und schwierigen Passagen durch Barrancos. Diese Bereiche setzen absolute Trittsicherheit, Schwindelfreiheit und erste Klettererfahrungen voraus. Diese Routen befinden sich in entlegenen Gebieten und somit ist keine rasche Hilfe zu erwarten.

AUSRÜSTUNG

Auf allen roten und schwarzen Wanderwegen benötigt man feste und über die Knöchel reichende Wanderschuhe mit einer festen Profil-Gummisohle. Ein leichter Wanderschuh oder sogar ein Turnschuh eignet sich nur auf den blauen Touren. Da viele Wege auf sehr rutschigem Untergrund verlaufen, sind Wanderstöcke zur weiteren Unterstützung hilfreich.

Wenn man im warmen und wolkenlosen Valle Gran Rey frühstückt, ist es sehr schwierig sich vorzustellen, dass die Temperaturen in den Hochlagen signifikant niedriger sind – es eventuell sogar regnet – obwohl an der Küste weiterhin Badewetter herrscht! Beträgt beispielsweise die Temperatur 24°C an der Küste, liegt sie bei 14°C im hoch gelegenen Garajonay-Nationalpark. In den Wintermonaten und bei Wanderungen im Nationalpark gehören also eine winddichte Jacke und längere Hose zur Standardausrüstung und ergänzend Regenbekleidung sowie rasch trocknende Funktionskleidung. Das Wetter kann sich rasch verschlechtern, man sollte stets auf Witterungsumschwünge vorbereitet sein.

Bei Wanderungen in der Küstenregion sind Sonnencreme sowie ein passender Strohhut obligatorisch. Auf Reservekleidung kann man hier in der Regel aufgrund der hohen Durchschnittstemperaturen verzichten. Eine kleine Reise-Apotheke und eine Trillerpfeife für den Notfall gehören zur Standardausrüstung im Rucksack. Ein eingeschaltetes Handy ist empfehlenswert, aber in den von Felsen flankierten Barrancos ist der Empfang nicht die Regel. Da es nicht auf allen Touren eine Einkehrmöglichkeit gibt, sollte noch dementsprechende Tourenverpflegung mit eingeplant werden. Da wir westlich von Afrika wandern, und die Sonne sehr stark ist, sollten mindestens 1,5 l Wasser pro Person eingeplant werden.

ORIENTIERUNG UND MARKIERUNG

Seit dem 16. Jahrhundert waren die Ortschaften der Insel lückenlos durch ein weit umspannendes Wegenetz miteinander verbunden, das in den letzten Jahren wieder freigelegt und instand gesetzt wurde. Erst im 20. Jahrhundert wurden Straßen gebaut, zuvor existierte nur das Fußwegenetz, das selbst den kleinsten Weiler verband. So wandern wir größtenteils auf alten Dorfverbindungswegen oder Wegen zu Terrassenfeldern, von denen ein kleiner Anteil als Wanderwege dokumentiert wurde und in das verfügbare Kartenmaterial aufgenommen wurde. Die meisten Pfade sind mit Steinen gepflastert und auch durch Mauern abgegrenzt.

Die Inselregierung hat 30 Wanderungen mit GPS-Track auf ihrer Webseite publiziert. Diese sind vorzüglich markiert. Aber aufgrund der Vielzahl von Wanderwegen und deren Kombinationsmöglichkeiten – im Speziellen für Rundwege – sind Markierungen, oftmals nur spärlich ausgezeichnet worden. Viele solcher Wege sind mit Steinmännchen oder kleinen Steinpyramiden gekennzeichnet.

GEFÜHRTE TOUREN

Ricardo Tomé ist auf La Gomera geboren und bietet geführte Wanderungen an und freut sich, Ihnen seine Insel zu zeigen. | El Estanquillo 53, 38820 Hermigua | www.ricardogomera.com | info@ricardogomera.com | Mobiltelefon 0034/676822980, Telefon aus Deutschland 0049/8933981122

WANDERKARTEN

Die beste Übersicht über die gesamte Insel, ihr Wanderwegenetz und alle Ausflugsziele bietet die Kompass-Karte Nummer 231 La Gomera (mit umfassender Begleitbroschüre). Die GPS-genauen Kompass-Karten sind die ideale Ergänzung für Ihre nächste Tour. Der lesefreundliche Maßstab und nützliche Informationen über die Region erleichtern Ihre Planung.

WEITERE WANDERWEGE

Zwei große mit GR (Sendero de Gran Recorrida) bezeichnete und weiß-rot markierte Wanderwege durchziehen La Gomera: Der GR 132 umrundet die gesamte Insel entlang der Küste. Für diesen langen Weg ist etwa eine Woche einzuplanen. Der GR 131 von San Sebastian nach Vallehermoso überquert La Gomera über den Hauptkamm und lässt sich in 2–3 Tagen bewältigen. Da diese Wanderwege mehrfach in der Literatur beschrieben worden sind und deren GPS-Tracks auf verschiedenen Internetplattformen heruntergeladen werden können, werden sie in diesem Wanderführer nicht aufgeführt. Auf vielen Wanderungen aus diesem Wanderführer treffen wir aber auf ausgeschilderte Wegabschnitte dieser Wanderroute, die teilweise bei der Orientierung helfen. Eine gute Wanderkarte sollte bereits vor der Tour gründlich studiert werden, und dann dementsprechend auch mitgenommen werden. Smartphones erlauben die Navigation mittels eines GPS-Tracks, der von der Kompass-Homepage heruntergeladen werden kann.

ALLGEMEINE TOURENHINWEISE

GPX-DATEN

Alle GPX-Daten können von der Internetseite www.kompass.de/wanderfuehrer heruntergeladen und auf ein GPS-Gerät zur präzisen Navigation im Gelände geladen werden. Die Koordinaten der Ausgangspunkte sind im dezimalen Gauss-Krüger-Format angegeben. Sie können direkt in ein Straßen-Navigationsgerät eingegeben werden. So ist sichergestellt, dass sich die Ausgangspunkte auf Anhieb finden lassen.

ANGEGEBENE GEHZEITEN

Die in den Höhenprofilen und Beschreibungen angegebenen Gehzeiten gelten für Bergwanderer mit guter Kondition (Bezugspunkt sind 400 m/Std. im Steilgelände).

Reiseinformationen

Anreise
Seit 1999 kann man ausschließlich mit der Fluggesellschaft Binter Canarias von Tenerife Norte nach La Gomera reisen. Der beschauliche Flughafen liegt westlich von Playa Santiago. Allerdings sollte man sich nicht 100-prozentig auf diese Flugverbindung verlassen. Immer wieder gibt es wetterbedingte Probleme zum kleinen Flughafen. Auch gibt es täglich nur zwei Maschinen, die direkt wieder zurück nach Teneriffa fliegen. Innereuropäische Flüge von deutschen, österreichischen und schweizerischen Flughäfen erreichen in etwa 4–5 Stunden Teneriffa. Auf dem Landweg, also mit dem Auto, geht es nur per Fähre von Cádiz aus. Die Überfahrt vom spanischen Festland via Teneriffa nach La Gomera dauert gut zwei Tage.

Einreise
EU-Bürger aus Schengenstaaten werden weder bei der Ein- noch bei der Ausreise nach dem Personalausweis gefragt, doch sollte man stets sich ausweisen können. Bürger der Schweiz benötigen einen Personalausweis oder Reisepass.

Die wichtigsten Fluggesellschaften und ihre Telefonnummern:

Flughafen La Gomera Auskunft:	0034/902704704
Flughafen Teneriffa Sur Auskunft:	0034/902404704
Air Berlin:	0034/902333335
Binter Canarias	0034/902391392
Canaryfly:	0034/902808065
Condor:	0034/902517300
Easy Jet:	0034/902599900
TuiFly:	0034/902012512
Norwegian:	0034/902848080

Weitere Telefonnummern findet man unter der Webseite: www.aena.es/de/flughafen-tenerife-sur/fluggesellschaften.html

Fährverbindungen
Vom Flughafen Teneriffa Süd zum Hafen Los Cristianos fährt man mit dem Pkw 20 Minuten. Für die 18 km bezahlt man mit dem Taxi € 20–30. Der Bus fährt vom Gate 32 alle 30 Min. und benötigt für die Strecke AEROPUERTO TENERIFE nach LOS CRISTIANOS 5 Stops und 28 Min. (http://titsa.com/index.php/tus-guaguas/lineas-y-horarios/linea-111). Aufgepasst! Der Bus fährt aber nicht direkt zum Anleger, sondern man muss noch 1,2 km, ca. 20 Minuten zu Fuß zum Anlager gehen. Zur Überfahrt von Teneriffa (Los Cristianos) nach La Gomera gibt die zwei folgenden Fährgesellschaften: | NAVIERA ARMAS S.A., www.navieraarmas.com, Tel.: 0034/902456500 | FRED. OLSEN, www.fredolsen.es, Tel.: 0034/902100107

Ärzte/Krankenhäuser
Die Vorlage einer europäischen Krankenversicherungskarte ist ausreichend um behandelt zu werden. Meistens wird man aber gegen Rechnung behandelt, um dann zu Hause mit seiner Krankenversicherung abzurechnen. Als zusätzlicher Versicherungsschutz empfiehlt sich der Abschluss einer Auslandskrankenversicherung, da diese den Krankenrücktransport mitversichert. Auf La Gomera gibt es nur in San Sebastian del La Gomera ein Krankenhaus, weitere kleine Kliniken in San Sebastián und Vallehermoso. Deutschsprachige Ärzte und Zahnärzte findet man mühelos im Telefonbuch.

MEINE LIEBLINGSTOUR

Westlich vom kleinen Flughafen auf La Gomera befindet sich das unbekannte Barranco Ereses, Tour 63, Seite 242, um das sich alles auf unserer Wanderung dreht. Die Wanderung beginnt gleich mit einem Paukenschlag, dem spektakulären Abstieg in das Barranco de Ereses. Auch wenn der erste Blick auf den 150 m tiefer liegenden Strand das nicht vermuten lässt, es führt ein Weg mit Steinmännchen markiert, ohne Kletterstellen und ohne Absturzgefahr, bergab. Die Belohnung ist der traumhaft gelegene Playa Ereses mit einer erstklassigen Bademöglichkeit – in der absoluten Einsamkeit. Aus dem Tal führt ein teilweise verschütteter, uralter Camino – der nicht immer einfach auszumachen ist - zu dem gespenstisch anmutenden Lotsenhaus und einem Hangar des alten Flughafens. Zurück führt der Weg auf der alten Flughafen-Transferstraße – die heutzutage nur noch eine wüste Schotterpiste ist. Vorbei führt die Piste an Terrassenfeldern und Behausungen, gelegen an einem ganzjährig Wasser führenden Barranco, bis die abenteuerliche Wanderung endet.

MEINE HIGHLIGHTS

1

1: Einen Tag zu erwischen, bei dem es windstill ist und man sich oberhalb der Passatwolken befindet und von der Aussichtsplattform am Mirador de Agando den Sonnenuntergang erlebt.
→ Tour 50, Seite 190

2: Eine Wanderung durch den stark tropfenden Nebelwald, bis die Passatwolken eine Pause einlegen und die Sonne durchbricht.
→ Tour 54, Seite 208

3: Sonnenuntergang am Montaña del Cepo mit Blick auf Teneriffa und den Teide.
→ Tour 44, Seite 171

4: Ein Mittagessen am Abgrund oder ein Espresso mit schöner Fernsicht am Restaurant Mirador de Abrante. → Tour 49, Seite 187

5: Die saftigen Wiesen im Frühjahr – Blick vom Alto de Garajonay auf die Fortaleza de Chipude.
→ Tour 9, Seite 53

2

3

4

5

LOS GRANADOS – ARURE – MIRADOR CESAR MANRIQUE

Steile Rampe aus dem Valle Gran Rey nach Arure

9,7 km | 4:00 h | 720 hm ↗ | 720 hm ↘ | 231

START | Busanbindung: Linie 1 und 6. Aus dem unteren Valle Gran Rey fahren wir auf der GM-1 talauswärts Richtung Arure. Nach 3 km erreichen wir die kleine Ortschaft Los Granados. Auf der linken Straßenseite – gegenüber der Bushaltestelle – befinden sich Parkmöglichkeiten. Geokoordinaten Parkplatz:
[GPS: N28° 06.698 W17° 19.105 und 28.111633 -17.318417].
CHARAKTER | Technisch stellt die Route keine allzu großen Anforderungen, aber 720 Höhenmeter und wechselnde Wetterbedingungen stellen eine Herausforderung dar.

Auf einer Länge von 4 km erstreckt sich das Valle Gran Rey, umgeben von einer beeindruckenden Felsenlandschaft und einer überwältigenden Vielzahl von Palmen. Schon bei der Anfahrt von Arure ins Valle Gran Ray staunen wir, wie sich die Straße durch unendliche Kehren ins Tal herunterschraubt. Schwer vorstellbar, dass man neben der Hauptstraße – auf sehr gut angelegten Wanderwegen – die Strecke auch wandernd zurücklegen kann. Die Belohnung für die Mühen sind andauernde schöne Fernblicke, satt-grüne Wiesen bei Arure und der Besuch einer der TOP-Sehenswürdigkei-

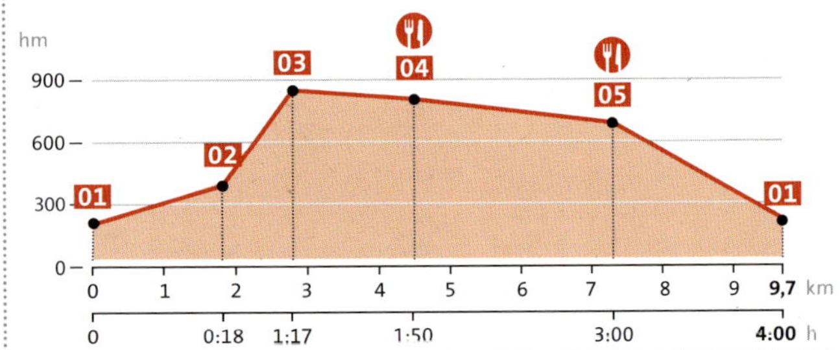

01 Los Granados 286 m; 02 Felsdurchbruch 431 m;
03 Valle Gran Rey 868 m; 04 Ermita Virgen de La Salud de Arure 813 m;
05 Mirador César Manrique 731 m

Los Granados

ten von La Gomera, dem Mirador César Manrique.

▶ Von **Los Granados** 01 (286 m) gehen wir Richtung Valle Gran Rey an den kleinen Supermarkt vorbei und noch vor einer weiteren Parkbucht fängt rechts der Wanderweg Richtung Arure an. Schnell gewinnen wir an Höhe und es ergeben sich Blicke über das gesamte untere Valle Gran Rey, bis hin zum Meer. Bei einem markanten **Felsdurchbruch** 02 (auf 431 m) überschreiten wir einen Bergrücken. Bei der alten Zufahrtsstraße in Valle Gran Rey angekommen, gehen wir links bis zur GM-1 vor, queren diese, gehen 100 m links, um auf beginnenden Pfad die GM-1 kurz darauf nochmals zu queren. Nach einem kurzen Stück durch einen Pinienwald wird die GM-1 abermals überschritten, Richtung Mirador César Manrique. 50 m vor einem einzeln stehenden Haus auf der gegenüberliegen-

Los Granados

Oberhalb von Los Granados

den Straßenseite gabelt sich der Weg und wir queren im weiteren Verlauf zweimal die GM-1. Nach einem kurzen Aufstieg erreichen wir eine Weggabelung, an der wir links Richtung Arure 2 km gehen. Von diesem Aussichtspunkt hat man einen traumhaften Blick in das lang gezogene **Valle Gran Rey** **03** (868 m). Im Frühjahr laufen wir auf diesem Wegstück über grüne Wiesen, mit einigen Palmen und Wolfsmilchgewächsen. An der nächsten Weggabelung gehen wir links und erreichen bei den ersten Häusern von Arure die Asphaltstraße. An dieser halten wir uns rechts und in der folgenden Linkskehre der GM-1 auf dem Abzweiger rechts, bis zur **Ermita Virgen de La Salud Arure** **04** (813 m) – Jungfrau der Gesundheit. Der nachfolgende Weg führt links an der Kirche aus dem Jahre 1515 vorbei, dabei folgen Wegweisern Richtung Las Hayas, bis wir nach dem Staudamm die Straße queren. Ganz unspektakulär überschreiten wir den höchsten Punkt unserer Wanderung oberhalb des rechts von uns liegenden Friedhofs. Bei der folgenden Kreuzung gehen wir rechts und nach 50 m überqueren wir die Asphaltstraße. Am **Valle Gran Rey** **03** wandern wir links bergab bis zur Asphaltstraße. An dieser gehen wir durch die lange Rechtskurve bis zum **Mirador César Manrique** **05** (731 m). César Manrique ist ohne Frage der bedeutendste Künstler des letzten Jahrhunderts und prägte die Insel Lanzarote wie kein anderer. In all seinen Werken vereinigt er Natur und Kunst. Jeder Kanareninsel wollte er eine seiner Kunstwerke schenken und so baute er auf La Gomera dem Mirador César Manrique – mit seinem einzigartigen Ausblick. Nach der Besichtigung gehen wir ein kurzes Stück auf der GM-1 bergab, um am Ende der Parkplätze auf den Hinweg zu stoßen. Wir gehen auf dem gleichen Weg zurück nach **Los Granados** **01**.

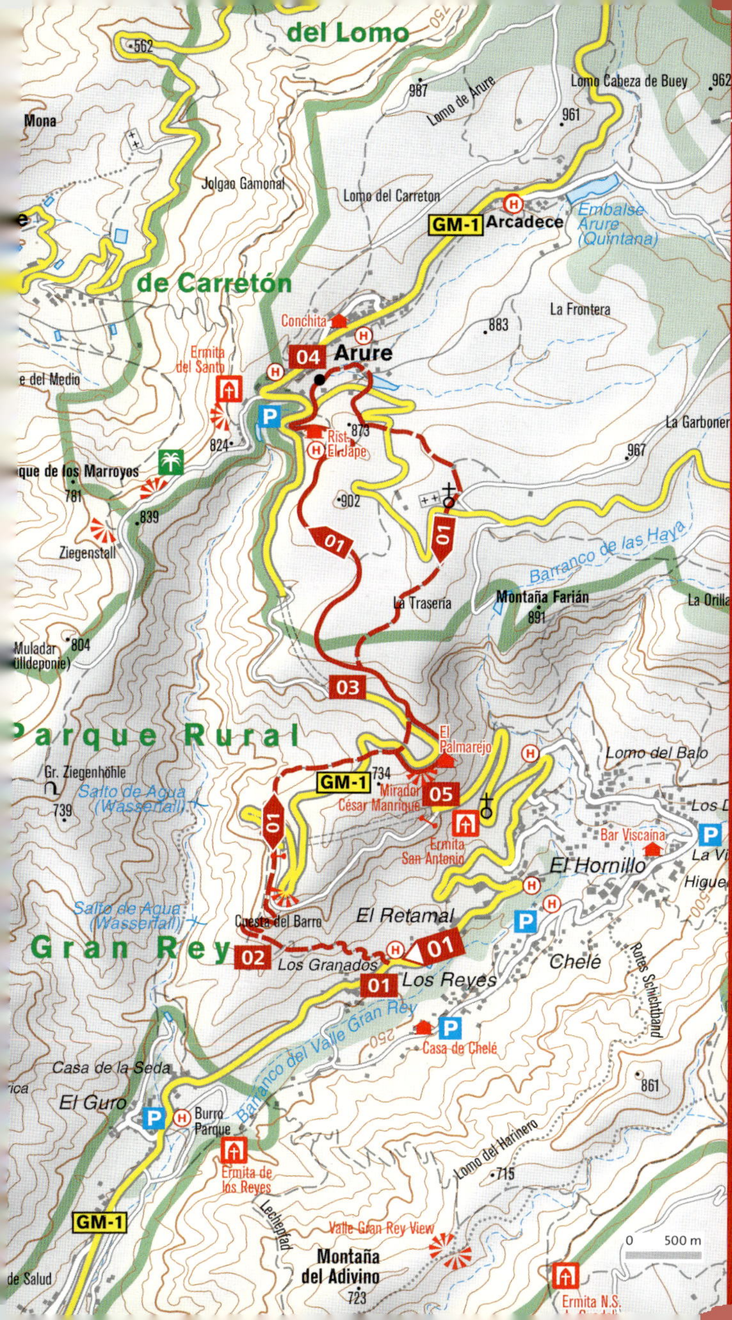
del Lomo
562
Mona
987
Lomo de Arure
Lomo Cabeza de Buey
962
961
Jolgao Gamonal
Lomo del Carretón
GM-1
Arcadece
Embalse Arure (Quintana)
de Carretón
Conchita
La Frontera
883
Ermita del Santo
04
Arure
e del Medio
873
Rist. El Jape
La Garboner
824
967
que de los Marroyos
781
902
839
01
01
Ziegenstall
Barranco de las Haya
La Trasería
Montaña Farián
891
La Orilla
Muladar
804
ülldeponie)
03
Parque Rural
El Palmarejo
Lomo del Balo
Gr. Ziegenhöhle
734
GM-1
Mirador César Manrique
05
Salto de Agua (Wasserfall)
739
01
Ermita San Antonio
Bar Viscaína
Los D
La Vi
El Hornillo
Higue
Salto de Agua (Wasserfall)
Cuesta del Barro
El Retamal
Gran Rey
02
Los Granados
01
Chelé
Rotes Schichtband
01
Los Reyes
Barranco del Valle Gran Rey
Casa de Chelé
861
Casa de la Seda
El Guro
Burro Parque
Lomo del Harinero
Ermita de los Reyes
715
Lechepfad
GM-1
Valle Gran Rey View
0
500 m
Montaña del Adivino
723
de Salud
Ermita N.S.

EL GURO – EL CERCADO – EL GURO

In das Bergland bei El Cercado

12,5 km | 5:15 h | 849 hm | 849 hm | 231

START | Busanbindung: Linie 1 und 6. Aus dem unteren Valle Gran Rey fahren wir auf der GM-1 talauswärts Richtung Arure. Nach 2 km erreichen wir El Guro. Auf der rechten Straßenseite – bei der Bushaltestelle – befinden sich Parkmöglichkeiten. Geokoordinaten Parkplatz: [N28° 06.442 W17° 19.547 und 28.107367 -17.325783].
CHARAKTER | Eindeutige Orientierung im Gelände. Der lange Aufstieg und Abstieg erfordern eine gute Kondition.

Unsere Wanderung beginnt im oberen Valle Gran Rey, bei dem malerisch gelegenen Weiler El Guro. Der Weg führt uns vorbei an der 1515 erstmals erwähnten Ermita de Los Reyes, um dann in das Bergland aufzusteigen. In El Cercado angekommen – dem höchsten Punkt unserer Wanderung – treffen wir auf die Werkstatt von Rufina und Maria, wo noch nach Art der Ureinwohner getöpfert wird. Nach der kleinen Exkursion in die traditionelle Kultur sorgt Maria in ihrem Restaurant bestens für unser leibliches Wohl. Das ist auch nötig, denn wir haben noch fast 6 km Abstieg vor uns. Besonders im Frühjahr – mit dem Erwachen der Natur – gehen wir auf Wanderwegen vor einer traumhaften Kulisse.

▶ Vom Parkplatz und der Bushaltestelle gehen wir bergab bis zum Zebrastreifen vor, um dort nach links, auf den mit Steinen

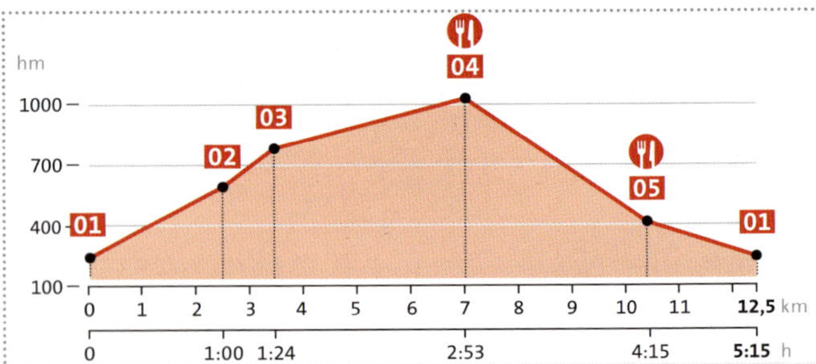

01 Ermita de Los Reyes 185 m; 02 Einsattelung 659 m; 03 Bewässerungssystem 757 m; 04 El Cercado Bar Restaurante María 1037 m; 05 Restaurant 405 m

Ermita de Los Reyes

gepflasterten Weg, zur**Ermita de Los Reyes** 01 (185 m) aufzusteigen und den weiterführenden Weg taleinwärts folgen. Nach 1 km – bei dem dunkelroten Gebäude mit den grauen Fensterläden und Türen – verlassen wir den Hauptweg auf dem Abzweiger rechts bergauf, Richtung Gerian. Nach einem 460 Höhenmeter steilen Aufstieg erreichen wir die **Einsattelung** 02 (659 m), die das Valle Gran Rey vom Barranco de Argaga trennt. Bei der folgenden Weggabelung gehen wir links leicht bergab, bis in das Barranco, um dieses leicht nach rechts zu queren. Nach einem weiteren Aufstieg endet der Weg. Rechts geht es Richtung Gerian, während wir dem Weglinks am **Bewässerungssystem** 03 (757 m) entlang, Richtung Chipude folgen. In einer Linkskehre durch einen Barranco ist der Weg kurzfristig schwer auszumachen, bis er dann am Bewässerungssystem weiterführt. Abermals treffen wir auf einen Barranco, an diesem gibt es einen Abzweiger nach links und einen nach rechts, wir bleiben auf dem Weg geradeaus Richtung El Cercado. Wir treffen auf erste bewirtschaftete Felder und sehen links oberhalb die bunten Häuser von El Cercado. Wir erreichen die Hauptstraße durch den Ort, an der wir sofort links auf den beginnenden Pfad unterhalb der Straße, bis zur **Bar Restaurant María** 04 (1037 m) schlendern. María serviert Eintopf mit Kresse, frittierte Kaninchen oder Käse mit Palmenhonig aus La Gomera. Direkt gegenüber der Bar Maria setzen wir unseren Weg in westliche Richtung fort, bis nach 500 m, noch vor einem ockergelben Haus ein breiter Camino Richtung Valle Gran Rey abfällt. Rechts schaut man in das 400 m tiefer gelegene Barranco del Agua mit seinem ebenso beeindruckenden Wasserfall.

Es folgt ein langer Abstieg auf einem wunderschön angelegten Wanderweg, bis wir die Asphaltstraße erreichen. Auf dieser gehen wir durch eine Kehre, rechts vor dem **Restaurant** 05 (405 m) vorbei. In einer

Einsattelung

weiteren scharfen Rechtskurve der Straße – mit einem Spiegel, um den ankommenden Verkehr zu sehen –, gehen wir halb links in die Calle Chele. Die Straße endet, hier gehen halb rechts die Treppen herunter und die restlichen 900 m bis zur **Ermita de Los Reyes** 01 (185 m) zurück.

Abstieg ins Valle Gran Rey

PAVÓN – ERQUITO – PAVÓN

Abenteuerliche Durchquerung des mächtigen Schluchtauslauf des Barranco de Erque

9,9 km | 5:40 h | 730 hm | 730 hm | 231

START | Busanbindung: keine. Aus dem Valle Gran Rey fahren wir Richtung San Sebastián, Las Hayas, El Cercado und weiter nach Chipude. Bei der ersten Kreuzung hinter Chipude fahren wir Richtung La Dama und erreichen nach 1,3 km auf der linken Seite eine kleine Parkbucht bei einem weißen Stromhaus. Geokoordinaten Parkplatz: [N28° 06.239 W17° 16.509 und 28.103983 -17.27515].
CHARAKTER | Ein technisch anspruchsvoller Abstieg. Schwer auszumachende Pfade erfordern einen sehr guten Orientierungssinn.

Am Fuße – eines der markantesten Berge der Insel –, der Fortaleza de Chipude einer 1243 m hohen vulkanischen Felsformation, beginnt der abenteuerliche Abstieg, durch unwegsames Gelände, steil herunter in das Barranco de Erque. Wir befinden uns mitten in der prächtigen Kulisse eines der mächtigsten Schluchtausläufe auf La Gomera. Der weitere Weg führt vorbei an zwei faszinierenden Felsformationen, bis wir über einen in Vergessenheit geratenen Wanderweg den Weiler Erque und Erquito erreichen. So anstrengend wie die Wanderung begann, umso entspannter verläuft der Rückweg unterhalb von prachtvollen Kanaren-Kiefern des Garajonay-Nationalparks.

▶ Vom **Start und Ziel Pavón** 01 (1091 m) gehen wir weitere 20 m auf der Straße Richtung La Dama,

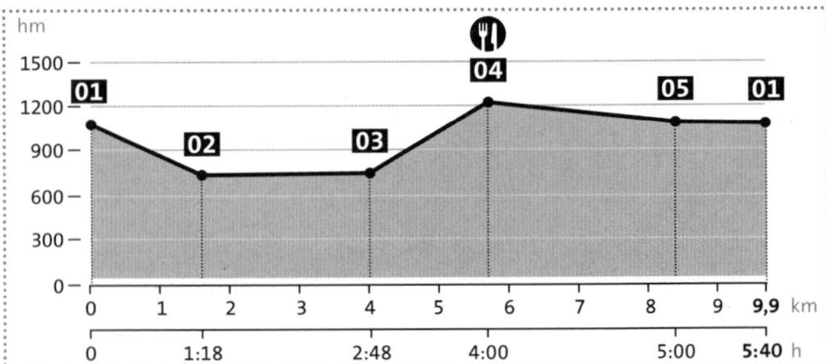

01 Pavón 1091 m; 02 Zwei Finger Gottes 771 m; 03 Weggabelung 775 m; 04 Chipude m; 05 Asphaltstraße 1145 m

Casa Fortaleza

um links auf dem Weg Richtung Fortaleza de Chipude aufzusteigen. Die Straße geht in einem Pfad über und bei der folgenden Weggabelung gehen wir rechts, abermals Richtung Fortaleza de Chipude, um dann nach 40 m links – zwischen den beiden Zäunen hindurch – zum Eingang des Ferienhauses Casa Fortaleza zu gehen. Direkt links, vor dem hellroten Gatter, zweigt über eine Treppenstufe ein sehr unscheinbarer Weg ab – der im Laufe der Zeit schon sehr zugewachsen ist. Auf dem ersten Teilstück ist kaum ein Weg auszumachen. Nach nur 200 m müssen wir auf einer Felsterrasse 45 m nach rechts queren, um über einen kleinen Kamin auf die 5 m darunterliegende Felsstufe zu gelangen. Danach queren wir wieder nach links, erreichen einen Bergrücken, auf dem wir nun mittig bergab gehen. Ab hier können wir einen Pfad ausmachen und vereinzelte Steinmännchen helfen bei der Orientierung. Wir queren das Barranco und folgen dem Pfad talauswärts, bei einer Weggabelung gehen wir rechts um das private Grundstück herum und erreichen einzelstehende Häuser, direkt unterhalb des **Mirador del Erque.** Wir treffen auf eine faszinierende Felsformation – die **zwei Finger Gottes** **02** (771 m). In östliche Richtung queren wir über Terrassenfelder herunter in das Barranco, durchqueren es und gehen unterhalb der 50 m hohen Felswand 200 m rechts, bis die riesige Felswand bei einem Barranco durchbrochen ist. An dieser Stelle gehen wir ein Stück in das Barranco hinein, um dann den rechts beginnenden Wanderweg in engen Kehren aufzusteigen. Im weiteren Verlauf – teilweise ist der Pfad schwer auszumachen – überschreiten wir einige Bergrücken, bis wir links unterhalb von uns die Ortschaften Erque und Erquito sehen. Von der Kirche gehen wir rechts weitere 250 m auf der Asphaltstraße, um in der Rechtskehre der Straße, links steil bergauf durch die Häuser aufzusteigen, das Barranco nach halb links zu queren und den beginnenden Wanderweg bis zur 70 m entfernten **Weggabelung** **03** (775 m) zu gehen. Wir nehmen den rechten Abzweiger und es folgen 2,4 km Aufstieg, bis der Weg endet. Wir gehen **links Richtung Chipude** **04** (1206 m), an einer Quelle vorbei, bis wir links oberhalb das Dorf Igualero und die darüberliegende Kirche Ermita San

Zwei Finger Gottes

Francisco de Asís sehen. Es folgt eine Weggabelung, an der wir uns links halten, das vor uns liegende Barranco queren. Wir treffen abermals auf einen Abzweiger nach rechts, dem GR 131 Fernwanderweg. Wir gehen geradeaus weiter. Der Wanderweg führt unterhalb von prachtvollen Kanaren-Kiefern bis zur **Asphaltstraße** **05** (1145 m), an der wir links bergauf gehen und diese in einer Rechtskehre nach links verlassen. Wir wandern nun direkt auf die Fortaleza de Chipude zu und treffen auf den Hinweg und zurück nach **Pavón** **01**.

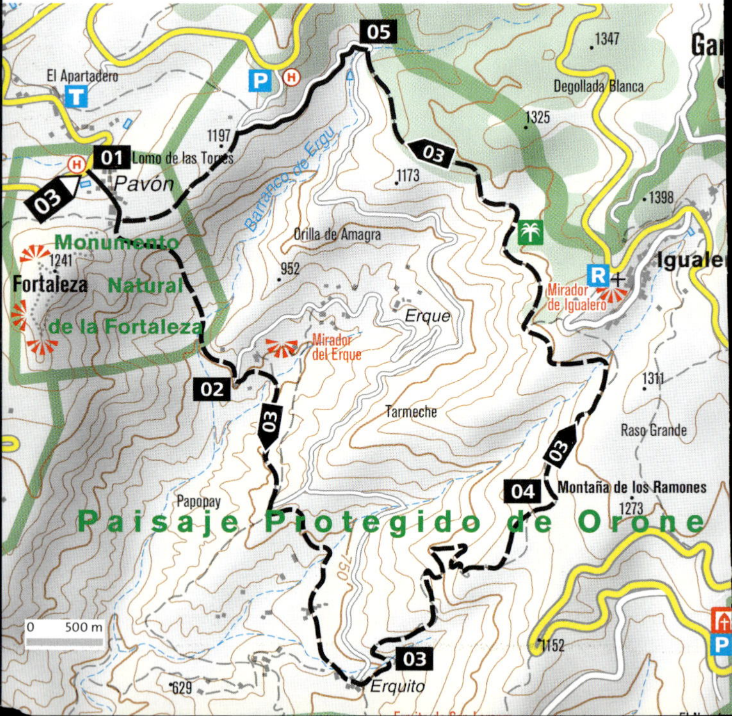

LOMO DEL BALO – LAS HAYAS – LOMO DEL BALO

Einsteigertour für weitere große Ziele im Valle Gran Rey

7,5 km | 3:10 h | 654 hm ↗ | 654 hm ↘ | 231

START | Busanbindung: Linie 1 und 6. Aus dem unteren Valle Gran Rey fahren wir auf der GM-1 talauswärts Richtung Arure. Nach 4,7 km erreichen in einer scharfen Linkskurve den Abzweiger Richtung Lomo del Balo. Hier befinden sich der Parkplatz und die Bushaltestelle. Geokoordinaten Parkplatz:
[N28° 07.214 W17° 18.640 und 28.120233 -17.310667].
CHARAKTER | Der Aufstieg führt über den schwierigsten Teil der Wanderung. Das restliche Wegstück hat den Schwierigkeitsgrad Blau.

Wer sich Kondition antrainieren möchte, für den ist diese Einsteigerrunde im oberen Valle Gran Rey bestens geeignet. Auf einem selten gegangenen Camino erreicht man die Hochebene, die besonders im Frühjahr mit saftig grünen Wiesen aufwartet. Mit dem ursprünglichen Wirtshaus La Montana gibt es eine sehr ursprüngliche Jausenstation, die definitiv zum Verweilen einlädt, bis es im Tiefflug nach Lomo del Balo zurückgeht.

▶ Von **Lomo del Balo** 01 (425 m) gehen wir auf der Calle San Antonio rechts Richtung des Res-

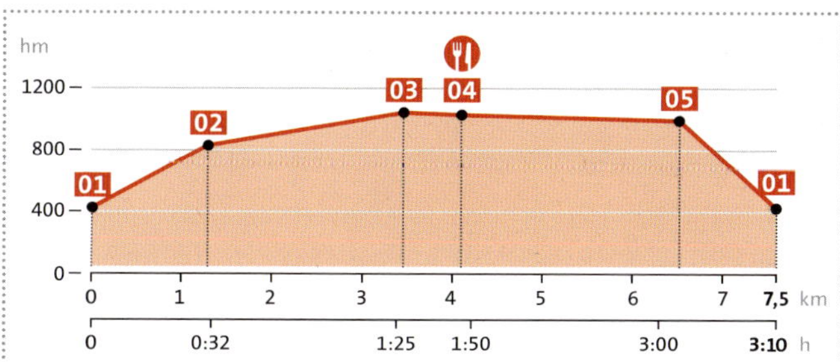

01 Lomo del Balo 425 m; 02 unterhalb der Montana Farian 819 m; 03 Wirtshaus La Montana 1064 m; 04 Kreuzung 1055 m; 05 Valle Gran Rey Blick 1015 m

Lomo del Balo

taurants Marcondo. Nach 100 m, hinter einer Brücke, beginnt links im Barranco der Camino Richtung Las Hayas. Wichtig! Im Barranco gleich der weißgrünen Markierung folgen und nicht das Barranco auf einem weiterführenden Pfad verlassen. Erst im weiteren Verlauf verlassen wir das Barranco und gehen nun durch die meterhohen Terrassenfelder. Der Weg wird zunehmend steiler, einige Stellen sind etwas ausgesetzt und wiederum andere Wegstücke sind von Erdrutschen verschüttet und schwer auszumachen. Kurz **unterhalb der Montaña Farian** 02 (819 m) erreichen wir ein landschaftlich sehr schönes Stück direkt entlang eines wildromantischen Barranco, bis wir die Hochebene erreicht haben. An der folgenden Piste gehen wir 100 m rechts, um auf der folgenden Asphaltstraße geradeaus bis zur Hauptstraße vorzugehen. Dort gehen wir rechts und verlassen die Asphaltstraße schon wieder nach 180 m nach rechts, Richtung Las Hayas. Abermals treffen wir auf die Asphaltstraße, gehen aber an der Leitplanke gleich rechts, durch das betonierte Barranco bis zum **Wirtshaus La Montana** 03 (1064 m) hoch. Wer in dem ursprünglichsten aller ursprünglichen Wirtshäuser auf La Gomera einmal die kanarische Spezialität Gofio probieren möchte, ist hier genau richtig. Vom Wirtshaus gehen wir zur Hauptstraße vor, um dann links Richtung Chipude weiterzuwandern. Nach einem kurzen steilen Anstieg treffen wir bei ein paar Häusern auf eine **Kreuzung** 04 (1055 m), über die wir gerade hinübergehen, um nach 20 m den Abzweiger nach links, Richtung El Cercado zu folgen. Bereits nach 50 m gabelt sich der Weg und wir gehen rechts, 7,5 km Richtung Valle Gran Rey. Der Weg endet und wir gehen auf dem nun breiten Wanderweg rechts bergab. Nach 300 m ergibt sich ein faszinierender Blick hinunter in das**Valle Gran Rey** 05 (1015 m), in das 400 m tiefer liegende Barranco sowie links von uns auf die Fortaleza de Chipude. Der restliche Weg schraubt sich herunter Richtung **Lomo del Balo** 01, wo wir rechts auf der Asphaltstraße bis zum Ausgangspunkt gehen.

Unterhalb der Montana Farian

EL CONTADERO – ALTO DE GARAJONAY – EL CONTADERO

Runde im Hochgebirge mit Besteigung des höchsten Berges

6,7 km | 2:20 h | 225 hm | 225 hm | 231

START | Busanbindung: Linie 1 und 6. Aus dem unteren Valle Gran Rey fahren wir auf der GM-1 Richtung San Sebastián. Bereits im zentralen Hochgebirge erreichen wir den Abzweiger zur Laguna Grande. Nach 2,5 km erreichen wir auf der linken Seite der Straße den Parkplatz El Contadero. Geokoordinaten Parkplatz: [N28° 06.946 W17° 14.588 und 28.115767 -17.243133].
CHARAKTER | Sehr einfache Wanderung auf schön angelegten Wegen.

Der Nationalpark Garajonay befindet sich in den höher gelegenen Regionen der Insel, zwischen 800 und 1487 m. Auf der heutigen Wanderung durch den Nationalpark laufen wir durch den intakten Nebelwald, aber auch immer wieder durch Gebiete, die bei den letzten Waldbränden zerstört worden sind. Den höchsten Berg von La Gomera immer vor Augen, besteigen wir ihn vom Westen. Die Belohnung ist ein imposanter Ausblick auf La Gomera und bei guter Sicht kann man auch die Nachbarinseln Teneriffa, La Palma und El Hierro ausmachen. Genießen Sie Glücksmomente in luftiger Höhe.

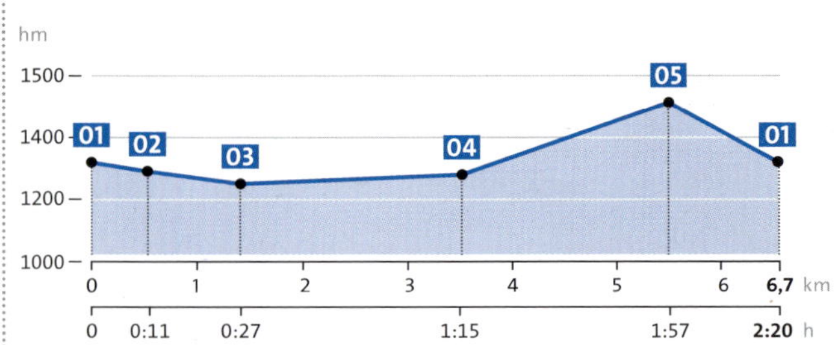

01 El Contadero 1362 m; 02 rechts 1331 m; 03 links 1272 m; 04 links 1286 m; 05 Alto de Garajoney 1487 m

▶ Von **El Contadero** 01 (1362 m) beginnt auf der gegenüberliegenden Seite des Parkplatzes der gepflasterte Weg Richtung Alto de Garajonay. Nach 120 m verlassen wir diesen Weg nach rechts, Richtung Laguna Grande. Wir erreichen die GM-2, gehen ein kurzes Stück auf dem beginnenden Forstweg nach links, um dann sofort **rechts** 02 (1331 m) auf dem beginnenden Pfad Richtung Laguna Grande weiterzugehen. Auf dem folgenden Wegstück

Nationalpark Garajonay

Bäumchen Löwenzahn

würden wir normalerweise durch einen dichten Nebelwald gehen. Aber nach den letzten Waldbränden wurde dieser komplett zerstört – geblieben sind nur die schwarzen verbrannten Stummel. Dieses gibt wiederum den Bäumchen Löwenzahn die Möglichkeit, prachtvolle gelbe Blüten in den Himmel zu strecken. Wir gehen ein paar Stufen hinunter, treffen auf einen Forstweg, an dem wir **links** 03 (1272 m) Richtung Alto de Garajonay weiterwandern. Ein Auto-Navigationssystem würde an dieser Stelle sagen: Bitte nehmen Sie die dritte Ausfahrt. Bei der folgenden Weggabelung halten wir uns rechts Richtung Chipude. Der Weg endet bei einer Einsattelung und wir wandern links auf der Schotterstraße, bis auch diese endet. Hier gehen wir **links** 04 (1286 m) – an dem Metallpfeiler – und nach 60 m bei der Weggabelung rechts, vorbei am links von uns liegenden Wald, auf einem gepflasterten Weg bergauf.

Nach 1,4 km treffen wir auf eine weitere Forststraße, folgen dieser halb links weitere 130 m, um dann bei der Weggabelung scharf rechts auf dem gepflasterten Weg bis zum **Alto de Garajoney** 05 (1487 m) aufzusteigen. Er ist die höchste Erhebung der Insel und überragt nur einige Meter das umliegende Hochplateau. Auch wenn das Dach von La Gomera kein exponierter Gipfel ist, haben wir einen imposanten Ausblick auf La Gomera und bei guter Sicht kann man auch die Nachbarinseln Teneriffa, La Palma und El Hierro ausmachen. Oft hüllen aber fette Passat-Wolken die Bergspitze ein. Wir überschreiten den Gipfel und laufen auf einem Bergrücken in nordöstlicher Richtung, bis in einer Mulde, links ein Pfad abzweigt und wir nach 50 m auf den gepflasterten Weg kommen, um hier rechts hinunter nach **El Contadero** 01 zu laufen.

LA LAGUNA GRANDE

Bummel durch den Lorbeerwald

4,1 km | 2:20 h | 134 hm | 134 hm | 231

START | Busanbindung: Linie 1 und 6. Aus dem unteren Valle Gran Rey fahren wir auf der GM-1 Richtung San Sebastián. Im zentralen Hochgebirge erreichen wir nach 13 km den Abzweiger zur Laguna Grande. Geokoordinaten Parkplatz:
[N28° 07.595 W17° 15.460 und 28.126583 -17.257667].
CHARAKTER | Gemütlicher Waldbummel.

Mitten im Herzen des Nationalparks Garajonay befindet sich der Rastplatz Laguna Grande, ein beliebter Ausgangspunkt für Wanderungen. Dem Naturliebhaber wird die verführerische Schönheit der Natur besonders beeindrucken: Die große Anzahl an Hängemoosen – die die Rinden der Bäume bedecken, kanarische Weiden, Lorbeerbäume, Gagelbäume und in Frühjahr blühende Baumheide, sowie bodendeckende Farne – ein Hinweis für hohe Luftfeuchtigkeit.

▶ Ein kurzer historischer Rückblick: In der Vergangenheit befand sich am **La Laguna Grande** 01 (1221 m) der zentrale Handelsplatz der Insel. Aus allen Himmelsrichtungen kamen Händler, um Waren zum Tausch oder Verkauf anzubieten. Diese Zeiten sind lange vorbei, wir gehen einige Meter bis zum **Besucherzentrum** 02 (1292 m) vor. Vor unserem kleinen Bummel durch den Nebelwald empfiehlt es sich, sich im Besucherzentrum zu

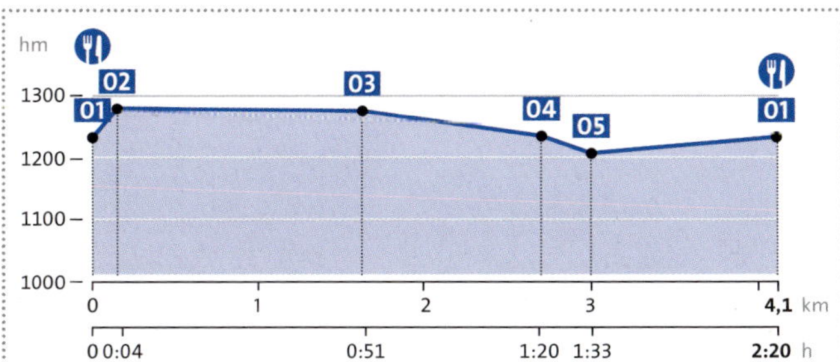

01 La Laguna Grande 1221 m; 02 Besucherzentrum 1292 m; 03 Abzweiger 1288 m; 04 Zeitzeugen 1226 m; 05 Abzweiger 1211 m

La Laguna Grande

informieren. Eine kleine Ausstellung liefert Informationen über die Pflanzen im Nationalpark, Karten und Bücher werden angeboten. Danach gehen wir zum Parkplatz zurück, um in östlicher Richtung am Waldrand entlang, den Rastplatz zu queren. Bei den Holzfiguren und einer Schaukel tauchen wir rechts in den Wald ein. Wir folgen der Ausschilderung Richtung Alto de Garajonay. Bereits nach 40 m gabelt sich der Weg und wir gehen links weiter, nun auf einem schmalen Pfad durch das dichte Unterholz. Im weiteren Verlauf erreichen wir die GM-2 und gehen an dieser rechts auf dem nun breiter werdenden Forstweg Richtung Casa Forstale. Bei dem Informationspfeiler mit der Nummer 58 ergibt sich ein schöner Blick auf den höchsten Berg von La Gomera, den Alto de Garajonay. Es ist der Berg mit der kleinen vorgelagerten Hütte und nicht die Erhebung mit dem Sendemasten. Wir treffen auf eine Kreuzung, geradeaus führt der Weg bergauf zum Alto de Garajonay und halb links führt der Weg zu den Casas Forstale. Wir nehmen den**Abzweiger** 03 (1288 m) scharf rechts, bergab Richtung Laguna Grande. Die Forststraße schlängelt sich in Kurven durch Baumheide und Buschwald, sonnige Abschnitte wechseln mit schattigen Flachstücken. Kurz hinter einer Senke treffen wir auf **Zeitzeugen** 04 (1226 m) der letzten Waldbrände. Riesige, schwarze verkokelte Baumstümpfe stehen am Wegesrand. Der Wald lichtet sich und wir erreichen eine Asphaltstraße. Für den weiteren Rückweg gehen wir bei dem folgenden **Abzweiger** 05 (1211 m) scharf rechts, um dann auf einem wunderschön angelegten Pfad leicht ansteigend nach **La Laguna Grande** 01 zurückzugehen.

Besucherzentrum

LAS HAYAS – LAS CRECES – LAS HAYAS

Grenzwanderung zwischen zwei Vegetationszonen

5,2 km · 2:10 h · 160 hm · 160 hm · 231

START | Busanbindung: Linie 1. Aus dem unteren Valle Gran Rey fahren wir auf der GM-1 bis Arure. Dann auf der CV-18 5,2 km nach Las Hayas. Parken kann man direkt beim Wirtshaus La Montana. Geokoordinaten Parkplatz: [N28° 07.748 W17° 17.558 und 28.129133 -17.292633].
CHARAKTER | Gemütlicher Spaziergang.

Unser Wandergebiet: 1986 hat die UNESCO den Garajonay-Nationalpark wegen seiner in der Welt einzigartigen Flora und Fauna zum Weltnaturerbe der Menschheit erklärt hat. Seit 1988 ist die Region auch europäisches Vogelschutzgebiet. Zur Wanderung: Aus den trockenen Regionen des Nationalparks wandern wir in den Einfluss der feuchtigkeitsspendenden Nebelwolken.
Der mittlere Wegabschnitt führt durch ein Chaos von Stämmen, Blättern, Hängemoosen mit ihren langen Bärten – die sich Richtung Sonne erstrecken – um möglichst viel Licht einzufangen. In der Natur liegt die Kraft, tanken Sie neue auf dieser faszinierenden Wanderung.

▶ Von **Las Hayas** 01 (1016 m) gehen wir vom Parkplatz am Wirtshaus La Montana auf der Hauptstraße Richtung Arure, biegen aber schon nach 70 m halb rechts in die Straße. Die beiden rechten Abzweiger nach 40 m lassen wir unberücksichtigt. Bei der folgen-

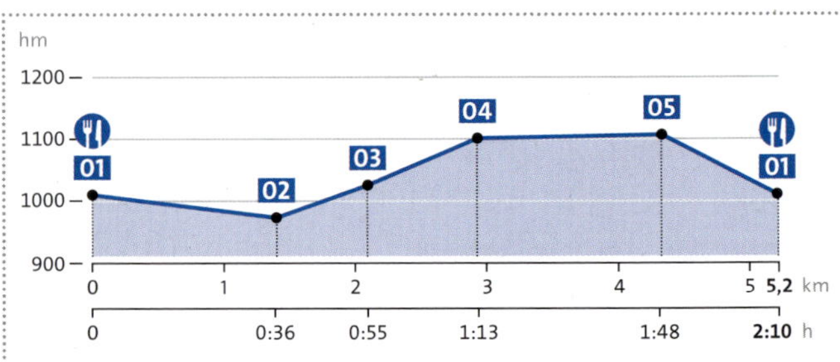

01 Las Hayas 1016 m; 02 Lorbeerwald 960 m; 03 Prachtexemplar von Baum 1024 m; 04 Las Creces 1101 m; 05 Wald wird lichter 1106 m

den Weggabelung wandern wir rechts bergauf Richtung Arure. In einer Senke folgen wir dem Abzweiger nach rechts bergab, Richtung Nationalpark auf einer Asphaltstraße – die kurz später in eine Schotterpiste übergeht. In einer Linkskehre der Piste verlassen wir diese nach rechts, Richtung Nationalpark. Langsam ändert sich die Vegetation – wir verlassen die trockenen Gebiete des Nationalparks und kommen in den Einfluss der feuchtig-

Las Hayas

Lobeerwald

keitsspendenden Nebelwolken. Aus dem eher kleinen Bewuchs treten wir nun in den **Lorbeerwald** 02 (960 m) ein. Der Weg gabelt sich und wir nehmen den linken der beiden Pfade. Ein großes Schild weist uns darauf hin, dass wir nun durch den Nationalpark Garajonay wandern. Kurz später führt der Weg an einem **Prachtexemplar von Baum** 03 (1024 m) vorbei. Klassisch sind in dieser Region des Nationalparks die Baumheide, der Gagelbaum (die kanarische Wachsmyrte) und natürlich die Lorbeerbäume.

Windgeschützt vor den orkanartig wehenden Passatwinden, hinter dem Hauptkamm des Hochgebirges und in einer Mulde konnte sich an dieser Stelle besonders alter Baumbestand entwickeln. Die vielen umgekippten Bäume sind ein weiterer Hinweis, wie alt dieses Waldgebiet ist. Von rechts mündet ein Weg in unseren, wir gehen aber gerade aus weiter Richtung Las Creces. Wir erreichen den Picknickplatz **Las Creces** 04 (1101 m) mitten im Wald. Auf einer Lichtung sind Bänke aufgestellt, die zum Verweilen einladen. Im Gebiet des Nationalparks sind zahlreiche Vogelarten zu beobachten, wie zum Beispiel die Lorbeertaube, Kanarentaube, Waldfledermaus und den Kanaren-Buchfink. Für den Rückweg machen wir eine 180-Grad-Kehre und gehen nun Richtung La Hayas – auf einem breiten Forstweg. Nach 1,9 km verlassen wir diesen komfortablen Forstweg auf den links bergauf beginnenden Pfad Richtung Las Hayas. Der Wirkungsraum der feuchtigkeitsspendenden Nebelwolken lässt nach und der **Wald wird lichter** 05 (1106 m). Vorbei an der Ermita de las Hayas (1114 m), erreichen wir die Durchgangsstraße von **Las Hayas** 01, an der wir rechts bis zum Wirtshaus La Montana vorgehen.

EL GURO – LAS PILAS – TEQUERGENCHE – EL GURO

Wanderung auf die Aussichtsplattform oberhalb vom Valle Gran Rey

10,8 km | 4:20 h | 745 hm | 745 hm | 231

START | Busanbindung: Linie 1 und 6. Aus dem unteren Valle Gran Rey fahren wir auf der GM-1 talauswärts Richtung Arure. Nach 2 km erreichen wir El Guro. Auf der rechten Straßenseite – bei der Bushaltestelle – befinden sich Parkmöglichkeiten. Geokoordinaten Parkplatz: [N28° 06.442 W17° 19.547 und 28.107367 -17.325783].
CHARAKTER | Ausgesetzte Stellen, schwer auszumachende Pfade auf rutschigem Geröll beschreiben am besten den Lechepfad.

Unsere Wanderung beginnt in El Guro im oberen Valle Gran Rey. So gemütlich, wie die Tour startet, so sportlich wird sie auf dem Lechepfad – einem alten Verbindungsweg zu den Häusern und Feldern auf der Las Pilas-Hochebene.
Gegenüber der konventionellen Route sparte der Bauer auf dieser Route 600 m Entfernung und 110 Höhenmeter. Dafür wird aber die Wanderung zu einem Drahtseilakt oberhalb vom Valle Gran Rey. Für unsere Mühen werden wir mit einem herrlichen Panoramaweg und einer grandiosen Aussicht auf den 500 m tiefer liegenden Küstenstreifen und über den Südteil der Insel belohnt. Bei guter Sicht kann man auch noch die vorgelagerten Inseln El Hierro und im Nordosten Las Palmas ausmachen.

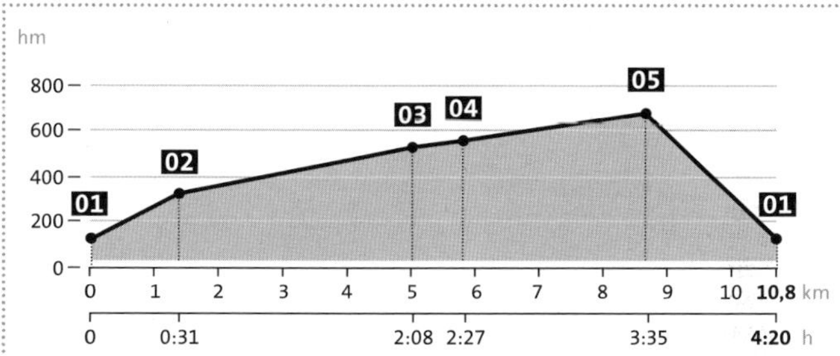

01 Ermita de Los Reyes 185 m; **02** Lechepfad 379 m; **03** südlichster Punkt 509 m; **04** Blick in das Valle Gran Rey 590 m; **05** Pass 678 m

Blick auf El Guro

▶ Vom Parkplatz und der Bushaltestelle gehen wir bergab bis zum Zebrastreifen vor, um dort nach links, auf den mit Steinen gepflasterten Weg, zur **Ermita de Los Reyes** 01 (185 m) aufzusteigen und den weiterführenden Weg taleinwärts folgen. Bei dem dunkelroten Gebäude mit den grauen Fensterläden und Türen – verlassen wir den Hauptweg auf dem Abzweiger rechts bergauf Richtung Gerian. Der Einstieg zum Lechepfad ist nicht einfach zu finden. Nach 500 m stehen wir unterhalb eines großen Felsvorsprungs, der nachfolgende Weg führt in engen Kehren bergauf, wir treffen auf ein weißrotes Kreuz auf einem Stein und einige Meter weiter ein durchgestrichenes rotweißes Kreuz, abgesperrt durch Steine. Hier zweigt rechts der **Lechepfad** 02 (379 m) ab. Da der Pfad schwer auszumachen ist, sind rote Punkte – aber nur auf dem ersten Drittel des Weges – eine gute Orientierungshilfe. Vereinzelte Steinmännchen markieren zusätzlich den Pfad. Nach einem ockerbraunen Schichtband überqueren wir einen Bergrücken und haben nun freien Blick auf das untere Valle Gran Rey bis hin zur Nachbarinsel El Hierro. Auf dem nachfolgenden Stück queren wir eine riesige Erosionsrinne mit einigen grünen Tupfern, das sind Kiefern, die noch nicht in den Abgrund gerissen worden sind. 20 m unterhalb eines Felsvorsprungs laufen wir auf einen kleinen Kiefernwald zu und erreichen bei der Einsattelung einen mit Steinen gesäumten Weg, den wir nach rechts Richtung Las Pilas folgen. Vorbei führt der Weg an einer ersten Ruine und einem Dreschplatz. Auf dem weiteren Weg kommen wir an einer weiteren Ruine vorbei und gehen jetzt auf verschiedenen Wegen bergab Richtung Tequergenche. Von dort kann man noch bis auf einen Felsvorsprung an den **südlichsten Punkt** 03 (509 m) unserer Wanderung laufen, wo man in die 500 m tiefer gelegene Schweinebucht blickt.

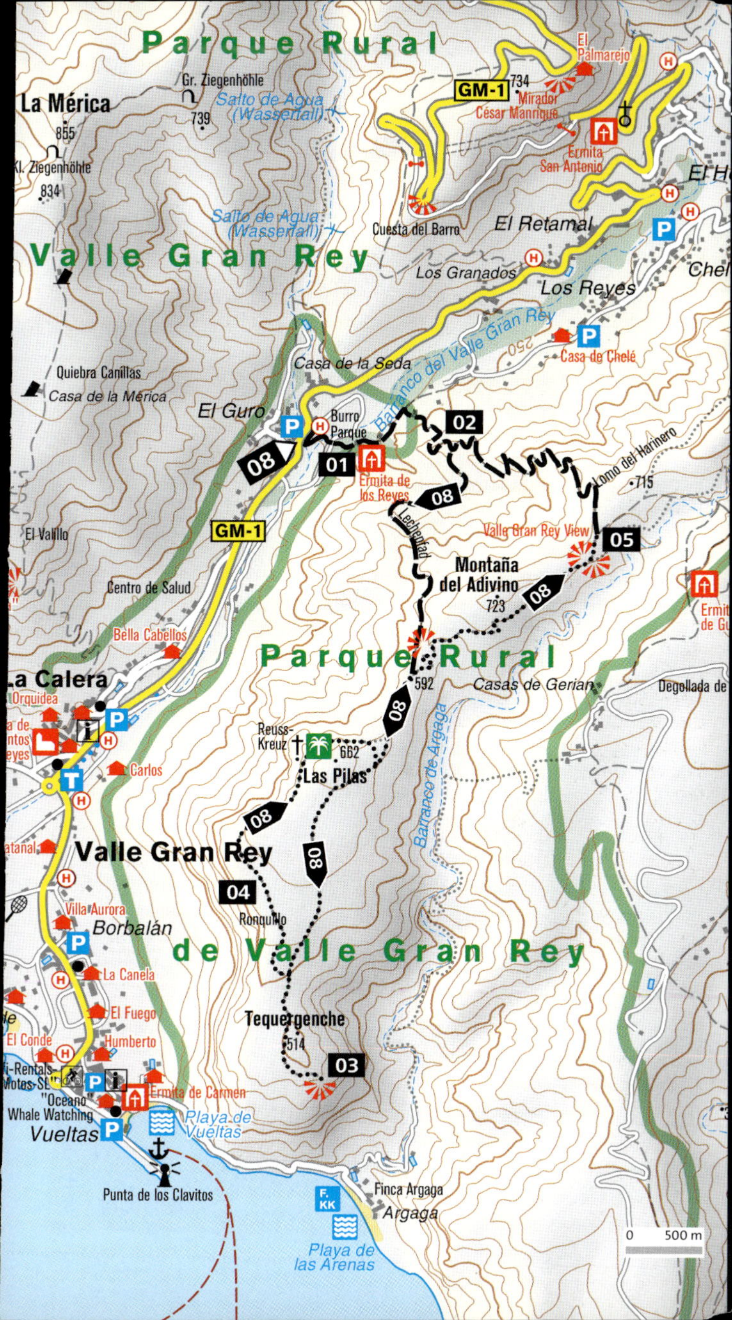
Parque Rural
Gr. Ziegenhöhle
739
Salto de Agua (Wasserfall)
La Mérica
855
Kl. Ziegenhöhle
834
GM-1
734
El Palmarejo
Mirador César Manrique
Ermita San Antonio
Cuesta del Barro
El Retamal
Salto de Agua (Wasserfall)
Valle Gran Rey
Los Granados
Los Reyes
Barranco del Valle Gran Rey
Casa de Chelé
Casa de la Seda
Quiebra Camillas
Casa de la Mérica
El Guro
Burro Parque
02
08
01
Ermita de los Reyes
08
Lechenrfad
Lomo del Harinero
715
Valle Gran Rey View
05
El Valillo
GM-1
Montaña del Adivino
723
08
Centro de Salud
Bella Cabellos
Parque Rural
592
Casas de Gerian
Degollada de
La Calera
Orquidea
Carlos
Reuss-Kreuz
662
Las Pilas
08
Barranco de Argaga
08
Valle Gran Rey
08
04
Villa Aurora
Borbalán
Ronquillo
de Valle Gran Rey
La Canela
El Fuego
Tequergenche
El Conde
Humberto
514
03
"Oceano" Whale Watching
Ermita de Carmen
Vueltas
Playa de Vueltas
Punta de los Clavitos
Finca Argaga
Argaga
Playa de las Arenas
0 500 m

Lechepfad

Wir gehen 350 m auf dem gleichen Weg bis zur Einsattelung zurück, um dann links über das Plateau auf einem beginnenden Pfad, direkt auf dem Grat, mit einem gigantischen **Blick in das Valle Gran Rey 04** (590 m) zu gelangen. Auf unserem weiteren Weg gehen wir in gebührendem Abstand oberhalb dieser Klippe bergauf Richtung Las Pilas. Auf dem letzten Stück umlaufen wir den Las Pilas in einer 180-Grad-Kehre, bis wir auf die erste Ruine mit Dreschplatz vom Hinweg treffen.

Wir machen abermals eine 180-Grad-Kehrtwendung und gehen bergab Richtung der vor uns liegenden Montaña del Adivino, um diese unterhalb zu queren. Nach einem Abstieg erreichen wir den**Pass 05** (678 m), der das Valle Gran Rey vom Barranco de Argaga trennt. Von hier beginnt unser 460 Höhenmeter steiler Abstieg bis zum Abzweiger vom Lechepfad. Das letzte Stück der Wanderung gehen wir auf dem uns bekannten Hinweg zurück nach **Ermita de Los Reyes 01**.

Blick in die Schweinebucht

CHIPUDE ALTO DE GARAJONAY CHIPUDE

Durch saftige Wiesen und über sanfte Hügelketten auf das Dach von La Gomera

11,8 km | 4:10 h | 508 hm | 508 hm | 231

START | Busanbindung: Linien 1, 4 und 6. Aus dem unteren Valle Gran Rey fahren wir auf der GM-1 talauswärts bis nach Arure. Dort folgen wir den Wegweisern Richtung Las Hayas und Chipude, wo wir am Dorfplatz parken. Geokoordinaten Parkplatz: [N28° 06.590 W17° 16.897 und 28.109833 -17.281617].
CHARAKTER | Einfache Wanderung auf bestens angelegten Wegen. Erhöhter Navigationsaufwand aufgrund vieler Abzweiger.

Unsere Wanderung hat ihren Ursprung in Chipude am Fuße des mächtigen Basaltklotzes – der Fortaleza. Mit 1100 m über dem Meeresspiegel ist Chipude eine der am höchsten gelegenen Siedlungen auf La Gomera. Auf dieser abwechslungsreichen Wanderung erwarten uns: Pfade durch Wiesen und über Hügelketten, traumhafte Blicke in die wohl tiefste Schlucht von La Gomera, prachtvolle Exemplare von Kanarenkiefern und bei guter Sicht Traumblicke auf die Fortaleza de Chipude, El Hierro, Teneriffa, Las Palmas und teilweise auch Gran Canaria.

▶ Von **El Chipude** 01 (1062 m) verlassen wir das Dorf auf der

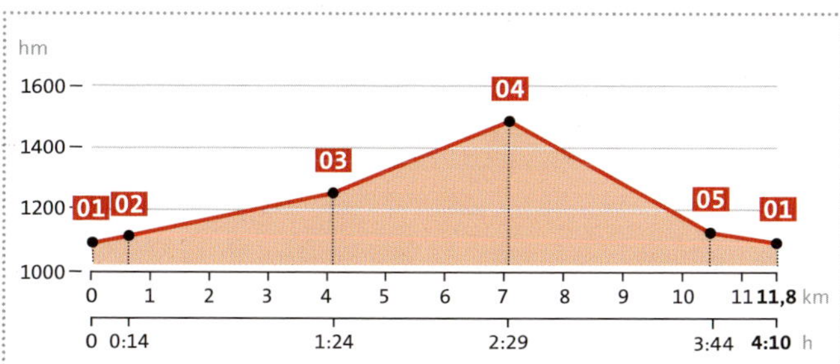

01 El Chipude 1062 m; 02 Heiligenschrein 1102 m; 03 unterhalb vom Mirador Igualero 1253 m; 04 Alto de Garajonay 1484 m; 05 Casas de los Manantiales 1123 m

Chipude

Asphaltstraße Richtung La Dama, um in der folgenden Rechtskurve – bei der grauen Laterne – die Straße nach links zu verlassen. Angekommen bei einer Bushaltestelle queren wir die Asphaltstraße und gehen leicht bergab, bis wir auf die Straße nach La Dama treffen, dieser 40 m durch die Rechtskurve folgen, um dann den Wanderweg links bergauf zu gehen. Unser Weg mündet in eine As-

phaltstraße, auf der wir 40 m links weitergehen, um dann links bergauf, nach 10 m einen **Heiligenschrein** **02** (1102 m) erreichen. Halb rechts zwischen diesem und dem Gebäude gehen wir auf den Treppen bergauf. Bei einer Weggabelung – in der Mitte steht eine Laterne – gehen wir rechts auf die Felder. Im Frühjahr laufen wir auf dem folgenden Wegstück durch saftige Wiesen. Der Weg ist nicht immer einfach auszumachen, bis wir parallel zu einer Wasserleitung gehen und kurz später eine Asphaltstraße erreichen.
Rechts vorbei an der Leitplanke, auf einem abschüssigen Weg, geht es weiter auf die unterhalb liegende Straße. Dort gehen wir links bergab, um in einer Rechtskurve, bei dem Barranco, den links beginnenden Pfad Richtung San Sebastian einzuschlagen. Es folgt das landschaftlich schönste Wegstück dieser Wanderung.
Rechts eröffnet sich dem Beobachter ein grandioser Blick in die Schluchtenlandschaft des Barranco Erque – die wohl tiefste Schlucht der Insel –, deren bergige Felswände sich bis zur Küste erstrecken. Bereits im Garajoany-Nationalpark angekommen laufen wir unterhalb prachtvoller Exemplare von Kanarenkiefern. Sie tragen ganz lange Nadeln – wovon stets drei zusammengehören, nicht bloß zwei wie in unseren Breiten – damit sie den Nebelwolken recht viel Feuchtigkeit entziehen. Wir befinden uns **unterhalb vom Mirador Igualero** **03** (1253 m). Der Untergrund des Pfads besteht aus rotem Gestein und wir folgen dem linken Abzweiger, bergauf Richtung Igualero. An der folgenden Asphaltstraße

Fortaleza de Chipude

gehen wir rechts, bis sie endet. Wir queren die Straße und steigen ein kurzes Stück auf, um dort links auf dem Höhenweg Richtung Alto der Garajonay zu gehen. Unser Weg mündet in einen gepflasterten Weg, an dem wir scharf rechts bis zum **Alto de Garajonay** **04** (1484 m) aufzusteigen. Für die Ureinwohner von La Gomera war der El Alto ein heiliger Berg. Das Steingebilde auf dem Gipfelplateau ist eine Reproduktion einer Opferstätte. Die original archäologischen Funde wurden unterhalb des künstlich angelegten Steingebildes ausgegraben. Wir überschreiten den Gipfel und laufen auf einem Bergrücken in nordöstlicher Richtung, bis in einer Mulde links ein Pfad abzweigt und wir nach 50 m auf den gepflasterten Weg kommen. Wir gehen rechts, sofort wieder links und bei der nächsten Möglichkeit rechts – Richtung Chipude 4,1 km. Nach einem längeren Abstieg passieren wir ein kleines Waldstück und nach der folgenden Linkskehre ignorieren wir den Abzweiger nach rechts. Nach weiteren 180 m nehmen wir den Abzweiger nach rechts, um nach 70 m wieder links abzubiegen. Nach 1,2 km erreichen wir die **Casas de los Manantiales** **05** (1123 m). Wir queren die Asphaltstraße, gehen auf die halb rechts stehenden Häusern zu, um diese rechts liegen zu lassen, machen eine 90-Grad-Kehre, um nach 70 m vor dem Gebäude rechts in das Barranco abzusteigen. Den nachfolgenden Wanderweg erreichen wir auf der anderen Talseite. Nachdem wir einen kleinen Bergrücken nach links überstiegen haben, sehen wir bereits die ersten Häuser von **Chipude** **01** und gehen das restliche Stück auf der Asphaltstraße bis zum Dorfplatz zurück.

EL GURO – BARRANCO DE ARURE – EL GURO

Der Wasserfall im Barranco de Arure

3,5 km | 1:45 h | 123 hm | 123 hm | 231

START | Busanbindung: Linie 1 und 6. Aus dem unteren Valle Gran Rey fahren wir auf der GM-1 talauswärts Richtung Arure. Nach 2 km erreichen wir El Guro. Auf der rechten Straßenseite – bei der Bushaltestelle – befinden sich Parkmöglichkeiten. Geokoordinaten Parkplatz: [N28° 06.442 W17° 19.547 und 28.107367 -17.325783].
CHARAKTER | Die Tour ist nicht ganz einfach zu laufen. Immer wieder müssen wir über Felsen klettern, das Bachbett queren und tief hängenden Ästen ausweichen und dabei versuchen, einen trockenen Weg zu finden.

Die Pilgerwanderung zum Wasserfall im Barranco de Arure ist ein absolutes Muss für den Urlauber im Valle Gran Rey. Sie fordert dem Wanderer technisches Geschick ab, stellt aber aufgrund der kurzen Strecke und wenigen Höhenmeter keinerlei Anforderungen an die Kondition. Teilweise geht es aber schon recht abenteuerlich zu. So führt der Weg durch einen verwirrenden Schilfwald, entlang einem zugewachsenen Bachbett und über einen kleinen Wasserfall. Überall plätschert Wasser, bis wir den Wasserfall erreicht haben – ein kraftvoller aber unaufdringlicher Ort.

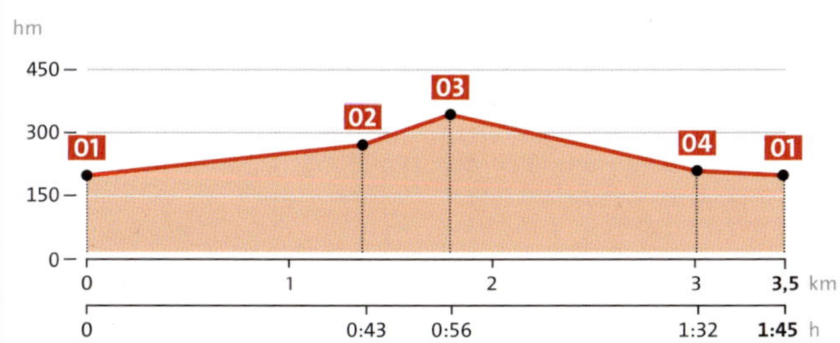

01 El Guro 229 m; 02 Leiter 303 m; 03 Wasserfall 340 m;
04 Variante 256 m

El Guro

▶ Sehr beliebt ist der malerische Weiler **El Guro** 01 bei Künstlern. Direkt hinter der blauen Skulptur gehen wir scharf rechts und folgen dem ausgeschilderten Weg Richtung Wasserfall. Ein schmaler Pfad verlässt El Guro, führt entlang einer Wasserleitung und durch einen Palmenhain. Vor einer hohen Steinmauer folgen wir links dem Pfeil bergauf, steigen einige Meter zum Barranco hinunter und befinden uns in einem wahren Schilfurwald. Links führt der Weg durch das Barranco weiter. Grüngelbe Pfeile sowie Steinmännchen unterstützen uns bei der Orientierung, wobei es oft mehrere Pfadalternativen gibt. Das erschwert die Wegfindung, wobei man sich in dem Flussbett nicht verlaufen kann. Es bedarf halt ein bisschen zu experimentieren, um auf den richtigen Weg zu geraten. Wir haben den Eindruck, dass der Weg bei einem kleinen Wasserfall endet, aber wenn wir aber näherkommen, sehen wir links eine kleine **Leiter** 02 (303 m) und ein Tau, sodass wir diese kleine Stufe mit einer kleinen Klettereinlage überwinden können. Wir steigen immer bachaufwärts und erreichen nach weiteren 500 m den**Wasserfall** 03 (340 m). Das Barranco, welches aus 500 m höher gelegenen Arure kommt, ergießt sich in einem 25 m hohen Wasserfall in einen kleinen Teich, der dann den Bachlauf speist, durch den wir heraufgewandert sind. Nach einer kurzen Rast gehen wir zunächst auf demselben Weg wieder zurück, bis wir nach ca. 1,1 km auf dem Wegweiser rechts Richtung El Guro treffen. Hier, an der **Variante** 04 (256 m), halten wir uns links, bleiben im Bachbett und folgen diesem, bis wir auf die ersten Häuser von **El Guro** 01 treffen. So erreichen wir überraschend schnell die Hauptstraße.

Wasserfall

Parque Rural
Gr. Ziegenhöhle
739
03
Saltο de Agua
(Wasserfall)
La Mérica
855
Kl. Ziegenhöhle
834
10
02
Salto de Agua
(Wasserfall)
GM-1
734
Mirador
César Manrique
El
Palmarejo
Ermita
San Antonio
Cuesta del Barro
El Retamal
e Valle Gran Rey
Los Granados
Los Reyes
04
10
Barranco del Valle Gran Rey
250
Casa de Chele
Quiebra Canillas
Casa de la Mérica
Casa de la Seda
10
01
El Guro
Burro
Parque
Ermita de
los Reyes
Lomo del Harinero
715
Lechepfad
GM-1
El Valillo
Valle Gran Rey View
Montaña
del Adivino
723
Centro de Salud
Bella Cabellos
0
500 m
Parque Rural

CHIPUDE – FORTALEZA DE CHIPUDE – CHIPUDE

Die Besteigung des Heiligen Tafelberges

4,8 km | 1:55 h | 170 hm | 170 hm | 231

START | Busanbindung: Linien 1, 4 und 6. Aus dem unteren Valle Gran Rey fahren wir auf der GM-1 talauswärts bis nach Arure. Dort folgen wir den Wegweisern Richtung Las Hayas und Chipude, wo wir am Dorfplatz parken. Geokoordinaten Parkplatz: [N28° 06.590 W17° 16.897 und 28.109833 -17.281617].
CHARAKTER | Die Tour stellt keine Anforderungen an die Kondition oder auch des Orientierungsvermögens. Trotzdem benötigt man für den finalen Aufstieg durch den Fels Schwindelfreiheit und Trittsicherheit.

Die markante Fortaleza de Chipude erhebt sich auf 1241 m über dem Meeresspiegel und wie kein anderer dominiert der Tafelberg das Landschaftsbild im Südwesten der Insel. Ähnlich wie die landschaftsprägenden Roques, besteht auch die Fortaleza – aus dem spanischen übersetzt heißt Fortaleza Festung – aus Magma. Umliegende weichere Gesteinsschichten wurden durch den Jahrmillionen andauernden Erosionsprozess abgetragen. Was übrig blieb sind die auffallenden Felsformationen. Nach einer kurzen Kraxelstelle erreichen wir das Hochplateau des Top-Aussichtsbergs – wir staunen über die atemberaubenden Ausblicke.

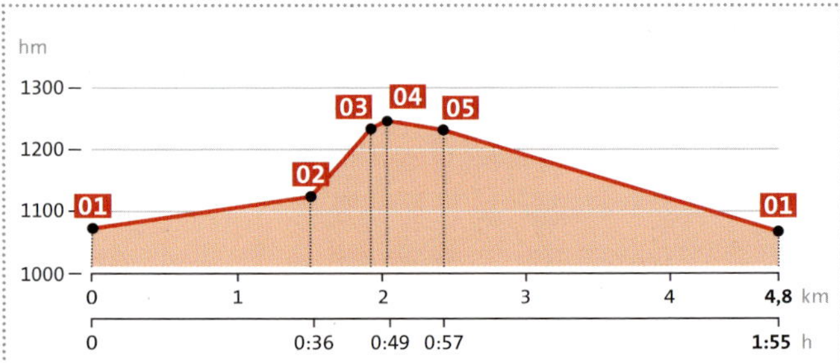

01 Chipude 1105 m; 02 Abzweiger 1455 m;
03 Aufstieg 1244 m; 04 Gipfelkreuz 1255 m; 05 Barranco del Erque 1243 m

Fortaleza de Chipude

▶ Vom **Chipude** 01 (1105 m) gehen wir auf der Straße ortsauswärts Richtung La Dama, um dann bei dem Ende 30-km/h-Schild die Straße links auf den Pflasterweg zu verlassen. Im folgenden Verlauf queren wir die Straße, treffen abermals auf die Straße und verlassen sie in einer Rechtskehre auf den links abzweigenden Pfad – zu dem Haus bei den Tannen bergauf. Die Straße endet an einem rot-braunen Haus, hier gehen wir auf der Asphaltstraße links bergauf und in einer lang gezogenen Rechtskurve erreichen wir abermals die Straße und gehen auf dieser links weiter, um gleich hinter der Bar Javi die Straße nach rechts auf einen ausgezeichneten Pfad zu verlassen. Nach Querung des Barranco erreichen wir die Asphaltstraße, gehen links – vor der Leitplanke – weitere 40 m, bis wir die Straße nach rechts queren und auf den beginnenden Pflasterweg bergauf gehen. Hinter dem kleinen Weiler Pavon, inzwischen ist die Asphaltstraße

Abzweiger Casa Fortaleza

in einem Pfad übergegangen, treffen wir auf ein einzelnstehendes weißes Haus. Wir nehmen den nächsten rechten **Abzweiger** 02 (1455 m), nun direkt auf die Fortaleza de Chipude zu. Bei der folgenden Weggabelung gehen wir nicht rechts nach La Dama, sondern beginnen jetzt mit dem **Aufstieg** 03 (1244 m). Wir gehen zunächst auf einem breiten mit Steinen gesäumten Pfad, der aber schnell schmaler wird und schon bald beginnt die leichte Kletterei durch den griffigen Fels hinauf zum Hochplateau. Auf einem treppenartig angelegten Steig müssen mehrmals die Hände zu Hilfe genommen werden. Bei einem künstlich angelegten Steinhaufen ist das Gipfelplateau erreicht. Auf den mit Steinen gesäumten Weg gehen wir bis zum weißen **Gipfelkreuz** 04 (1255 m) vor. Es markiert zwar nicht den höchsten Punkt, ist jedoch eine Stelle mit einer besonders schönen Aussicht. Von da führt der Weg weiter zum südlichsten Teil des Hochplateaus, gekennzeichnet durch einen Betonpfeiler. Von hier aus hat man einen grandiosen Überblick: Ganz links sieht man auf einem Berg die kleine Kirche Ermita de San Isidro Labrador, den Ort La Dama – gut zu erkennen an den weiß eingehüllten Bananenplantagen. Dahinter liegen die Nachbarinseln El Hierro und ganz rechts in der Ferne kann man bei guter Sicht La Palma ausmachen. Auf dem Plateau kann man noch ein kleines Stück weiter bis an seinen südöstlichen Rand wandern, um tief in den wohl mächtigsten Schluchtauslauf von La Gomera zu schauen – dem bis zu 600 m tiefer liegenden **Barranco del Erque** 05 (1243 m). Wir gehen auf dem uns bekannten Hinweg zurück.

VALLE GRAN REY – HOCHEBENE – LA MERICA ARURE

Eines der aussichtsreisten Abenteuer aus diesem Wanderführer

7,7 km | 4:00 h | 813 hm | 813 hm | 231

START | Busanbindung: Linie 1 und 6. Noch im Valle Gran Rey, gleich hinter dem Kreisverkehr, gegenüber der Tankstelle lässt sich perfekt auf den Seitenstreifen parken. Die Bushaltestelle ist nur 50 m entfernt. Geokoordinaten Parkplatz: [N28° 05.672 W17° 20.135 und 28.094533 -17.335583].
CHARAKTER | Nach einem Kaltstart folgt der sehr kräftezehrende Aufstieg, es geht gleich mal 800 Höhenmeter über nur 4,25 km bergauf.

Die westliche Begrenzung des lang gezogenen Valle Gran Ray bildet der Höhenzug der La Mérica-Hochebene. Sie hat ihren Ursprung im Hochgebirge bei Arure und endet mit einer 600 m hohen Steilwand direkt oberhalb des Ortsteils La Playa. Auf diesem Höhenzug schrauben wir uns in die Höhe. Die Tour verspricht sensationelle Ausblicke auf das tiefliegende Valle Gran Rey auf der einen Seite und dem Atlantischen Ozean auf der anderen Seite. Die Wanderung endet mit einem Hochgefühl, eine derartige Herausforderung gemeistert zu haben.

▶ Von **Valle Gran Rey** 01 (16 m) gehen wir auf der GM-1 300 m

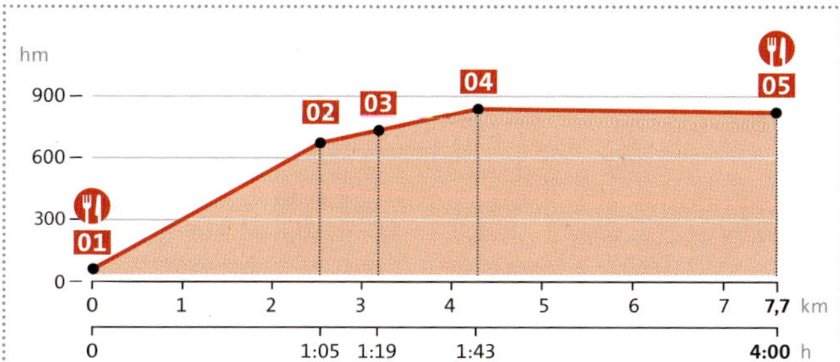

01 Valle Gran Rey 16 m; 02 Riscos de la Mérica 630 m; 03 Casa de la Mérica 720 m; 04 La Mérica 855 m; 05 Bar El Jape 815 m

Valle Gran Rey

talauswärts, um an der Weggabelung – mit der kleinen Verkehrsinsel – weiter halb rechts, Richtung Arure, die Asphaltstraße bergauf zu gehen. Den ersten Abzweiger nach links lassen wir unberücksichtigt, aber dann nach weiteren 50 m gehen wir links die Treppen bergauf. Bei der folgenden Asphaltstraße halten wir uns rechts und verlassen diese nach links in weiten Serpentinen auf dem nun steil ansteigenden Camino. Unmittelbar nach der letzten Serpentine zweigt links ein Pfad **Richtung Riscos de la Mérica** 02 (630 m) ab, ein wunderschöner Rastplatz mit fantastischem Tiefblick nach La Playa und Playa de Ingles. Wir haben die steilste Rampe hinter uns gebracht und erreichen das Hochplateau. In der Ferne sehen wir bereits den Gipfel des Berges La Mérica. Der Weg führt vorbei an einem verfallenen Haus, der **Casa de la Mérica** 03 (720 m) und nach weiteren 100 Höhenmetern haben wir das obere Ende der Hochebene erreicht. Wir machen einen kleinen Abstecher auf den Gipfel des 04 **La Mércia** (855 m), zu erkennen an dem Betonpfeiler, der den höchsten Punkt markiert. Auf einem wunderschönen Höhenweg geht es weiter, zunächst leicht bergab, vorbei an einer Felshöhle, die als Ziegenstall umfunktioniert wurde. Rechts unterhalb schauen wir tief in das Valle Gran Rey hinunter, können die Kehren der Straße ausmachen, sehen die Tunneleinfahrten und können auch gut den Mirador César Manrique sehen. Rechts in der Ferne thront die Fortaleza de Chipude. Wir können bereits die Häuser von Arure sehen und erreichen eine

de Carretón
Barranco de
Bar
Pejerreyes
Conchita
Arure
Ermita del Santo
Roque del Medio
Roque del Medio
12
P
824
873
Rist. El Jape
05
Roque de los Marroyos
781
839
902
Ziegenstall
Heredia
282
3
12
Muladar (Mülldeponie)
804
Risco de Heredia
637
Parque Rural
Gr. Ziegenhöhle
Salto de Agua (Wasserfall)
GM-1
734
César Mann
709
La Mérica
04
855
739
435
Kl. Ziegenhöhle
834
Salto de Agua (Wasserfall)
Cuesta del Barro
de Valle Gran Rey
Los Granados
Riscos de la Mérica
12
Barranco del Valle Gran R
Quiebra Canillas
Casa de la Seda
Casa de la Mérica
03
El Guro
P
Burro Parque
447
Ermita de los Reyes
Lechepfad
El Valillo
GM-1
Valle Gran R
02
Montaña del Adivino
723
El Valillo
Centro de Recuperación del "Lagarto Gigante de la Gomera" (Aufzuchtanlage der "Gomera-Rieseneidechse")
Centro de Salud
Legartario
Bella Cabellos
Parque Rura
Jardín Tropical
La Calera
592
Casas d
Galería
Oasis
La Orquídea
Iglesia de Los Santos Reyes
P
El Bodegon
Reuss-Kreuz
662
Las Pilas
Calera
Ermita San Pedro
P
01
Carlos
Barranco de Argaga
El Paraíso
12
0
500 m
F. KK
El Platanal
Valle Gran Rey
Valle Gran Rey

Richtung Riscos de la Mérica

Asphaltstraße. Es empfiehlt sich noch ein Abstecher unter dem steinernen Wasserviadukt hindurch. Vom Mirador Ermita del Santo genießt man eine atemberaubende Aussicht über das Tal von Taguluche. Wieder zurück auf der Asphaltstraße gehen wir links bis zur Hauptstraße und folgen dieser bis zur **Bar El Jape** 05 (815 m). Je nach Kondition kann man den gleichen Weg wieder zurückgehen oder wartet auf den Bus, der direkt vor der Bar hält.

Casa de la Mérica

BARRANCO DE IGUALA – PLAYA DE IGUALA – PUNTA DE IGUALA

Expedition für Abenteurer

9,9 km 4:50 h 680 hm 680 hm 231

START | Busanbindung: keine. Aus dem Valle Gran Rey fahren wir nach Chipude und biegen direkt vor dem Friedhof und der darauf folgenden Kirche rechts in die Asphaltstraße. Es befinden sich hier keinerlei Hinweisschilder. Bereits nach 300 m endet die Straße. Wir fahren rechts weiter in vielen steilen Kehren, bis wir nach 4,5 km Gerian – sämtliche Abzweiger werden ignoriert – erreicht haben. Wir fahren aber noch weitere 1,9 km, bis der Weg durch eine Metallkette versperrt ist. Hier parken wir das Auto rechts auf dem beginnenden Schotterweg. Geokoordinaten Parkplatz: [N28° 05.224 W17° 18.677 und 28.087067 -17.311283].
CHARAKTER | Die Wanderung erfordert extrem guten Orientierungssinn, sehr sicheres Gehen in steilem unwegsamem Gelände, Trittsicherheit an einigen sehr exponierten Stellen, Klettererfahrung bis zum Schwierigkeitsgrad III.

Durch die atemberaubende Kulisse eines vergessenen Barrancos führt diese schwerste Tour in diesem Wanderführer. Nach einem wüsten Abstieg, dabei werden drei Wasserfälle umlaufen – mit einer Kletterstelle mit dem Schwierigkeitsgrad III –, folgt

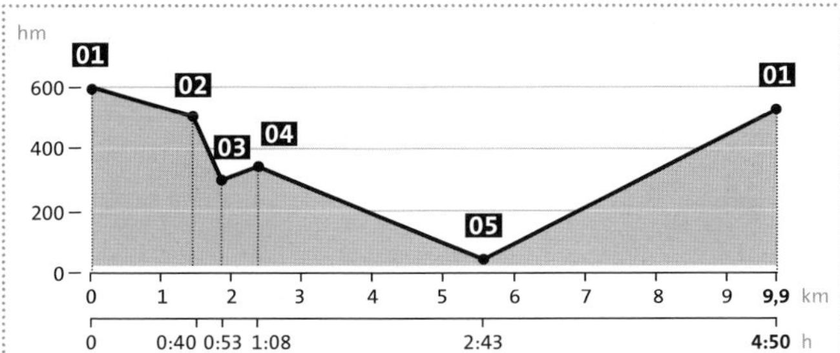

01 Parkplatz 612 m; 02 Pfad 467 m; 03 Schlüsselstelle Palmen 362 m; 04 Schlüsslestelle Wasserfall 359 m; 05 Playa de Iguala 5 m

Das letzte Haus vor dem Barranco

eine nicht endende Wanderung durch ein Trockenflussbett, bis der Strand erreicht wird. Die folgenden 620 Höhenmeter Anstieg zum Ausgangspunkt sind Erholung pur im Vergleich zum Abstieg. Der deutsche-tschechische Autor Jan Rys sagte: Das Bergsteigen wird durch die Existenz von Bergen sehr erschwert. Treffender kann man diese Runde nicht beschreiben.

▶ Vom **Parkplatz** **01** (612 m) übersteigen wir die Metallkette und gehen bergab – vorbei an einigen Häusern – und erreichen nach einer langen Kehre das letzte Haus vor dem Barranco. Noch 20 m vor dem Haus führt rechts ein Pfad hinunter auf die Terrassenfelder am Barranco. Wir gehen an dem rechts von uns liegenden Zaun entlang, bis wir in das Barranco einsteigen, durch dieses rechts weitergehen, bis der Zaun endet und wir oberhalb eines Wasserfalls stehen. Hier beginnt links bergauf ein selten begangener Pfad. Im weiteren Verlauf passieren wir eine rechts von uns stehende Palme und wandern 60 m unterhalb einer Ruine vorbei. Kurzfristig ist der Pfad schwer auszumachen, bis wir auf einem gut zu erkennenden Pfad, welcher nun halb links – in östliche Richtung – bergab führt. Wir stehen unterhalb von 5 m hohen Felsen, unten im Tal können wir Palmen und weiter links eine Steinhütte sehen. An dieser Stelle verlassen wir den **Pfad** **02** (467 m) nach rechts und steigen auf dem vor uns liegenden Bergrücken weglos – vorbei an zahlreichen Agaven und Kakteen, die den Abstieg nicht einfach gestalten – in das tiefer liegende Barranco ab. Wir gehen ein kurzes Stück im Barranco, um an der Stelle, wo sich der Flusslauf verengt, links aufzusteigen. Das Barranco mündet in einen 50–60 m hohen Wasserfall, den wir nun umgehen. Wir steigen auf die vor uns liegende Kuppe und beim folgenden Abstieg queren wir in den Hang, dabei verlieren wir leicht an Höhe, bis wir rechts unterhalb im Barranco Palmen sehen. In diesem unwegsamen, weglosen und steilen Gelände steigen wir nun zur **Schlüsselstelle** bei den **Palmen** **03** (362 m) ab. Auch an

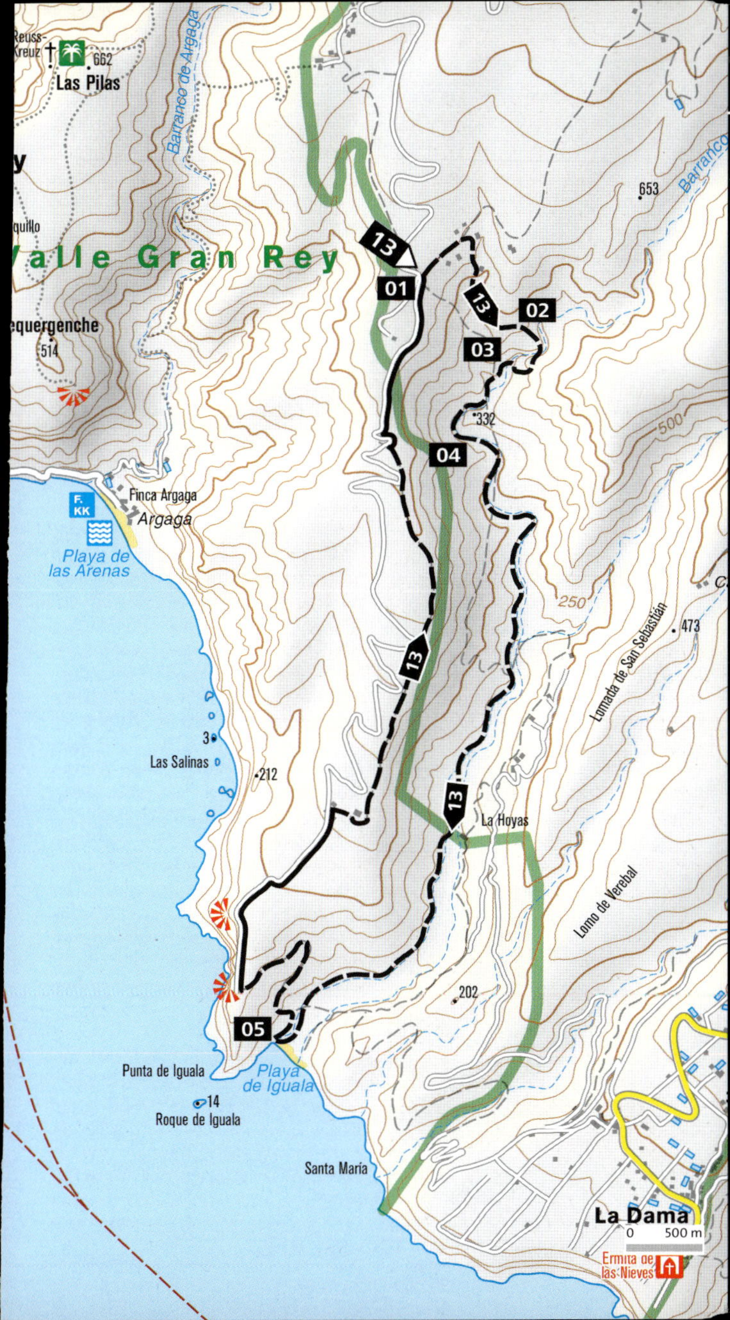

Reuss-Kreuz
662
Las Pilas
Barranco de Argaga
alle Gran Rey
quillo
equergenche
514
13
01
02
03
04
05
653
Barranco
332
500
250
Finca Argaga
Argaga
F. KK
Playa de las Arenas
Lomada de San Sebastián
473
3
Las Salinas
212
La Hoyas
Lomo de Verebal
202
Punta de Iguala
Playa de Iguala
14
Roque de Iguala
Santa María
La Dama
0 500 m
Ermita de las Nieves

Rechts ins Barranco

dieser Stelle müssen wir einen unüberwindbaren Wasserfall umgehen. Dazu queren wir das Barranco und gehen ohne dabei an Höhe zu verlieren auf der rechten Flussseite talauswärts, bis der Weg 90° Wendung nach rechts macht und man sich dort einen Abstieg direkt in das Barranco bahnen kann. Aber es wird uns keine Atempause gegönnt. Nur einige Meter weiter mündet das Barranco in eine tiefer liegende Gumpe. Bei wenig Wasserstand kann man in diesem trockenen Flussbett einige Meter absteigen, um dann links über rotes Gestein die Gumpe zu umgehen. Es folgt ein relativ entspanntes Stück bis zur nächsten **Schlüsselstelle bei einem Wasserfall 04** (359 m). Abermals mündet der Flusslauf in einen unüberwindbaren Wasserfall, den wir umlaufen. Auf der rechten Barranco-Seite steht ein kleiner Kiefernwald. Nach nur 10 m Anstieg erreichen wir links im Felsen eine kleine Rinne, in der wir auf den 15 m hohen Bergrücken aufsteigen – Schwierigkeitsgrad III und Absturzgefahr. Auf der Rückseite des Bergrückens angekommen bahnen wir uns den Weg zurück ins Barranco. Diesem folgen wir nun talauswärts, bis von links eine Straße in das Barranco führt. So weit wie möglich rechts im Trockenflussbett laufend erreichen wir den **Playa de Iguala 05** (5 m). In Kehren, auf den westlich vom Barranco liegenden Höhenzug steigen wir auf und folgen im weiteren Verlauf dem Fernwanderweg GR 131 und der Ausschilderung zum Valle Gran Rey. Nach 620 Höhenmeter haben wir den **Parkplatz 01** erreicht.

Schlüsselstelle Palmen

VALLE GRAN REY – BARRANCO DE ARGAGA – VALLE GRAN REY

Abenteuerliche Durchquerung des unteren Barranco de Argaga

13,5 km | 6:45 h | 790 hm | 790 hm | 231

START | Busanbindung: Linie 1 und 6. Noch im Valle Gran Rey, gleich hinter dem Kreisverkehr, gegenüber der Tankstelle lässt sich perfekt auf den Seitenstreifen parken. Die Bushaltestelle ist nur 50 m entfernt. Geokoordinaten Parkplatz: [N28° 05.672 W17° 20.135 und 28.094533 -17.335583].

CHARAKTER | Sehr anspruchsvolle Wanderung mit vielen Kletterpassagen. An drei Schlüsselstellen ist es schwierig den Weg zu finden, trotz vielfarbiger Markierungen und Steinmännchen. GPS-Geräte schwächeln aufgrund von Empfangsproblem. Die Tour sollte man nicht in umgekehrter Richtung laufen.

Das wildromantische Barranco de Argaga hat seinem Ursprung in Chipude, unterhalb des zentralen Hochgebirges. Es ist das östliche Nachbartal des Valle Gran Rey – jedoch ohne jegliche Infrastruktur. Je weiter sich das Barranco Richtung des Atlantischen Ozeans fließt, umso tiefer hat es sich einen markanten Schluchtauslauf gebahnt. Durch dieses Wirrwarr von weiteren Zuflüssen und Windungen, geprägt von ständigen Auf- und Abstiegen, Kletterstellen an unwegsamen Abschnitten und einer ständigen Ungewissheit, wo

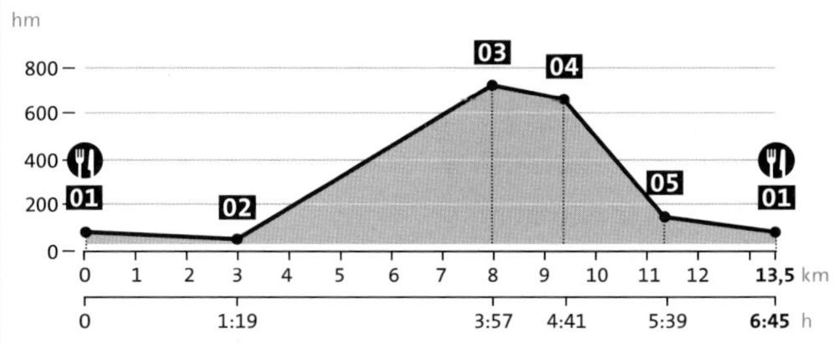

01 Start und Ziel 46 m; 02 Schweinebucht 6 m; 03 Ermita de Nuestra Señora de Guadalupe 756 m; 04 Einsattelung 661 m; 05 Ermita de Los Reyes 185 m

Kurz vor der Schweinebucht

der Weg weiter geht, führt eine der abenteuerlichsten Wanderungen auf La Gomera. Für den Abenteurer definitiv ein Hochgefühl, eine derartige Herausforderung gemeistert zu haben. Es bleibt die positive Erinnerung an diese Empfindung, wenn der Körper signalisiert, was ihm gut tut.

▶ Vom ersten Kreisverkehr bei der Tankstelle im unteren **Valle Gran Rey** **01** (46 m), laufen wir an dem Busbahnhof vorbei auf der Hauptstraße Richtung Vueltas, dem Hafen in Valle Gran Rey. Nach 1,1 km gehen wir links in die Einbahnstraße Calle Las Vueltas, passieren Geschäfte und Restaurants und erreichen den durch die Hafenmole geschützten schwarzen Sandstrand, dem Playa de Vueltas. Hier gehen wir links – die Teerstraße geht in eine Schotterpiste über – unterhalb der Steilküste in die Nachbarbucht, die sogenannte **Schweinebucht** **02** (6 m). Aufgrund der Steinschlaggefahr, bitte so weit wie möglich links unterhalb der Felsen laufen und sich nicht unnötig lange in diesem Bereich aufhalten. Wir erreichen die Mauern der dahinterliegenden Finca Argaga und ein Warnschild: Unbewachter Strand. An dieser Stelle gehen wir links am Barranco bergauf, vorbei an einem der vielfältigsten tropischen Fruchtgärten Europas. Nach 75 m treffen wir auf einen Privatweg, Steinmännchen und ein roter Pfeil leiten uns nun direkt in das Trockenflussbett. Wir unterqueren eine kleine Brücke und vorbei geht es an einem Wasserreservoir. 130 m nach Terrassenfeldern und der folgenden Rechtskurve gehen wir nicht im Barranco weiter, sondern steigen an dieser Stelle rechts steil im Hang bergauf. Bereits nach 100 m geht es dann über einige Stufen links in den Steilhang, hoch über dem Barranco entlang. Bei einem Wasserfall erreichen wir wieder das Barranco und queren es im weiteren Verlauf. Nach weiteren 150 m steigen wir abermals den rechts von uns liegenden Hang steil bergauf. Dabei überwinden wir auf 150 m Länge ca. 100 Höhenmeter, bis der Weg auf links dreht, vorbei an Höhlen. Von weitem sehen wir schon eine einsam stehende Palme, unser nächster

Orientierungspunkt. Direkt vor der Palme führen Steinstufen scharf rechts bergauf. Über Terrassenfelder und nach 240 Höhenmeter Aufstieg erreichen wir bei einem Holzschild mit einer Taxinummer die Ortschaft Gerian. Nach 100 m auf der Asphaltstraße gehen wir scharf links, auf der GR 132 Richtung Valle Gran Rey und erreichen über einen Höhenzug die sehr schön gelegene **Ermita de Nuestra Señora de Guadalupe 03** (756 m). In den sechziger Jahren zu Ehren der Jungfrau von Guadalupe gebaut, liegt sie sehr schön auf einem Felsvorsprung oberhalb des Dorfes Gerián. Es ergeben sich atemberaubende Fernblicke in das tief unter uns liegende Barranco und die lang gezogenen Bergrücken, die das Valle Gran Rey flankieren. Auch den weiterführenden Weg können wir sehr schön ausmachen. Hinter der Kirche führt der Weg in nordöstliche Richtung

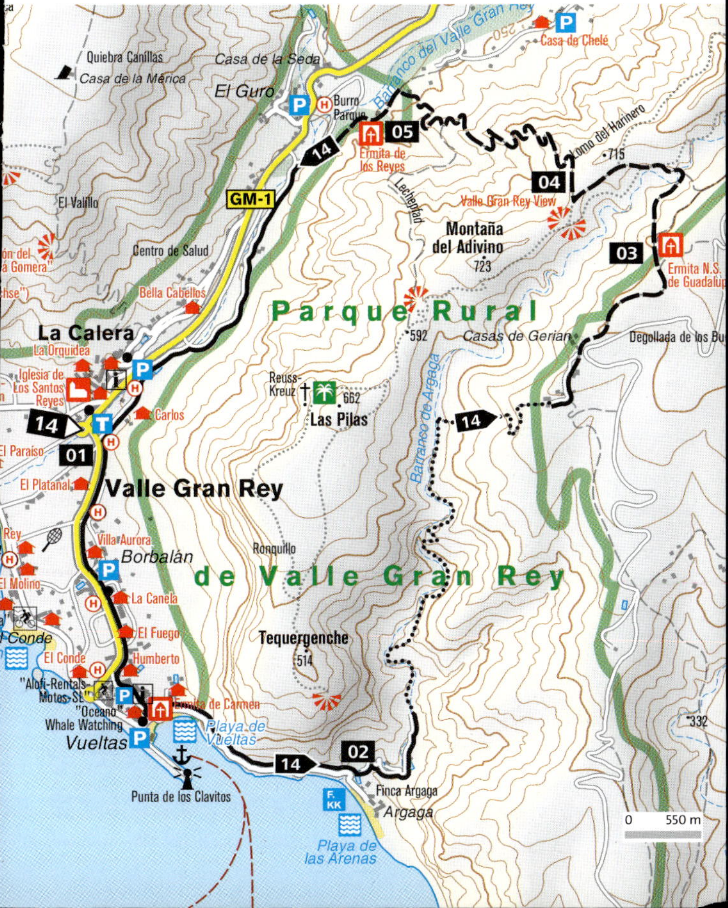

Oberhalb der Schweinebucht

taleinwärts, bis wir den folgenden linken Abzweiger bergab Richtung Valle Gran Rey nehmen. Wir queren das schmale Tal, um dann links, nun wieder leicht bergauf die **Einsattelung** **04** (661 m) und Weggabelung, zwischen dem Barranco de Argaga und dem Valle Gran Rey, zu erreichen. Es folgen 480 m Abstieg auf dem teilweise steingepflasterten Camino Los Reyes. Noch oberhalb des Talgrundes schwenkt die Wegrichtung talauswärts und wir erreichen die **Ermita de Los Reyes** **05** (185 m). Am südlichen Ende des Kirchplatzes gehen wir die Treppe nun endgültig in den Talgrund des Valle Gran Rey hinunter, um links auf der Schotterpiste – Richtung unteres Valle Gran Rey **01** zu wandern. Vor der Barranco-Befestigung halten wir uns links und erreichen den Busbahnhof und Ausgangspunkt unserer Wanderung.

Ermita de Nuestra Señora de Guadalupe

ALAJERÓ – ERMITA DE SAN ISIDRO – STAUSEE ALAJERÓ

Von Alajeró zu einem Piratenausguck

6,2 km | 2:30 h | 354 hm ↗ | 354 hm ↘ | 231

START | Busanbindung: Linie 3 und 6. Aus dem Valle Gran Rey fahren wir zunächst Richtung San Sebastián, um dann rechts Richtung Alajeró abzubiegen. Beim Parkplatz gegenüber der Gemeinde lässt sich gut parken. Geokoordinaten Parkplatz: [N28° 03.839 W17° 14.373 und 28.039917 -17.233333].
CHARAKTER | Eine einfache Bergtour. Nur an einer Schlüsselstelle ist die Wegfindung etwas anspruchsvoller.

Begünstigt durch die Lage mit 830 m über dem Meeresspiegel – und der daraus resultierenden erhöhten Feuchtigkeit – war die Region bei Alajeró eines der bedeutendsten landschaftlichen Zentren der Insel. Durch das historische Zentrum mit seiner traditionellen Architektur und mit modernen Gebäuden wandern wir zum Aussichtsberg, die Montaña del Calvario mit seiner Ermita de San Isidro Labrador, von wo wir eine atemberaubende Aussicht genießen. Danach steigen wir zu einem kleinen Stausee ab, um in einer Schleife durch die sanften Hügelketten auf einem wunderschön angelegten Camino zurück zum Ausgangspunkt zu gelangen.

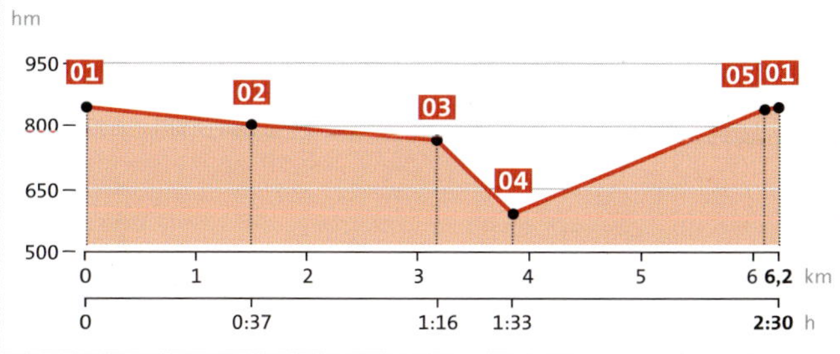

01 Alajeró 813 m; 02 Ermita de San Isidro Labrador 803 m;
03 Stausee 589 m; 04 Camino 585 m;
05 Iglesia de El Salvador del Mundo 861 m

Alajeró

▶ Von **Alajero** 01 (813 m) bei der Gemeindeverwaltung gehen wir auf der Asphaltstraße bergab, vorbei an der Bushaltestelle und der rechts von uns liegenden Kirche, um dann links dem Verlauf der Straße zu folgen. Nach 80 m folgen wir rechts der Ausschilderung Richtung Ermita de San Isidro Labrador, bis wir auf einen Parkplatz treffen. Nach weiteren 500 m auf einem gepflasterten Weg haben wir den Mirador de Tagaragunche auf der Montaña del Calvario (803 m) und die **Ermita de San Isidro Labrador** 02 erreicht. An dieser Stelle wachte ein Posten, um nach Piraten Ausschau zu halten oder in Kriegszeiten vor Angreifern zu warnen. Bei guter Sicht ergeben sich atemberaubende Fernblicke: Im Osten angefangen sieht man den Teide auf Teneriffa, bei besonders guter Sicht Gran Canaria, San Sebastián, den Flughafen von La Gomera, die vorgelagerten Bergrücken auf La Palma und El Hierro. Nach dem Abstieg, wir befinden uns bereits auf der Asphaltstraße, biegen wir nach 80 m auf den links beginnenden Pfad. Auf dem Camino verlieren wir schnell an Höhe und befinden uns jetzt direkt unterhalb der Montaña del Calvario. Links am Wegesrand steht ein Steinmännchen, der Untergrund besteht aus braunen Gestein, an dieser Stelle verlassen wir den Pfad nach rechts durch die aufgebrochene Steinmauer, um zum Stausee hinunterzugehen. Da der Weg teilweise schwer auszumachen ist, orientieren wir uns an immer wieder durchbrochenen Steinmauern, bis wir die kleinen **Stausee** 03 (589 m) erreicht haben. Diesen umlaufen wir taleinwärts, um dann auf einen Pfad oberhalb der Staustufe wieder talauswärts zu gehen. Wir treffen auf eine Schotterpiste, die wir bis zur Asphaltstraße vorgehen. Nach 160 m treffen wir auf einen 2 m hohen Holzpfeiler, der direkt am Waldesrand steht. Auch kreuzt die Asphaltstraße ein Wanderweg von links nach rechts. Wir folgen dem **Camino** 04 (585) m nun rechts bergauf. Wir passieren ein Grundstück und dann schraubt sich der Weg kontinuierlich, immer eindeutig, bis nach Alajero. Im weiteren Verlauf wird die Asphaltstraße mehrmals gequert, bis wir die **Iglesia de El Salvador del Mundo** 05 (861 m)in **Alajeró** 01 erreichen.

Ermita de San Isidro Labrador

16

ARGUAYODA – PLAYA DE LA NEGRA – BARRANCO DE LA NEGRA –ARGUAYODA

Wanderung auf einem der schönsten Teilstücke des GR 132

8,9 km | 3:00 h | 506 hm | 506 hm | 231

START | Busanbindung: keine. Aus dem Valle Gran Rey fahren wir zunächst Richtung San Sebastián, dann biegen wir rechts Richtung Alajeró und abermals rechts nach Arguayoda ab, wo man direkt gegenüber der Kirche parkt. Geokoordinaten Parkplatz: [N28° 03.625 W17° 17.072 und 28.060417 -17.284533].
CHARAKTER | Den alten Verbindungsweg zum Fernwanderweg zu finden stellt die größte Herausforderung dar.

Im Süden der Insel westlich von Alajeró befindet sich der malerisch gelegene Weiler Arguayoda. Von dort wandern wir auf einem aussichtsreichen Bergrücken hinunter in das unbekannte wilde Barranco de la Negra. Es geht immer tiefer taleinwärts, bis wir vor schier unüberwindbaren Felswänden stehen, auch der weitere Weg nur schwer auszumachen ist. Aber irgendwie schlängelt das architektonische Kunstwerk – der schmale im Fels hängende Camino – in engen Kehren steil bergauf. Es erwartet Sie auf dieser Tour ein Gegenspiel: Ruhe in mystischer Natur – Unruhe den richtigen Weg zu finden.

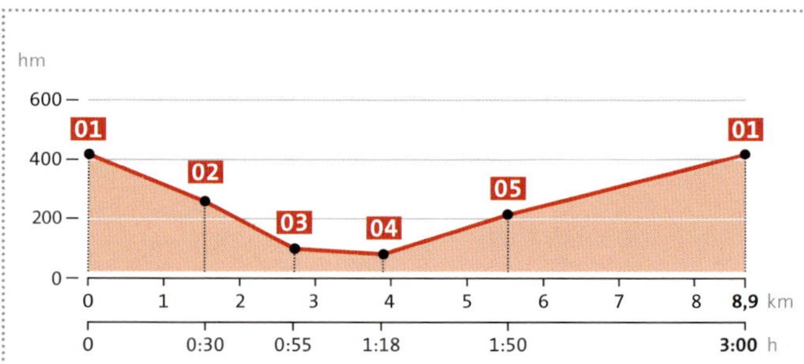

01 Arguayoda 430 m; 02 Abzweiger nach La Dama 265 m; 03 oberhalb vom Playa del la Negra 113 m; 04 kleine Exkursion 86 m; 05 Schlüsselstelle 227 m

Von **Arguayoda** 01 (430 m) gehen wir dierestlichen 50 m auf der Asphaltstraße, bevor sie in eine Schotterpiste übergeht, Richtung Meer. Auf einem zunächst breiten Bergrücken, der zunehmend schmaler wird, gehen wir an dem folgenden rechten **Abzweiger nach La Dama** 02 (265 m) geradeaus weiter Durch das Barranco getrennt, sehen wir auf der anderen Talseite die Ermita de Nuestra Señora de Las Nieves sowie das

Arguayoda

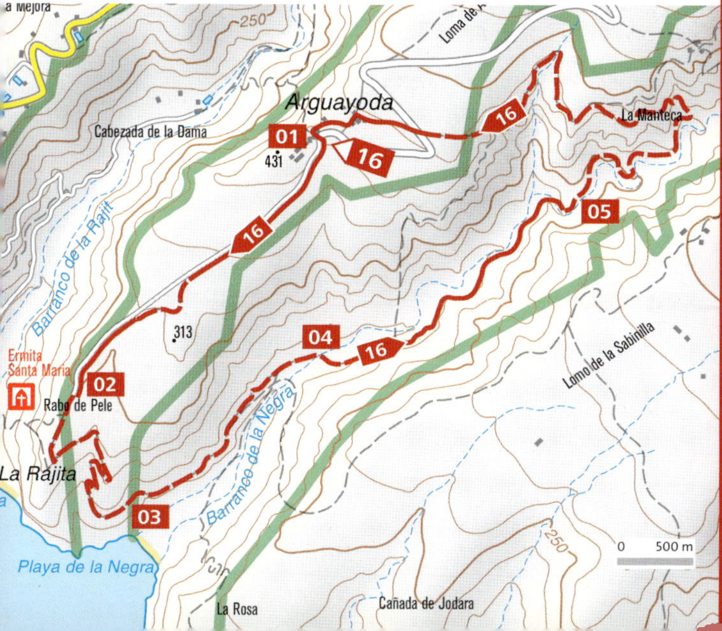

Ermita de Nuestra Señora de Las Nieves

Dorf La Dama. Bevor die Schotterpiste eine scharfe Linkskurve macht, sollte man noch einmal bis an den Grat vorgehen, um einen Blick auf den gespenstisch anmutenden Playa de la Rajita – mit seinen verfallenen Fabrikgebäuden, einer ehemaligen Fischfabrik – zu riskieren. Auf einem betonierten Weg erreichen wir 70 m **oberhalb vom Playa del la Negra** 03 (113 m) das Barranco de la Negra. Einen Direktabstieg zum Strand gibt es an dieser Stelle nicht. Nach 1,3 km erreichen wir eine Betonbrücke, an der wir zum Strand hinunter gehen können. Viel interessanter ist an dieser Stelle eine **kleine Exkursion** 04 (86 m) in das links von uns liegende Barranco zu unternehmen. Wir treffen auf beeindruckende Gumpen und nach ca. 120 m auf einen kleinen Wasserfall. Wir setzen unseren Weg taleinwärts bis wir auf zwei Häuser treffen. Links schaut man auf eine Felswand mit mehreren großen Wasserfällen – wenn sie denn Wasser führen. Direkt hinter den Häusern führt ein betonierter Weg rechts durch das Barranco, um dann in einer weiteren Linkskurve über große verlegte Steine, nun direkt im Barranco, weiterzugehen. Bei einer **Schlüsselstelle** 05 (227 m) gehen wir 150 m an den links von uns liegenden Terrassenfeldern vorbei, um dann dem Verlauf des Barrancos durch eine lange Rechtskurve zu folgen. Wir erreichen vier Palmen direkt im und am Flussbett und steigen an dieser Stelle links auf den kleinen Bergrücken. Hier gehen wir weiter halb links bergauf, auf die 3 m hohe Felsmauer zu, bis wir auf einen unscheinbaren Pfad, zwischen Felswand und Barranco, wandern. Dann treffen wir auf den Fernwanderweg GR 132, auf dem wir links bergauf weitergehen. Der Weg endet und wir gehen abermals links auf dem weiterführenden Pfad – erreichen einen beeindruckenden Höhenweg. Tief unter uns liegt das Barranco de la Negra – unser Hinweg. Das verbleibende Stück bis **Arguayoda** 01 gehen wir auf einem gut ausgeschilderten Weg.

ALAJERÓ – PLAYA DE LA CANTERA – ALAJERÓ

Seit 1831 ist der Sendero Quise ein zuverlässiger Zugang zum Meer

6,3 km | 2:30 h | 505 hm | 505 hm | 231

START | Busanbindung: keine. Aus dem Valle Gran Rey fahren wir zunächst Richtung San Sebastián, biegen dann rechts Richtung Alajeró ab und fahren ins Zentrum zum Parkplatz an der Gemeindeverwaltung. Wir fahren an der rechts liegenden Kirche vorbei und bei der nächsten Gabelung links, um dann sofort wieder rechts Richtung Ermita de San Isidro abzubiegen. Nach 400 m fahren wir rechts, hinter dem leer stehenden Hotel, in die Straße und erreichen nach genau 3 km eine Parkbucht auf der rechten Seite. Geokoordinaten Parkplatz:
[N28° 02.987 W17° 15.464 und 28.049783 -17.257733].
CHARAKTER | Einfache Wanderung auf einem bestens präparierten Camino.

Der italienische Ingenieur und Unternehmer Francisco Grasso baute Mitte des 19. Jahrhunderts die erste Fischkonservenfabrik von La Gomera am Playa La Cantera – in der totalen Isolierung, im Süden der Insel. Um zu dieser Fabrik zu gelangen benutzten die Arbeiter sowie die Einwohner von Alajeró diesen beschriebenen Wanderweg, um

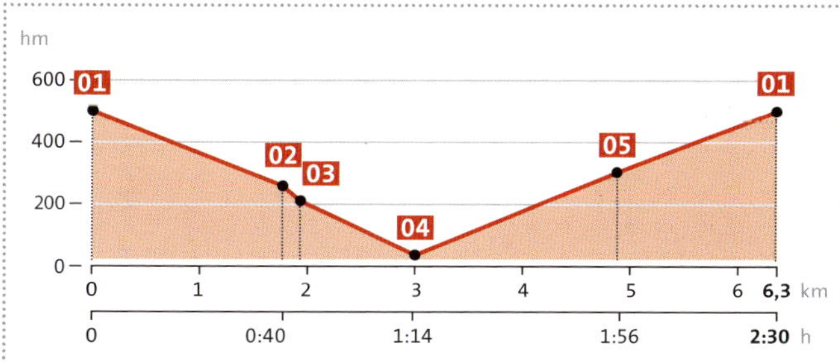

01 Parkplatz 518 m; 02 rotes Gestein 255 m; 03 Blick in die Bucht 225 m; 04 Playa La Cantera 5 m; 05 La Caldera 331

Blick auf den Wanderweg

an ihre Arbeitsstätte zu kommen. Über 50 Jahre produzierte die Fabrik 90 % des von La Gomera exportierten Thunfisches. Inzwischen wurde der Betrieb eingestellt, aber trotzdem stehen die ehrwürdigen Überreste der Werksgebäude sowie die verrosteten Werkzeuge und Dampfmaschinen als historische Zeitzeugen am Strand. Es erwartet uns eine spannende historische Wanderung auf den Spuren der Vergangenheit.

▶ Vom **Parkplatz** 01 (518 m) gehen wir 80 m bergab bis zu einer Informationstafel der Inselregierung. Hier beginnt der historische Wanderweg, der Sendero Quise. Der mäßig abfallende Camino verläuft auf einem Bergrücken. Immer wieder ergeben sich imposante Blicke in das rechts von uns liegende Barranco Quillo. Schon aus der Ferne kann man erkennen, wie sich der Wanderweg – der frühere Arbeitsweg – in seinem weiteren Verlauf durch die steilen Felshänge seinen Weg nach unten bahnt. Nach ca. 1,5 km erreichen wir einen Wegabschnitt mit 02 **rotem Gestein** (255 m), auch ist der Weg durch Geländer gesichert. Der flach abfallende Teil des Wanderweges ist vorbei, eng in die Felsen gebaut beginnt der steile Abstieg in die Bucht. Schon bald ist der Weg so steil, dass wir direkten **Blick in die Bucht** 03 (225 m) haben. Wir erreichen den **Playa La Cantera** 04 (5 m) mit seiner ehemaligen Fischfabrik. Gespenstisch anmutend sind die verfallenen Werksanlagen sowie die rostigen Gerätschaften. Leider hat der 150 m lange und bis zu 20 m breite Strand nur sehr große Kieselsteine ohne sandige Flächen. Aber auf den Resten des Anlegers kann man gut eine Brotzeit machen. Wir begeben uns auf den Rückweg und halten auf halben Weg inne und lassen den Blick noch einmal Richtung Meer schweifen. Halb links von uns sehen wir den Vulkankegel der **La Caldera** 05 (331), mit 290 m Höhe ist er der einzig verbliebene und deutlich ausgeprägte Krater auf La Gomera. Er brach vor 2 Millionen Jahren aus und beendete die vulkanischen Aktivitäten auf La Gomera.

Rotes Gestein

18

MIRADOR RISQUILLO DE CORGO

Streifzug durch den Nebelwald

1,7 km | 0:50 h | 94 hm | 94 hm | 231

START | Busanbindung: Linie 1, 4 und Linie 6. Von Vallehermoso fahren wir auf der GM-1 zunächst Richtung Valle Gran Rey, biegen dann links auf die GM-2 und fahren 1,8 km Richtung San Sebastián, bis zu zwei kleinen Parkbuchten – Raso de la Bruma – bei einem Picknickplatz. Geokoordinaten Parkplatz: [N28° 08.866 W17° 17.462 und 28.147767 -17.291033].
CHARAKTER | Leichter Spaziergang.

Was ist der Nebelwald ohne seine charakteristischen Nebel und die Feuchtigkeit, die von allen Bäumen heruntertropft. Die Tour am westlichen Rand des Nationalparks Garajonay ist bewusst kurz gewählt, damit man auch bei schlechtesten Wetterbedingungen – den normalen Wetterbedingungen – durch den Nebelwald laufen kann und ihn so in seiner vollen Ursprünglichkeit zu erleben. Lassen Sie sich verzaubern von der Schönheit der Natur auf dem Streifzug durch den faszinierenden Nebelwald. Und mit etwas Glück genießen Sie vom Mirador einem atemberaubenden Ausblick über die gesamte nördliche Region von La Gomera.

▶ Beim **Parkplatz** 01 (1083 m) queren wir die Hauptstraße hinüber zu dem Picknickplatz und gehen leicht bergauf auf dem beginnenden Pfad Richtung Las Creces, zunächst parallel zur GM-2. Bei der folgenden Weggabelung halten wir uns links,

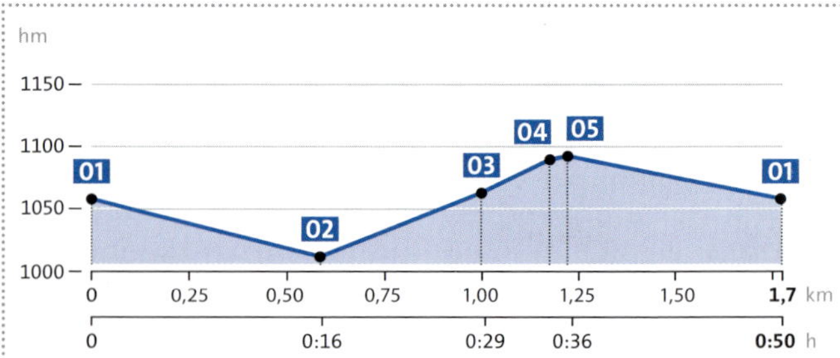

01 Parkplatz 1083 m; 02 Risquillo de Corgo 1041 m; 03 GM-2 1108 m; 04 Mirador 1224 m; 05 Mirador 1123 m

Beim Raso de la Bruma

Im Nebelwald

gehen nun leicht bergab, tiefer in den Nebelwald hinein. Nach einem kurzen Abstieg erreichen wir eine Art Kreuzung mitten im Nebelwald mit unendlich vielen Hinweisschildern. Hier am **Risquillo de Corgo** 02 (1041 m) gehen wir rechts den Pfad bergauf. Wir erreichen die **GM-2** 03 (1108 m) und gehen hier scharf rechts. Nach weiteren 200 m folgen wir den rechten Abzweiger und wir erreichen nach 40 m zwei Aussichtspunkte am **Mirador Risquillos de Corgo** 04 (1123 m). Sehr oft ist dieser sehr schön angelegte Aussichtspunkt auf einem kleinen Felsplateau tief im Nebel verhüllt. Der Glückliche erwischt einen der wenigen wolkenlosen Tage, wo man vom **Mirador** 05 (1123 m) eine wunderbare Sicht auf Vallehermoso und den Roque de Cano bis hin zum Atlantischen Ozean genießen kann. Wir gehen die 40 m bis zum Hauptweg zurück, um nun rechts durch den Wald bis zum **Parkplatz** 01 zurückzulaufen.

Kurz vor der GM-2

ARGUAMUL – ERMITA DE SANTA LUCIA – ARGUAMUL

Aussichtsreiche Wanderung oberhalb des Weilers Arguamul

7,9 km | 2:40 h | 315 hm | 315 hm | 231

START | Busanbindung: keine. Mit dem Pkw fahren wir zunächst von Vallehermoso auf der GM-1 Richtung Valle Gran Rey, biegen dann aber im weiteren Verlauf auf die CV-16, Richtung Alojera. Noch vor der Ortschaft Epina nehmen wir in einer Linkskehre der Hauptstraße den rechten Abzweiger – nun auf einer schlechten Schotterpiste – Richtung Tazo und das weiter nordöstlich gelegene Arguamul. Kurz vor dem Weiler erreichen wir eine Weggabelung – beide Straßen sind mit Sackgassenschildern gekennzeichnet. Am Straßenrand befindet sich eine kleine Parkbucht. Geokoordinaten zum Parkplatz: [N28° 11.856 W17° 17.915 und 28.1976 -17.298583].
CHARAKTER | Nach einem steilen Anstieg folgt ein aussichtsreicher Höhenwanderweg.

Der Weiler Arguamul liegt wunderschön in einer kleinen grünen Oase, an der Nordwestküste von La Gomera. Die größte Herausforderung auf dem heutigen Ausflug ist die Anfahrt zum Start. Über Terrassenfeldern wandern wir dann bis zum Weiler und steigen auf einem Camino zu dem Gebetshaus der Bewohner von Argua-

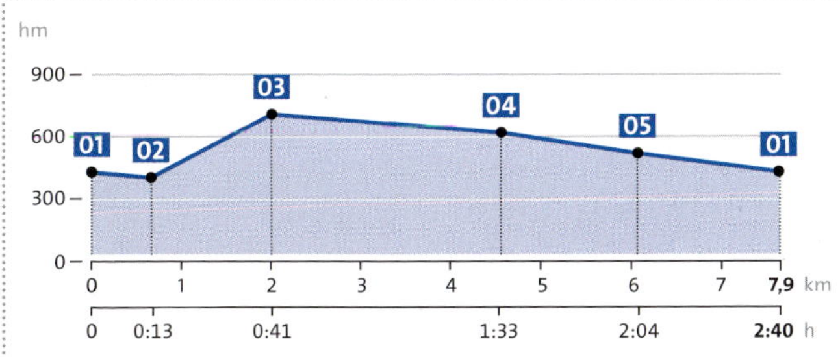

01 Parkplatz 461 m; **02** Argualmul 452 m; **03** Ermita de Santa Clara 745 m; **04** biegen wir rechts ab 648 m; **05** abermals rechts 540 m

Arguamul

mul auf. Von dort und auf dem folgenden Höhenweg ergeben sich andauernde atemberaubende Panoramablicke auf die faszinierende Natur.

▶ Vom **Parkplatz** 01 (461 m) gehen wir Richtung Guillama in die linke der beiden Sackgassen. In der folgenden scharfen Linkskurve der Straße zweigen wir rechts auf die Schotterpiste ab. Bei einer Laterne kreuzt ein Wanderweg die Schotterpiste. An der weiß-grünen Markierung am Stein gehen wir rechts auf dem Wanderweg weiter, nun wieder bergauf. Bei der folgenden Weggabelung gehen wir links an der hohen Steinmauer entlang, bis zum Weiler **Arguamul** 02 (452 m). Auf einem Betonweg mit grünem Geländer geht es weiter bis zu einem Heiligenschrein und einer Informationstafel. Dort queren wir die Straße und gehen nun Richtung Santa Clara. Nach dem letzten Haus geht der gepflasterte Weg in einen gerölligen Pfad über. Schon bald erreichen wir bei ein paar Palmen und eine kleine Quelle, hier lassen wir den rechten Abzweiger außer Acht und gehen links weiter stetig bergauf. Durch ein Meer von Disteln und Blumenwiesen – natürlich nur im Frühjahr – erreichen wir die Schotterpiste, die uns links zur **Ermita de Santa Clara** 03 (745 m) führt. Die Kapelle von Santa Clara ist das Gebetshaus der Bewohner des weit tiefer liegenden Weilers Arguamul. Sie liegt nördlich, am Fuße des 877 m hohen Berges Teselinde, von Lorbeerwäldern umgeben und ist einfach und schlicht gehalten. Hinter der Kirche befinden sich Picknickbänke, die zum Verweilen einladen, um den atemberaubenden Blick auf den unterhalb liegenden Weiler und das Meer zu genießen. Wir setzen unsere Wandertour in nordwestliche Richtung nach Alojera fort. Auf einem sehr aussichtsreichen Höhenwanderweg erreichen wir nach 2,5 km – kurz hinter einer kleinen Farm und bei einem weißen Gebäude – eine Weggabelung, hier **biegen wir rechts**

ab 04 (648 m). Auf der so gut wie gar nicht befahrenen Straße geht es in langen Kehren bergab. Bevor wir den vor uns liegenden Bergrücken umlaufen und wieder freien Blick auf das Meer haben, halten wir uns **abermals rechts 05** (540 m) an der Weggabelung und folgen den Weg zurück zum **Parkplatz 01**.

Blick auf das Meer von Arguamul

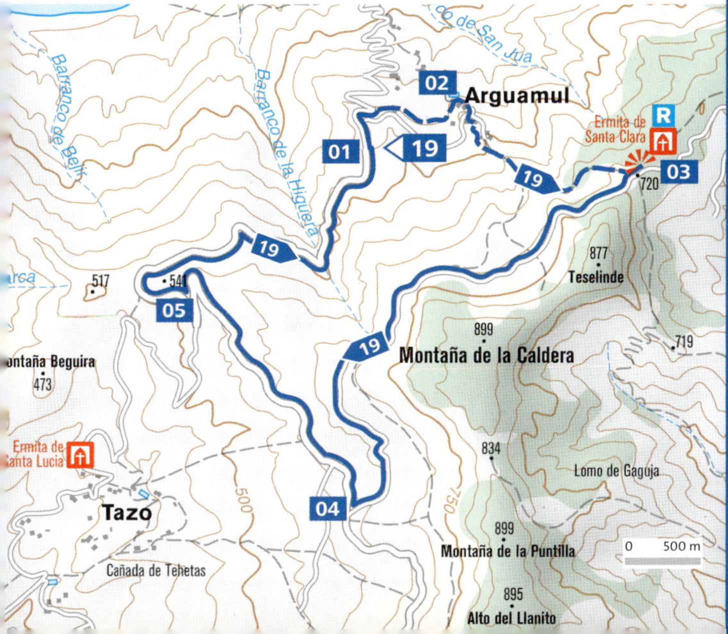

LAGUNA GRANDE – FELSPLATEAU – LAGUNA GRANDE

Die schönsten Aussichtspunkte liefert oftmals die Natur selbst

2,9 km | 1:30 h | 107 hm | 107 hm | 231

START | Busanbindung: Linie 1 und 6. Von Vallehermoso fahren wir auf der GM-1 Richtung Valle Gran Rey, bis wir links abbiegen und nach 6,8 km auf der GM-2 den Parkplatz Laguna Grande erreichen. Geokoordinaten Parkplatz:
[N28° 07.595 W17° 15.457 und 28.126583 -17.257617].
CHARAKTER | Einfache Spritztour auf versteckten Wanderwegen.

Ausflüge in den immergrünen Nebelwald des Nationalparks Garajonay auf La Gomera lassen den Wanderer schnell den Alltag vergessen. Man taucht in eine mystische Märchenwelt ein, die von einer ganz besonderen Stimmung geprägt ist. Stetig bergab wandern wir durch den Nebelwald, bis sich urplötzlich die Landschaft verwandelt und wir mitten im Nebelwald, auf einem durch Erosion entstandenen aussichtsreichen Felsplateau stehen und einen atemberaubenden Fernblick über den Nordwesten von La Gomera haben.

Vom **Parkplatz** **01** (1304 m) an der Laguna Grande gehen wir auf der Anfahrtsstraße Richtung Hauptstraße und bei der folgenden Weggabelung nicht links in die Einbahnstraße, sondern rechts.

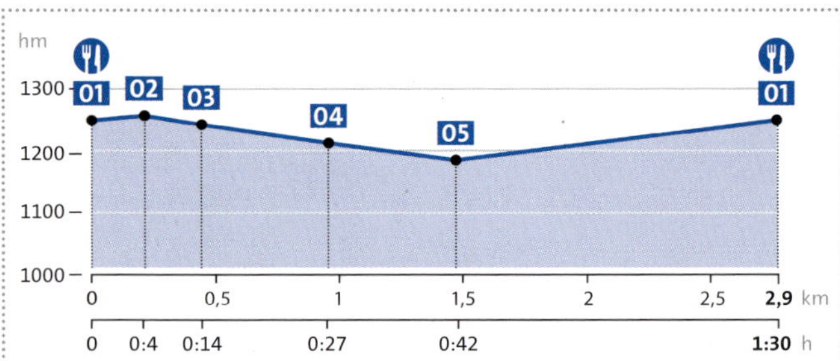

01 Parkplatz 1304 m; **02** queren wir die Straße 1315 m;
03 Hauptweg 1293 m; **04** Weggabelung 1235 m; **05** Felsplateau 1198 m

Laguna Grande

Straßenquerung

Bei der Ausfahrt vom Parkplatz Laguna Grande auf die GM-2 – nicht die Einfahrt!–- befindet sich ein Spiegel an der Straße, um beim Abbiegen die GM-2 besser einsehen zu können. 15 m weiter links in Richtung Valle Gran Rey **queren wir die Straße** 02 (1315 m). Wir klettern über 2 m hohen felsigen Untergrund mit schwach zu erkennenden Stufen. Gestrüpp versperrt diesen Weg. Ab dort ist der Wanderweg gut auszumachen. Nach einem kurzen Anstieg und in einer Linkskurve treffen wir auf einen Abzweiger nach rechts, wir bleiben auf dem **Hauptweg** 03 (1293 m). Auf dem folgenden Wegstück ist der Pfad gut zu erkennen und teilweise bis zu 1 m breit. Nach einem ebenen Stück und der folgenden Weggabelung **gehen wir links** 04 (1235 m), viele Bäume sind dort rot markiert. Im weiteren Verlauf geht es leicht bergab und auf rutschigen Untergrund queren wir einen Hang. Wir wandern an einem blau markierten Baum rechts vorbei, bis sich der Nebelwald lichtet und vor uns liegt ein 10 m × 10 m breites **Felsplateau** 05 (1198 m). Es ergibt sich ein atemberaubender Blick bis hinunter nach Vallehermoso mit seinen markanten Roque de Cano und weiter bis zum Atlantischen Ozean. Wir gehen auf dem gleichen Weg zurück zum Parkplatz 01.

Links halten

CHORROS DE EPINA

Bedächtliche Annäherung

2,3 km | 0:55 h | 193 hm | 193 hm | 231

START | Busanbindung: Linie 4 und 5. Von Vallehermoso fahren wir auf der GM-1 Richtung Valle Gran Rey bis zum Restaurant Los Chorros de Epina. Vor dem Restaurant gibt es Parkplätze. Geokoordinaten Parkplatz:
[N28° 09.818 W17° 17.842 und 28.163633 -17.297367].
CHARAKTER | Einfache Wanderung.

Im Nordwesten von La Gomera befinden sich die Quellen von Chorros de Epina. Sie sollen magische Kräfte besitzen, Krankheiten heilen oder heimliche Liebeswünsche in Erfüllung gehen lassen. Das pH-neutrale sowie nitratfreie Wasser kann bedenkenlos getrunken werden. Weitere Sehenswürdigkeiten auf diese Runde: Die Kapelle Ermita de San Isidro Labrador (Epina) und eines der ältesten Häuser der Region. Zum Ausklang der Wanderung, bei einer einmaligen Fernsicht und typisch kanarischen Spezialitäten, bietet sich ein Besuch des Restaurants Los Chorros de Epina an.

▶ Vom Parkplatz direkt vor dem **Restaurant Los Chorros de Epina** 01 (837 m) gehen wir 75 m bergauf auf der Straße Richtung Valle Gran Rey, um dann rechts auf den gepflasterten und ausgezeichneten Weg Richtung Chorros de Epina zu laufen. Nach einem kurzen Stück bergab erreichen wir die schlicht gehaltene Kapelle von Epina, die **Ermita de San Isidro Labrador** 02 (816 m) mit einem Bild von San Isidro

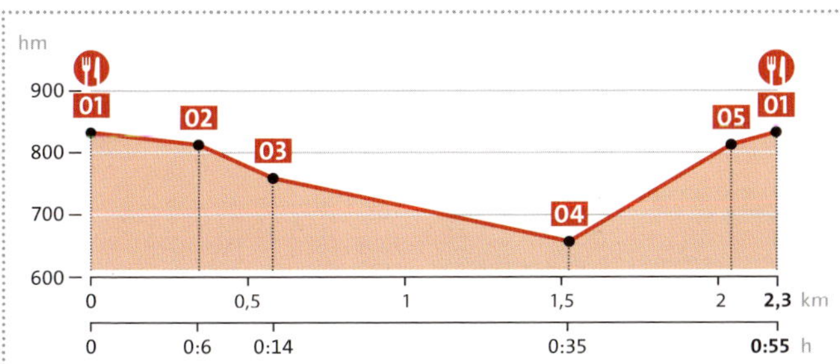

01 Restaurant Los Chorros de Epina 837 m; 02 Ermita de San Isidro Labrador 816 m; 03 Wasserspeicher 741 m; 04 Epina 641 m; 05 Chorros de Epina 783 m

Restaurant Chorros de Epina

Labrador. Direkt hinter der Kirche setzen wir unseren Weg fort. Wir treten aus dem Wald ins Freie und gehen sofort rechts hinter dem **Wasserspeicher** 03 (741 m). Am Rande von Passatwinden flachgedrückten Kiefern und im weiteren Verlauf durch die Agaven – Richtung der Windräder – ist der Wanderweg sehr gut auszumachen. Wir erreichen eine kleine Einsattelung mit einem Stromhaus und gehen hier rechts zur Asphaltstraße hinunter, ein kurzes Stück links, um sofort wieder rechts nach **Epina** 04 (641 m), am Nordwestrand des Garajonay-Nationalparks zu gelangen. Nach einer lang gezogenen Linkskehre treffen wir auf ein Geländer, das rechts hoch zum Dorfkern führt. Gehen wir an dieser Stelle 20 m weiter und dann links, treffen wir auf eines der ältesten Häuser der Region, bekannt unter dem Namen La Pila, aus Stein und Schlamm gefertigt, mit arabischen Dachziegeln sowie Satteldach. Wir gehen die paar Meter zurück und nun links die Treppen hoch, queren eine Asphaltstraße, um links vorbei an dem roten Haus die Treppen zu nehmen. Wir erreichen die Hauptstraße nach Alojera, queren diese und beginnen in engen Kehren den Aufstieg. Vor einem Treppenweg gehen wir 20 m rechts bis zu den magischen Quellen von La Gomera, den **Chorros de Epina** 05 (783 m). Dort befinden sich sieben ausgehöhlte Äste, aus denen Quellwasser in das darunterliegende Naturbecken plätschert – eine Volksweisheit der Ureinwohner besagt, dass das Quellwasser magische Kräfte besitzt. Wir gehen wieder zurück bis an den Treppenweg, um diesen aber nicht rechts hoch, sondern geradeaus weiter zu gehen. Auf einen schmalen Pfad erreichen wir wieder das **Rstaurant Los Chorros de Epina** 01.

Wasserspeicher

Ermita de San Isidro Labrador (Epina)

VALLEHERMOSO – CHORROS DE EPINA – MACAYO – VALLEHERMOSO

Wanderung durch zwei Klimazonen zu magischen Quellen

10,9 km | 3:55 h | 722 hm | 722 hm | 231

START | Busanbindung: Linie 2, 4 und 5. In Vallehermoso, südöstlich vom Dorfplatz, befindet sich gegenüber dem Supermarkt ein großer Parkplatz. Geokoordinaten Parkplatz: [N28° 10.735 W17° 15.949 und 28.178917 -17.265817].
CHARAKTER | Erhöhter Navigationsaufwand aufgrund der vielen Abzweiger. Mittelschwere Wanderung auf sehr guten Wegen.

Der Ausgangspunkt unserer Wanderung ist der Ort Vallehermoso – der Name bedeutet schönes Tal –, das landwirtschaftliche Zentrum im fruchtbaren Nordwesten der Insel. Hier gedeihen Bananen, Kartoffeln und Wein – neben zahlreichen Südfrüchten und Aprikosen auch Äpfel, Birnen und Pflaumen. Auf einem sehr schön angelegten Wanderweg steigt man durch zwei Klimazonen zu einer Quelle auf und kann dort Quellwasser mit magischen Kräften trinken. Im nahe liegenden Restaurant gibt es die Möglichkeit sich zu stärken, bevor es auf einem liebevoll angelegten Wanderweg wieder gen Tal geht. Diese Wanderung für Naturliebhaber zählt zu den schönsten dieser Region.

▶ Vom Parkplatz (157 m) queren wir den Dorfplatz in **Valleher-**

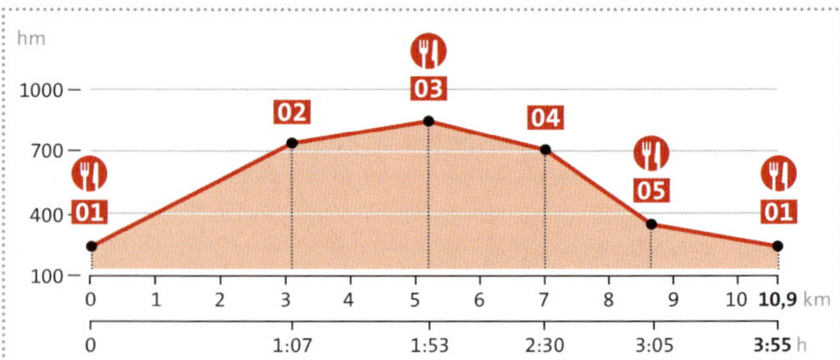

01 Vallehermoso m; 02 Nebelwald 740 m; 03 Chorros de Epina 830 m; 04 Mirador 738 m; 05 Macayo 403 m

Vallehermoso

mosa 01 in nördliche Richtung an der Bar Central rechts vorbei in die Calle Mayor. Bereits nach 25 m nehmen wir den linken Abzweiger in die Gasse Richtung Chorros de Epina. Nach weiteren 45 Metern – links vor uns steht eine sehr hohe Palme – biegt rechts, keine Hinweisschilder, – der Wanderweg ab. Kurz später queren wir den GM-1 nach halb links und setzen den Aufstieg fort. Bei dem letzten Haus geht der Betonweg in einen steinigen Pfad über. Auf den nächsten 2,8 Kilometern bergauf bedarf es keiner weiteren Erklärungen, bis wir auf einen Abzweiger nach rechts kommen, den wir ignorieren und links weiterlaufen. Inzwischen sind wir in die verhältnismäßig feuchte Vegetationszone mit immergrünen, bis zu zwei Metern großen Farnen, Laubbäumen und den klassischen Lorbeerbaum vorgedrungen – den **Nebelwald** 02 (740 m) von La Gomera. Wir treffen auf eine größere Schotterpiste, an der wir links gehen und kurz später geht diese in die Asphaltstraße über. Angekommen an der GM-1 wandern wir rechts bergauf, vorbei am Restaurante Los Chorros de Epina, um sofort hinter dem Zaun auf der rechten Seite, auf dem Pfad – ohne Wegweiser – leicht bergab zu gehen. Bereits nach 200 Metern erreichen wir die **Chorros de Epina** 03 (830 m). Wir gehen 100 Meter zurück, dann rechts die Treppen hoch zur Ermita de San Isidro Labrador (Epina). Von der Kirche aus gehen wir auf dem gepflasterten Weg bis zur GM-1 vor, um diese nach rechts zu überqueren, über die Leitplanke zu steigen und den beginnenden Pfad, parallel zur Hauptstraße, zu folgen. Es folgt ein mystisch anmutendes Wegstück: Ein Gewirr von Stämmen und Steinen, die in die Wurzeln eingewachsen sind. Wir erreichen eine Lichtung, an der wir links dem Camino folgen, um später bei der Schotterpiste links bis zur Asphaltstraße vorzugehen. Dort gehen wir zunächst rechts Richtung Vallehermoso auf der GM-1 bergab, um dann in einer Rechtskurve der Straße, diese auf den links beginnenden Camino weiter zu gehen. Nur kurz später erreichen wir einen **Mirador** ohne Namen 04 (738 m). Es folgt

Nebelwald

ein besonders schön angelegter Wanderweg mit Liebe zum Detail, so sind Kakteen fein säuberlich mit Steinen gesäumt. Abermals kreuzen wir die GM-1, gehen sofort links, um rechts hinter dem nächsten Haus, über die Treppen, auf die tiefer liegende Asphaltstraße zu gelangen und dieser rechts bergauf zu folgen.

Sie mündet in einen Treppenweg, der sich durch die Ortschaft **Macayo** 05 (403 m) schlängelt. Bei der folgenden Asphaltstraße geht es geradeaus weiter – also rechts vorbei an dem roten Haus mit den eingefassten Steinen. In der Senke im Barranco überqueren wir die Brücke nach rechts, steigen auf zur Straße und bleiben auf der Straße – nicht am Geländer hoch. Nach weiteren 700 Metern macht die Straße eine Rechtskehre – links unterhalb von uns liegt ein Haus mit einem großen rotbraunen Dach – hier gehen wir die Treppe hinunter und im weiteren Verlauf rechts auf dem braunen Schotterweg. Bei der folgenden Asphaltstraße gehen wir links talauswärts, bis die Straße eine scharfe Rechtskurve macht, hier gehen wir geradeaus weiter, bis zu dem großen Gummibaum, um dort die Treppen rechts hinunter, erneut auf die Asphaltstraße zu treffen. Wir halten uns abermals links und erreichen den Dorfplatz von Vallehermosa 01 .

Mirador ohne Namen

EPINA – LOMO DEL ESPINO – TAZO – EPINA

Abwechslungsreiche Wanderung entlang prachtvoller Palmenhaine

11 km | 5:40 h | 612 hm | 612 hm | 231

START | Busanbindung: Linie 5. Pkw-Anfahrt: Von Vallehermoso fahren wir auf der GM-1 Richtung Valle Gran Rey, biegen dann aber rechts Richtung Alojera ab, um nach 2 km hinter der Bushaltestelle, bei dem Ortsschild Epina, ein Stück in den Ort zu fahren und vor dem roten Haus zu parken. Geokoordinaten Parkplatz: [N28° 09.840 W17° 18.038 und 28.164 -17.300633].
CHARAKTER | Eine Tour für den konditionsstarken Wanderer. Erhöhter Navigationsaufwand durch die Ortschaft Tazo.

Die Region bei Alojera ist eine der schönsten, ruhigsten und sonnigsten auf La Gomera. Nur wenige Touristen verirren sich hierher, in den Nordwesten der Insel. Hier wird der berühmte Palmensaft – Miel de Palma – hergestellt. Dementsprechend führt der größte Teil der Wanderung durch prachtvolle Palmenhaine, bis wir auf einem wunderschönen Höhenweg den Ausgangspunkt erreichen. Wanderschuhe schnüren und auf geht's.

▶ Von der **Bushaltestelle bei Epina** 01 (711 m) gehen wir auf den gegenüberliegenden Wanderweg bergab und passieren ein rotes Haus, queren die Asphaltstraße

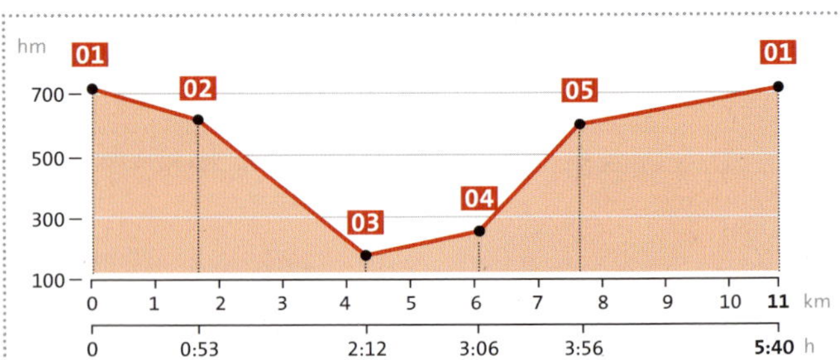

01 Bushaltestelle Epina 711 m; 02 Lomo del Espino 648 m; 03 Caseria Cubada 140 m; 04 Tazo 290 m; 05 Höhenwanderweg 592 m

Oberhalb von Epina

und gehen durch die zwei Palmen auf den Wanderweg bergab, bis er endet. Auf dem betonierten Weg erreichen wir abermals eine Asphaltstraße, auf der wir bis zur Hauptstraße vorgehen und dieser nun rechts entlang folgen. Bereits hinter den links von uns liegenden Windrädern macht die Straße eine Linkskehre. Nach 50 m treffen wir auf eine Öffnung in der Leitplanke, hier wandern wir den beginnenden gelbgrün markierten Wanderweg rechts hinunter, auf dem **Lomo del Espino** 02 (648 m). Bei immer wieder schönen Blicken in das vor uns liegende Tal von Alojera erreichen wir schlussendlich eine Schotterpiste, an der wir links gehen und sofort wieder dem rechten Abzweiger folgen. Vorbei an einer verlassenen Farm führt die Schotterpiste in das Barranco unterhalb der **Caseria Cubada** 03 (140 m). Etwas oberhalb des Barranco parallel zu einer 2 m hohen Steinmauer setzt sich der Weg fort, bis er durch die Terrassenfelder führt. In einem Barranco gabelt sich der Pfad, wir folgen dem Pfad rechts mit dem Steinmännchen. Abermals gabelt sich der Weg, rechts geht es zu einer Piste, wir gehen aber links weiter bergauf auf dem nun breiter werdenden Wanderweg. Es folgt ein langes Wegstück, wir haben bereits dreimal die Schotterpiste gekreuzt und kurz später passieren wir die ersten Häuser von **Tazo** 04 (290 m). Bei der Schotterpiste folgen wir dem Wegweiser der Inselregierung Richtung Epina und gehen hier rechts weiter. Die Piste endet, wir gehen noch 20 m auf einen Pfad geradeaus, um dann halb links hinter den Häusern aufzusteigen. Den folgenden betonierten Wegabschnitt verlassen wir in einer Rechtskurve nach links, auf einem bereits sehr zugewachsenen Pfad. Nach 140 m erreichen wir abermals eine Schotterpiste, um auf dieser durch die 180-Grad-Linkskehre auf den beginnenden Bergrücken aufzusteigen. Bei einem Strommast erreichen wir eine Weggabelung, wir gehen rechts, folgen der weißgrünen Markierung und treffen auch kurz später auf ein Steinmännchen. Der Wanderweg endet, wir gehen rechts und folgen fortan der weißroten Markierung auf dem

Lomo del Espino

vor uns liegenden **Höhenwanderweg** **05** (592 m). Der Weg wird zunehmend schmaler und in einer Rechtskurve folgen wir dem rechten Abzweiger bergab. Wir laufen durch eine Region, wo der Saft der vielen Dattelpalmen gewonnen und zu Palmsirup verarbeitet wird. Schlussendlich erreichen wir die Ortschaft und gehen auf einem linken Abzweiger den Treppenweg Richtung Alojera. Wir erreichen das rote Haus wo wir unser Auto geparkt haben, oder wir gehen links am roten Haus vorbei, zur **Bushaltestelle in Epina** **01** hoch.

Caseria Cubada

ALOJERA – CASERIA CUBADA – PLAYA NEGRIN-BLICK – PICO DE HERRERA – ALOJERA

Wanderung durch absolut unberührte Naturlandschaft

10 km | 4:00 h | 268 hm | 268 hm | 231

START | Busanbindung: Linie 5. Pkw-Anfahrt: Von Vallehermoso fahren wir auf der GM-1 Richtung Valle Gran Rey, biegen dann aber rechts Richtung Alojera ab. Dort durch den Ort durch, bis wir in einer Linkskehre direkt auf das Centro de Interpretacion Casa de la Miel zufahren. Hier parken wir das Auto. Geokoordinaten Parkplatz: [N28° 09.858 W17° 19.760 und 28.1643 -17.329333].
CHARAKTER | Im weglosen Gelände ist der Weg nicht immer einfach zu finden.

Sucht man den Startpunkt unserer heutigen Wanderung auf der Karte, so findet man Alojera zwischen den Orten Vallehermoso im Norden und dem Valle Gran Rey im Süden. Touristisch kaum erschlossen, denn es gibt nur einige Privatunterkünfte und keine Hotels. Und haben wir erst einmal auf unserer Tour die Caseria Cubada hinter uns gelassen, wird es noch einsamer entlang eines Höhenzugs. Es erwarten uns atemberaubende Blicke entlang der zerklüfteten Nordwestküste von La Gomera. Entlang des Barrancos Taz geht es durch prachtvolle Palmenhaine zurück.

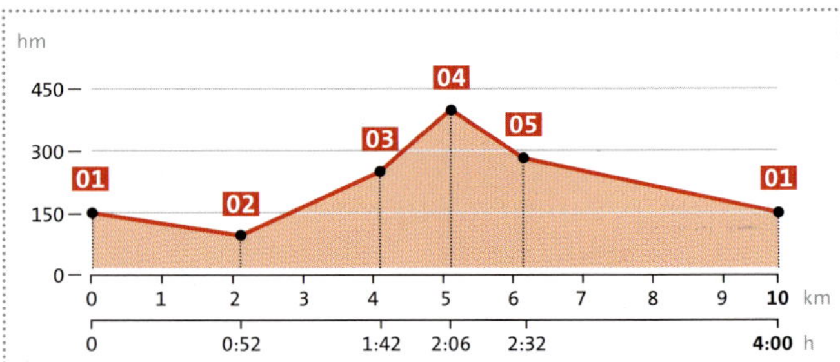

01 Parkplatz 150 m; 02 Caseria Cubada 128 m; 03 Playa-Negrin-Blick 271 m; 04 Einsattelung Pico de Herrera 380 m; 05 unterhalb von Tazo 296 m

Rechts der Pico de Herrera

▶ Vom **Parkplatz** 01 (150 m) biegen wir rechts von der Hauptstraße ab, gehen vorbei am Centro de Interpretacion Casa de la Miel und immer auf dem Hauptweg bleibend, durch den Ort durch. Am Ende der Asphaltstraße erreichen wir eine Art Kreuzung und folgen hier der Ausschilderung Richtung Finca Jadhana. An dem Wegweiser der Inselregierung, geradeaus geht es Richtung Tazo, nehmen wir den Abzweiger nach links, kommen vorbei an einem verlassenen Hof und gehen direkt ins Barranco. Wir steigen in das Barranco und kommen zur **Caseria Cubada** 02 (128 m). Rechts zwischen dem Barranco mit Palmen und einer hohen Steinmauer verläuft der Wanderweg ein kurzes Stück, im weiteren Verlauf über die Terrassenfelder, bis zu einer Weggabelung. Wir steigen links direkt im Barranco auf, bis wir auf eine Betonplatte treffen, die mit einem Steinmännchen markiert ist. In westliche Richtung, oberhalb der links von uns liegenden Häuser, entlang von drei großen Steinhaufen einer schemenhaft zu erkennenden Wasserleitung macht der Pfad nach 300 m eine Rechtskurve. Wir erreichen ein großes Wasserauffangbecken, an dem wir rechts in das breite und sandige Barranco steigen. Nach 150 m, an der folgenden Barranco-Gabelung, gehen wir weiter links im sandigen Trockenflussbett. Kurz hinter weiß-braunen Gestein folgt eine kleine Kletterstelle bei einem 2 m hohen Wasserfall. Bei einer erneuten Barranco-Gabelung, umgehen wir das links von uns liegende undurchdringliche Schilf und die Palme, auf seiner rechten Seite, um dann erneut in das Barranco abzusteigen. Wir gehen weitere 700 m ins Barranco, bis wir unwegsames Gelände erreichen und links auf den Grat steigen. Auf einer Anhöhe angekommen, ergibt sich ein gigantischer Blick hinunter zum **Playa Negrin** 03 (271 m). Der Abstieg zu diesem Strand ist an dieser Stelle nicht möglich! Wir wandern in östliche Richtung auf den schwarz felsigen Bergrücken weiter bergauf, um dann auf einem Höhenzug, mal bergauf mal bergab, an einer quadratisch

Barranco hinter der Caseria Cubada

gebauten Ruine vorbeikommen. Kurz vor dem Gipfel des Pico de Herrera gehen wir über hellbraunes Gestein und beginnen links unterhalb des Gipfels zu queren – bei einem Steinmännchen – bis wir die **Einsattelung** unterhalb vom **Pico de Herrera** 04 (380 m) erreicht haben. 100 m nördlich vom Gipfel führt rechts hinunter in das Barranco ein schmaler Pfad, der intensiv mit Steinmännchen markiert ist. Kurz nach einem kleinen Bergrücken quert er einen Barranco und bei einem Steinmännchen queren wir abermals nach rechts einen Barranco, um dann links bis zur Schotterpiste aufzusteigen. Hier, **unterhalb von Tazo** 05 (296 m) gehen wir bergab und treffen nach 300 m auf den Wanderweg, der die Schotterpiste quert. Hier gehen wir auf dem Wanderweg rechts taluswärts bis zur **Caseria Cubada** 02, anschließend den schon bekannten Weg zurück zum **Parkplatz** 01 .

Playa de Negrin

Punta de Muñoz
El Negrín
Playa de Negrín
Barranco de la Barca
517
Montaña Beguira
473
Baja del Picacho
Baja del Burgado
La Raja
Punta del Viento
03
04
332
391
Pico de Herrera
Ermita de Santa Lucía
Tazo
05
Cañada
24
203
226
de la Cuchillada
Los Picachos
189
155
Lomo de Tazo
Barranco de Taz
Cañada de Fabián
Caserío Cubada
02
Cubada
Montaña de Retamar
Barranco del Mono
Lomo del Espino
217
Los Llanos
148
Playa de Alojera
01
Alojera
432
Bar Perdomo
Lomo del Balo
Parq
253
250
0 500 m
Cerco de Armas

GUILLAMA – PLAYA SANTA CATALINA – GUILLAMA

Küstenwanderung unterhalb der abgelegensten Dörfer von La Gomera

3 km | 1:30 h | 204 hm | 204 hm | 231

START | Busanbindung: keine. Mit dem Pkw fahren wir zunächst von Vallehermoso auf der GM-1 Richtung Valle Gran Rey, biegen dann auf die CV-16 Richtung Alojera ab. Noch vor der Ortschaft Epina nehmen wir in einer Linkskehre der Hauptstraße den rechten Abzweiger – nun auf einer schlechten Schotterpiste – Richtung Tazo und das weiter nordöstlich gelegene Arguamul. Kurz vor dem Weiler erreichen wir eine Weggabelung und wir fahren links Richtung Guillama. Nach gefühlten 100 Kehren und genau 1,8 km, 50 m vor einem Haus, verlässt in einer Rechtskehre der Straße, nach links ein Abzweiger die Straße. Genau an dieser Stelle können zwei Autos parken. Geokoordinaten zum Parkplatz: [N28° 12.190 W17° 17.955 und 28.203167 -17.29925].
CHARAKTER | Leichte Wanderung. Das Wegstück über die Felsen am Strandabschnitt kann je nach Stand der Tide beschwerlich sein.

Unsere Wanderung beginnt unterhalb des Weilers Arguamul, bei dem Dorf Guillama. Hier, nur kurz oberhalb der Küste widmen sich

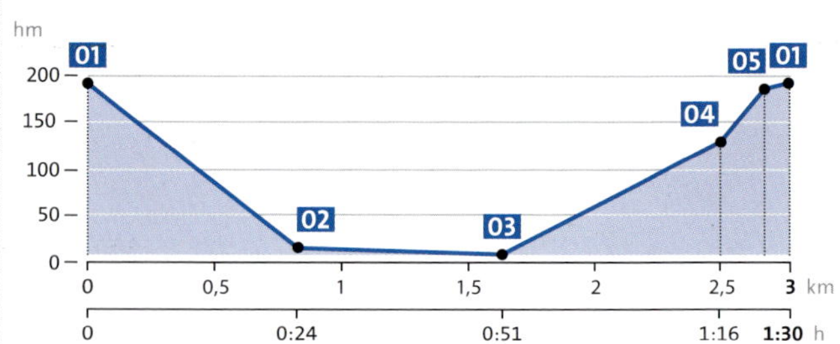

01 Parkplatz 218 m; 02 Playa Santa Catalina 20 m; 03 Baja de los Roques 19 m; 04 Playa de Arguamul Blick 147 m; 05 Arguamul 193 m

die Dorfbewohner der Landwirtschaft und Fischerei. Wir wandern auf einem vergessenen Camino zu einer Einsiedlerhütte und weiter zu einem sehr einsamen Strandabschnitt – mit sandigen Stellen. Es folgt eine wildromantische Küstenwanderung zu dem sehr fotogen Roques de Arguamul.

▶ Vom **Parkplatz** 01 (218 m) in der Rechtskurve der Straße verlassen wir diese auf den links beginnenden Pfad auf eine ein-

Parkplatz, Start und Ziel

Playa de Santa Catalina

zelstehende Palme zu. Durch ein Meer von Riesenwolfsmilchgewächsen queren Barrancos, passieren Terrassenplantagen und erreichen nach 200 Höhenmeter Abstieg eine Einsiedlerhütte. Steigt man von der Hütte hinunter an den Strand und quert nach links einen kleinen Felsvorsprung, so erreicht man nach 20 m den **Playa Santa Catalina** 02 (20 m). Je nach Stand der Gezeiten ergeben sich sandige Stellen. Baden ist aufgrund der vielen Felsen im Wasser und der hohen Wellen lebensgefährlich Nichtsdestotrotz aber ein schöner wildromantischer Strandabschnitt. Wir gehen in nordöstliche Richtung am Strand entlang und erreichen nach 800 m die **Baja de los Roques** 03 (19 m), auch unter dem Namen Roques de Arguamul bekannt. Bis zu 25 hoch erheben sich die Roques aus der aufgewühlten See. Man kann noch bis zu einer Landzunge vorgehen, um dann rechts in die Bucht vom Playa de Arguamul zu schauen. Aber der weitere Weg ist durch Felsen versperrt. Wir gehen 100 m zurück, um in dem folgenden Barranco links aufzusteigen. Nach einigen Metern ist ein Pfad auszumachen, links vorbei an Häusern und weiter bergauf bis zu einem Wasserhäuschen. Noch vor den ersten Häusern von Guillama erreichen wir einen Abzweiger nach links, dort erreicht man einen Aussichtspunkt, von dem man einen wunderschönen Blick auf den **Playa de Arguamul** 04 (147 m) hat. Ein Abstieg lohnt sich aber nicht wirklich. Auch sieht man Richtung Nordosten einen mächtigen Felsen an der zerklüfteten Nordwestküste. Auf der Rückseite befinden sich die bekannten Basaltfelsen Los Órganos – Zeugen der vulkanischen Entstehungsgeschichte. Aus den Fluten erheben sich Tausende von Magmasäulen, die an Pfeifen einer gigantischen Orgel erinnern. Wir gehen einige Meter bis zum Hauptweg zurück, vorbei an Terrassenfeldern und erreichen die Häuser von **Guillama** 05 (193 m). Auf der folgenden Asphaltstraße gehen wir bis zum **Parkplatz** 01 vor.

VALLEHERMOSO – PUNTO DE LA SEPULTURA – TAMAGARDA – VALLEHERMOSO

Erkundungsrunde mit vielen Highlights

11,8 km | 4:00 h | 719 hm | 719 hm | 231

START | Busanbindung: Linie 2, 4 und 5 bis Vallehermoso. Pkw-Anfahrt: In Vallehermoso fahren wir Richtung Valle Gran Rey, biegen aber noch im Ort rechts ab Richtung Playa und Park Maritimo. Nach 1,9 km bei einem rechten Abzweiger und einer Bushaltestelle gibt es eine Parkgelegenheit. Geokoordinaten Parkplatz: [N28° 10.735 W17° 15.949 und 28.19545 -17.25885].
CHARAKTER | Der Abstieg zum Playa de los Dejes en Tamargada erfordert leichte Klettererfahrung.

Auf dieser abwechslungsreichen Wanderung erwarten uns viele Highlights: Das im Meer thronende Castillo del Mar, sehr gut ausgebaute Wanderwege, eine sehr einsame Bucht mit einem romantischen Wasserfall, imposante Weitblicke entlang der bizarren Felsküste und fantastische Blicke auf den Roque Cano.

▶ Vom **Parkplatz** 01 (76 m) gehen wir auf der Asphaltstraße Richtung Meer und erreichen den 150 m langen und bis zu 30 m breiten Playa Vallehermoso mit seinem Meeresschwimmbecken. Dieses wird überwiegend von Einheimischen besucht und ist nur in den Sommermonaten geöffnet. Lohnenswert ist ein Abstecher zu

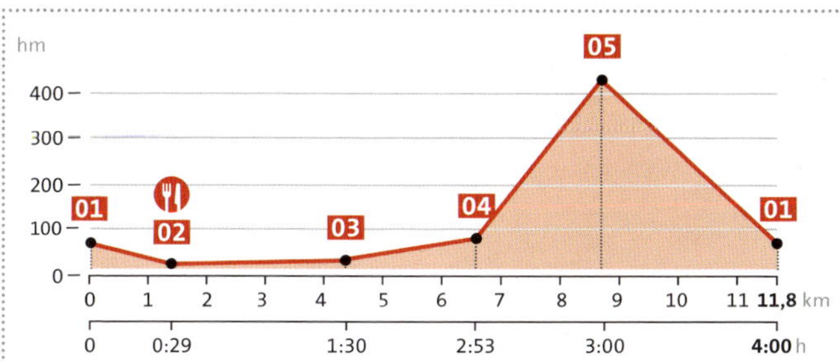

01 Parkplatz 76 m; 02 Castillo del Mar 30 m; 03 Playa de los Dejes en Tamargada 5 m; 04 Punto de la Sepultura 109 m; 05 Roque Cano 439 m

Vallehermoso

dem auf einem Felsen im Atlantischen Ozean thronenden **Castillo del Mar** 02 (30 m). Die links vom Strand liegende Bananenverladestation wurde 1890 errichtet. 1950 wurde dann der Betrieb eingestellt. Vorbei an den Meeresschwimmbecken und hinter der kleinen Kirche verlässt ein Wanderweg in östlicher Richtung den Strand. Auf einem perfekt ausgebauten Camino überschreiten wir schnell die vor uns liegende Anhöhe und schauen tiefer hinunter in das Barranco de los Zarzale, wo wir den weiterführenden Weg bereits sehen können. Nach kurzem Abstieg mündet unser Wanderweg in eine Schotterpiste. Der weitere Weg talauswärts führt vorbei an Terrassenfeldern, bis die Schotterpiste endet und sich der Weg gabelt. Wir gehen zunächst links, oberhalb der Terrassenfelder, um dann auf einem der vielen Pfade direkt zu der kleinen Bucht **Playa de los Dejes en Tamargada** 03 (5 m) zu nehmen. Unter Zuhilfenahme der Hände erreicht man die kleine Bucht, mit einem plätschernden Wasserfall. Baden – Don't even think about it – ist lebensgefährlich. Nach einem Sonnenbad oder Picknick gehen wir bis zur Weggabelung zurück, um nun scharf links, Richtung **Punto de la Sepultura** 04 (109 m) zu gehen. Auf halbem-Weg treffen wir auf einen rechten Abzweiger zum Playa y Baja de las Sepultura. Der 200 m breite Küstenabschnitt ist mit riesigen Kieselsteinen übersät, ziemlich verschmutzt und nur über einen steilen Abstieg, mit einigen aus-

Castillo del Mar

gesetzten Stellen, zu erreichen. Lohnenswert ist es zur Punto de la Sepultura vorzugehen, dort ergibt sich eine beeindruckende Aussicht entlang der felsigen Küste und auf das Castillo del Mar. Wir gehen taleinwärts, treffen auf den Hinweg – der von rechts in die Piste mündet – und ignorieren einen Abzweiger nach links Richtung Las Rosas. In einer 180-Grad-Linkskehre der Schotterpiste verlassen wir diese nach rechts Richtung Hermigua. Kurz hinter den ersten Häusern von Tamagarda endet der Weg, wir gehen rechts Richtung Vallehermoso. Wir erreichen eine Wegverzweigung mit drei Wahlmöglichkeiten, wir laufen auf dem Pfad mit der Wegbeleuchtung. Nach einem kurzen Stück auf einer Asphaltstraße verlassen wir diese bereits in der folgenden Linkskehre nach rechts auf einem wunderschön angelegten Wanderweg. Nach der Überschreitung eines Bergrückens steht imposant direkt vor uns der 220 m höhere Felskoloss **Roque Cano** 05 (439 m). Nach einem steilen Stück Abstieg gehen wir rechts talauswärts, erreichen einen Abzweiger links Richtung Vallehermoso, gehen aber rechts über die Terrassenfelder und erreichen die Asphaltstraße, die uns zum Parkplatz 01 führt.

TEJELECHE • 618 m

Kurzer aber knackiger Aufstieg

3 km | 1:45 h | 165 hm | 165 hm | 231

START | Busanbindung: keine. Pkw-Anfahrt: Von Vallehermoso fahren wir auf der GM-1 Richtung Valle Gran Rey und folgen der Ausschilderung Richtung Alojera. Von der Abzweigung Richtung Taguluche sind es genau 3,1 km bis zum Parkplatz, der sich in einer scharfen Linkskurve der Straße befindet. Geokoordinaten Parkplatz: [N28° 08.912 W17° 19.455 und 28.148533 -17.32425].
CHARAKTER | Sehr rutschiger, steiler, abschnittsweise ausgesetzter und gerölliger finaler Aufstieg.

Zwischen dem Barranco del Mono, das in das Tal von Alojera mündet und dem Barranco del Guarane, das in das Tal von Taguluche fließt, befindet sich ein wildes zerklüftetes, von der Erosion geformtes Bergmassiv – mit seinem höchsten Punkt, dem Tejeleche auf 618 m. Der insgesamt nur kurze Anstieg zum Gipfel erfordert aber absolute Schwindelfreiheit und Trittsicherheit. Vom exponierten Gipfel fallen die Felswände senkrecht bis zum Meer ab – Adrenalin-Ausschüttung garantiert.

▶ Vom **Parkplatz** 01 (573 m), in der Linkskurve der Straße, beginnt ein Pfad in nordwestliche Richtung. Nach einem kurzen Stück gehen wir bei der Weggabelung rechts. Unterhalb des **Bergrückens** 02 (557 m) führt ein sehr schmaler Pfad – einige Stellen sind ausgesetzt – bis zu einem Bergrücken. Von hier kann man sehr schön

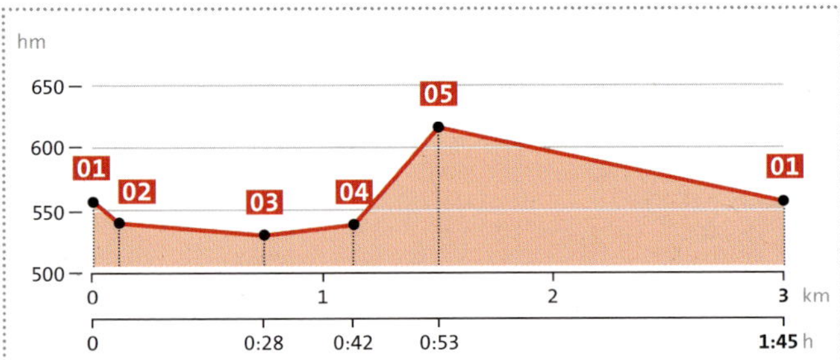

01 Start und Ziel 573 m; 02 Bergrücken 557 m; 03 Felsdurchbruch 545 m; 04 Hochebene 556 m; 05 Tejeleche 618 m

Bergmassiv mit Tejeleche

Unterhalb des Bergrückens

die Region um Alojera sehen. Der Pfad gewinnt wieder an Höhe und bei einem Maschendrahtzaun erreichen wir einen **Felsdurchbruch** 03 (545 m). Wir kommen auf eine **Hochebene** 04 (556 m) und gehen auf dem weiterhin gut auszumachenden Pfad in westliche Richtung, nun genau auf unser Ziel zu. Dabei gibt es verschiedene Aufstiegsvarianten, die beide weglos sind. Bei der einfacheren steigt man zu der kleinen Einsattelung rechts unterhalb des Gipfels auf. Es geht durch einen Wald von Wolfsmilchgewächsen auf gerölligem Untergrund. Dann queren wir unterhalb des Gipfels links in südliche Richtung – hier sind vereinzelt Steinmännchen aufgestellt – um dann über seinem Grad rechts bis zum Gipfel des **Tejeleche** 05 (618 m) aufzusteigen. An einigen Stellen muss man die Hände zu Hilfe nehmen. Oben auf dem Gipfel sitzt man ziemlich exponiert, hat dafür aber einen gigantischen 360-Grad-Panoramarundblick. Wir gehen auf dem uns bekannten Hinweg zurück zum Parkplatz 01.

Felsdurchbruch

ARCADECE – NEBELWALD – ARCADECE

Gemütliche Halbtagestour durch den Nebelwald

5 km | 2:30 h | 233 hm ↗ | 233 hm ↘ | 231

START | Busanbindung: Linie 1 und 6. Pkw-Anfahrt: Von Vallehermoso fahren wir Richtung Valle Gran Rey. Exakt 3 km hinter dem Abzweiger nach San Sebastián erreichen wir die Ortschaft Arcadece – noch vor Arure –, biegen vor der Bushaltestelle scharf links in den Camino La Quintana und parken nach 430 m links in einer kleinen Parkbucht bereits am Ende des Stausees. Geokoordinaten Parkplatz: [N28° 10.735 W17° 15.949 und 28.19545 -17.25885].
CHARAKTER | Gemütliche Wanderung.

Während im Valle Gran Rey die Sonne von einem strahlend blauen Himmel scheint, ziehen bereits erste Fetzen der Passatwolken über Arcadece. Je weiter wir Richtung des zentralen Hochgebirges vorankommen, umso mehr gelangen wir in den Einfluss der Passatwolken. Auf der heutigen Tour werden wir erleben, wie sich die Vegetation den geänderten Klimabedingungen angepasst hat. Unsere Wanderung beginnt in den trockenen Gebieten des Nationalparks, bis wir in den Einfluss der feuchtigkeitsspendenden Nebelwolken treten. Die mystische Märchenwelt wird von einer ganz besonderen Atmosphäre bestimmt, die den Betrachter schnell den Alltag vergessen lässt.

▶ Vom **Parkplatz** 01 (867 m) gehen wir auf der Asphaltstraße taleinwärts, lassen den linken Abzweiger zum Mirador und den

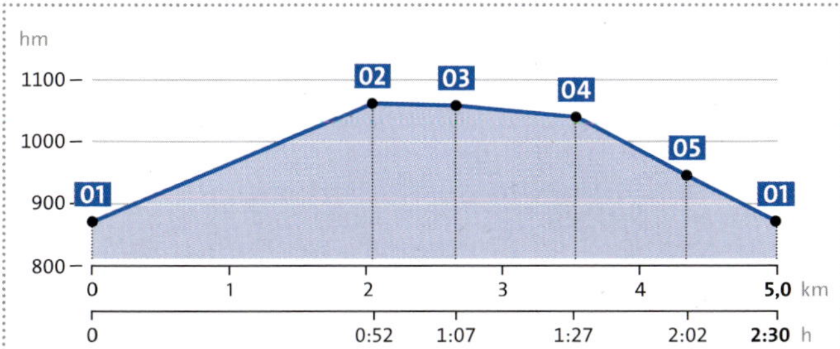

01 Parkplatz 867 m; 02 GM-2 1078 m; 03 GM-2 1101 m; 04 blaue Markierung 1084 m; 05 Wegkreuzung 965 m

Stausee oberhalb von Arcadece

folgenden rechten Abzweiger unberücksichtigt. Auf Höhe einer Finca geht die Asphaltstraße in eine Piste über. Die nachfolgenden Wirtschaftswege nach links und rechts ignorieren wir. Die Piste geht in einen Pfad über, aus dem eher kleinen Bewuchs treten wir nun in den Lorbeerwald des Garajoney-Nationalparks ein. An dem folgenden linken Abzweiger gehen wir geradeaus weiter Richtung Cañada de Jorge. Bei dem Parkplatz Raso de la Bruma erreicht der Wanderweg die Hauptstraße **GM-2** **02** (1078 m). Klassisch wachsen in dieser Region des Nationalparks die Baumheide, der Gagelbaum (die kanarische Wachsmyrte) und natürlich die Lorbeerbäume. Auch gibt es hier den auf La Gomera endemischen Schwarzen Holunder (Sambucus palmensis), ein Verwandter unserer Holunderarten. Links entlang – Richtung Valle Gran Rey – führt nun der Weg 650 m parallel zur **GM-2** **03** (1101 m), um auf

Nebelwald

der folgenden Waldpiste scharf links, Richtung Cañada de Jorge zu wandern. Es folgt eine besonders schöne Nebelwald-Allee. Nach einer langen Gerade und 40 m hinter der folgenden Linkskehre hat ein Baum rechts vom Weg eine **blaue Markierung** **04** (1084 m). Achtung! Es folgen 270 m weglos durch kleinen Bewuchs. Trotz der geringen Distanz kann man diese Strecke durch das Unterholz nur mit einem vorliegenden GPS-Track laufen. Nach bereits 20 m im Wald verliert man die Orientierung. Alternativ kann man auf der Straße weiter geradeaus gehen und trifft nach 1 km auf dem Hinweg, der rechts zum Parkplatz führt. Weiter geht's mit dem blauen Punkt: Dieser ist noch ein paarmal auszumachen, aber dann bleibt nur noch der Blick aufs GPS-Gerät, um seinen Weg durch das Dickicht zu finden. Wir treten aus dem Wald auf einen Pfad und gehen rechts auf dem gerodeten Stück, bis der Weg steil bergab durch den Wald in ein kleines fruchtbares Nebental mit Obstbäumen und Wollmispelbäumen führt. Im Talgrund halten wir uns links – im Frühjahr ist der Weg schwer auszumachen – und erreichen nach 250 m auf der rechten Talseite eine **Wegkreuzung** **05** (965 m). Wir gehen links weiter, erreichen eine letzte Weggabelung, an der wir links hinunter durch das Barranco wandern, um auf einer Asphaltstraße rechts zum **Parkplatz** **01** zu gelangen.

VALLEHERMOSA – MIRADOR PUNTA DE ALCALÁ – PLAYA VALLEHERMOSO

Aussichtsreiche Wanderung zur Geburtsstätte der Steine

13,5 km | 5:25 h | 719 hm | 719 hm | 231

START | Busanbindung: Linie 2, 4 und 5. In Vallehermoso, südöstlich vom Dorfplatz, befindet sich gegenüber dem Supermarkt ein großer Parkplatz. Geokoordinaten Parkplatz: [N28° 10.735 W17° 15.949 und 28.178917 -17.265817].
CHARAKTER | Für konditionsstarke Wanderer ohne technische Anforderungen.

Vallehermoso ist schon lange kein Geheimtipp mehr für Naturliebhaber und Wanderfreunde, die abseits ausgetretener Pfade die schönste Zeit des Jahres verbringen möchten. Auf einer der schönsten und aussichtsreichen Runden im Nordwesten von La Gomera werden wir auf dieser Runde mit Panoramablicken nur so verwöhnt. Auf einer kleinen Exkursion gelangen wir zu verwitterten Corestone, die durch den Erosionsprozess langsam mit einer hellbraunen Oxidationsschicht überzogen werden. Glücklich ist, wer einen Tag ohne Wolken und ohne den streng wehenden Passatwind erwischt hat.

▶ Vom 01 **Parkplatz** (191 m) queren wir den Dorfplatz, lassen

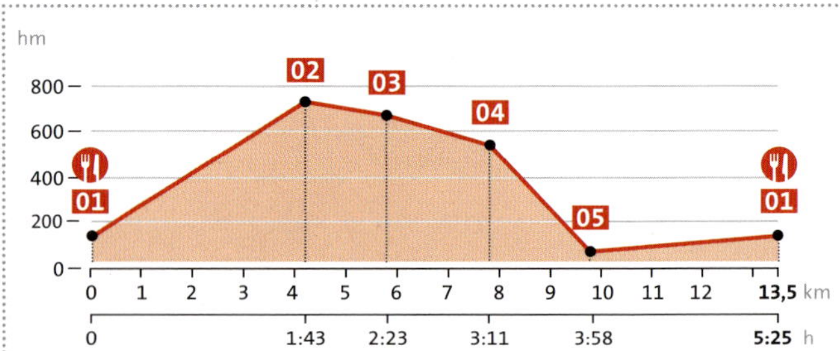

01 Parkplatz 191 m; 02 Ermita de Santa Clara 761 m;
03 Steine geboren werden 683 m; 04 Mirador Punta de Alcalà 581 m;
05 Playa Vallehermosa 60 m

Vallehermoso

die Bar Central links liegen und gehen auf der Calle Mayor direkt auf die Iglesia de San Juan Bautista zu. Den rechten Abzweiger zur Kirche ignorieren wir, um nach 40 m links in die schmale Gasse mit dem grünen Treppengeländer aufzusteigen. Wir gehen geradeaus 100 m auf der Asphaltstraße, verlassen diese in der Rechtskurve Richtung Friedhof, um an der rechten Friedhofsmauer entlang auf den Wanderweg zu gelangen. Das folgende Wegstück bis zu einem hölzernen Geländer und der folgenden Schotterpiste ist eindeutig und bedarf keiner weiteren Erklärung. Bei einer Anhöhe erreichen wir die Gebetskirche **Ermita de Santa Clara** 02 (761 m), des unterhalb von uns liegenden Dorfes Arguamul. Links hinter der Kirche gibt es Picknickplätze und eine atemberaubende Aussicht auf die Nordwestküste von La Gomera. Bei extrem guter Sicht kann man in entgegengesetzter Richtung im zentralen Hochgebirge den höchsten Berg der Insel, den Alto de Garajonay, ebenfalls sehen. Links hinter der Kirche beginnt der weiterführende Pfad, bis wir auf der Schotterpiste links 150 m gehen, um links bei einem Steinmännchen in das Gebiet mit der roten Erde, weglos und von den Fotomotiven getrieben auf Exkursion gehen. Die Eingeborenen sagen über dieses Gebiet, dass hier die **Steine geboren werden** 03 (683 m). Und ja wirklich, durch die stark blasenden Passatwinde wird das weichere Gestein abgetragen und so wird verwitterter Corestone durch ständige Erosion freigelegt. So langsam bahnen wir uns den Weg zur Ermita del Coromoto, um dann auf der Piste bis zum

Excursión a Los Órganos
Los Órganos
314
Punta Desnucada
Cruz de las Bajas
Punta Delgada
Baja del Salto
Playa del Remo
Baja del Remo
Playa de Arguamul
53
Chijeré
250
La Costa
500
Ermita Ntra. de Coron
03
668
Cumbre de Chijeré
29
Barranco de San Jua
Arguamul
773
Lomos del Monte
R
Ermita de Santa Clara
02
720
877
Teselinde
899
Montaña de la Caldera
719
602
729
671
Alto de los Chinguerillos
834
Lomo de Gagüja
750
899
Montaña de la Puntilla
29
895
Alto del Llanito
551
Montaña de los Roquillos
Lomo de Jaime
500
Barranco del Clavo
853
579
524
437
671
Montaña Blanca
879
Garimén
Carretera del Norte
541
386
Los Bell

Punta de los Órganos
Baja de los Lajales
4
Punta Gorda
Baja de Juan Martin
13
La Playita
Las Guirreras
...umento Natural
...e los Órganos
498
552
Montaña de Alcalá
Casa Chijeré
Buenavista
556
565
04
29
609
Centro cultural
(Kulturzentrum)
Café
Playa de
Vallehermoso
Punta de la Sepultu...
101
Playa y
Baja de las
Sepultura
Caserío Playa
de Vallehermoso
05
Barranco de los Guanches
Ermita de
San Pedro
341
Lomo de la Culata
Valle Abajo
29
Lomo de San Pedro
446
250
Barranco de los Zarzale
Barranco
539
San Pedro
Botanischer
Garten
Barranco de la Culata
Cañada de Luchón
476
Areru
Ermita de la
Caridad del Cobre
250
455
Túnel de la
Culata
456
GM-1
...ehermoso
Monumento
Natural de
Roque
Cano
Roque Cano
652
Los Zarzales
493
San Juan
Bautista
01
Ermita la Pilarcica
186
29
194
Kiosco
Garajonay
La Morera
549
581
500
El Tanque
GM-1
462
741
Casas
de Anden
401
721
0
500 m
La Fortaleza
604
79...
Roque
Blanco
775
Embalse de

bei der Ermita de Santa Clara

Mirador Punta de Alcalà 04 (581 m) zu wandern. Es bietet sich eine äußerst beeindruckende Kulisse – Frontalblick bis zum Teide auf Teneriffa und entlang der kompletten Nordwestküste von La Gomera. Wir gehen 100 m vom Mirador zurück und steigen bei dem Abzweiger 500 Höhenmeter links Richtung Playa Vallehermoso. Bei der Verbindungsstraße von Vallehermoso nach **Playa Vallehermoso** 05 (60 m) laufen wir rechts bergauf und direkt hinter der Bushaltestelle, links über das Barranco, auf der Asphaltstraße bis zum letzten Haus, um dort auf einen Pfad direkt auf den mächtigen Roque Cano zu steuern, bis der Weg rechts Richtung Vallehermoso weiterführt. Wir erreichen die Asphaltstraße, gehen auf dieser links und bei der nächsten Möglichkeit gleich wieder links und auf der Hauptstraße bis zum Dorfplatz vor zum **Parkplatz** 01.

Oberhalb vom Playa Vallehermoso

VALLEHERMOSO – MIRADOR ROQUE BLANCO – VALLEHERMOSO

Runde in der traumhaft schönen Landschaft zwischen dem Roque Blanco und Roque Cano

11,3 km | 3:45 h | 740 hm | 740 hm | 231

START | Busanbindung: Linie 2, 4 und 5. In Vallehermoso, südöstlich vom Dorfplatz, befindet sich gegenüber dem Supermarkt ein großer Parkplatz. Wenn dieser belegt ist, fährt man auf der Hauptstraße Richtung Valle Gran Ray, um gegenüber vom großen Busbahnhof mit Sicherheit einen Parkplatz zu bekommen. Geokoordinaten Parkplatz: [N28° 10.735 W17° 15.949 und 28.178917 -17.265817].
CHARAKTER | Trotz der 700 Höhenmeter eine der leichteren Wanderungen.

Die Grenze zwischen immergrünen Nebelwald und den bewirtschafteten Flächen war schon immer fließend. Nahm die Bevölkerung zu, so besiedelten die Bewohner aufgrund des Platzmangels die höher gelegenen Regionen des Nebelwaldes. Auf der heutigen Wanderung lässt sich dieses Wechselspiel besonders gut beobachten. Im momentanen Zyklus ist die Natur gerade dabei, die alten Felder und Häuser wieder zurückzuerobern. Umso höher

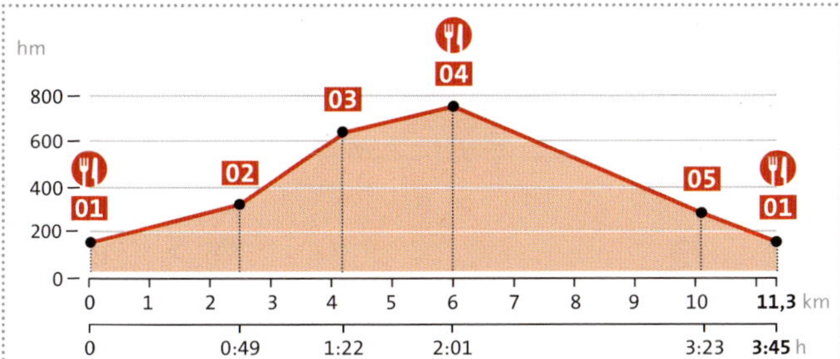

01 Parkplatz Vallehermosa 135 m; 02 Embalse de la Encatadora 345 m; 03 Roque Blanco 606 m; 04 Mirador Roque Blanco 784 m; 05 Mirador La Pilarica 307 m

Vallehermoso

wir steigen, umso mehr gelangen wir in den Einfluss der Passatwolken und wir erleben, wie sich die Vegetation den ändernden Klimabedingungen angepasst hat.

▶ Vom **Parkplatz** 01 in Vallehermoso (135 m) gehen wir auf der ortseinwärtsführenden Straße von Valle Gran Rey bis zum Dorfplatz vor und queren diesen rechts zum

Supermarkt und weiter geradeaus in die Einbahnstraße, um nach 50 m bei der Weggabelung links Richtung Chipude zu gehen. Nach nur zwei Kehren geht die Asphaltstraße in einen Pfad über. Unser Wegbegleiter auf diesem kleinen Teilstück ist das links von uns stehende Wahrzeichen der Gemeinde – der 652 m hohe Vulkanschlot Roque Cano. Nach einem kurzen Abstieg erreichen wir den Stausee **Embalse de la Encatadora** **02** (345 m), an dem wir links am grünen Geländer entlanglaufen. Wo die Schotterpiste in eine Asphaltstraße übergeht, verlassen wir die Hauptpiste nach links, durch die folgende Rechtskehre bergauf. In einer scharfen Linkskurve der Straße und einem sehr originellen Carport – hergestellt aus Bambus und mit einem grünen Dach – biegen wir in der folgenden Rechtskurve links auf dem Wanderweg Richtung Cruz de Pierno. Ganz unspektakulär erreichen wir ganz plötzlich den **Roque Blanco** **03** (606 m). Hier im Erika-Buschwerk befindet sich eines der am besten erhaltenen Erdbeerbaumhaine von La Gomera. Bei einem alleinstehenden Haus treffen wir auf eine Weggabelung, links geht es hinunter nach Vallehermoso, unser weiterer Weg führt uns rechts nach 1,3 km zum Cruz de Pierno. Bei der folgenden Kreuzung gehen wir links und erreichen nach 70 m den **Mirador Roque Blanco** **04** (784 m). Es ergibt sich einer der schönsten Blicke auf das weite Tal von Vallehermoso und die dahinter liegenden Berge. Nur einige Meter weiter bietet sich die Bodegón Ro-

Embalse de la Encatadora

que Blanco für eine Halbzeitpause an. Wir gehen weitere 200 m auf der Asphaltstraße, um bei einem neu entstandenen Kirchplatz links die Piste Richtung Vallehermoso zu gehen. Bei einem Anwesen geht die Piste in einem Wanderweg über. Der Weg schlängelt sich Richtung Tal, bis es noch einmal heißt – innehalten, wo die Natur verzaubert. Wir stehen vor der Gesteinsschmelze (Magma) des 652 m hohen Roque Cano – der sein Umland um gute 100 m und den Dorfplatz von Vallehermoso um sagenhafte 350 m überragt. Auf einem teils gepflasterten Weg geht es weiter in steilen Kehren Richtung Vallehermoso, bis wir beim **Mirador La Pilarica** 05 (307 m) das Treiben im tiefer liegenden Dorf noch aus der Distanz beobachten können, um dann schlussendlich die restlichen Meter bis zum **Parkplatz** 01 hinunterzugehen.

Roque Blanco

ALOJERA – PLAYA DEL TRIGO – PLAYA ALOJERA ROQUE ALOJERA

Wanderung zu zwei Stränden und einem unbekannten Roque

8,9 km | 4:30 h | 572 hm | 572 hm | 231

START | Busanbindung: Linie 5. Pkw-Anfahrt: Von Vallehermoso fahren wir auf der GM-1 Richtung Valle Gran Rey, biegen dann aber rechts Richtung Alojera ab. Bereits im Ort fahren wir an der rechts liegenden Bar Perdomo vorbei und parken nach 100 m rechts beim Sozialzentrum. Geokoordinaten Parkplatz:
[N28° 09.631 W17° 19.373 und 28.160517 -17.322883].
CHARAKTER | Einfache Wanderung, wenn man die Variante auslässt. Bei der Variante ist die Wegfindung nicht einfach.

Die Kanareninsel hat eine Küstenlänge von ca. 100 km. Die Summe aller einzelnen Strandabschnitte beträgt magere ca. 15 km. 16 Strände sind mit dem Pkw erreichbar. Die heutige Wanderung führt uns zu dem versteckten – nicht mit dem Pkw erreichbaren – wildromantischen Playa del Trigo. Wer sich dann im Meer erfrischen möchte, kann dies bei unserem nächsten Ziel dem Playa Alojera machen. Noch Mitte des 15. Jahrhunderts war die geschützte Bucht ein beliebtes Piratenversteck. Auf dem Rückweg gibt es dann noch die Möglichkeit eine Variante zu laufen und einen unbekannten Roque zu erkunden.

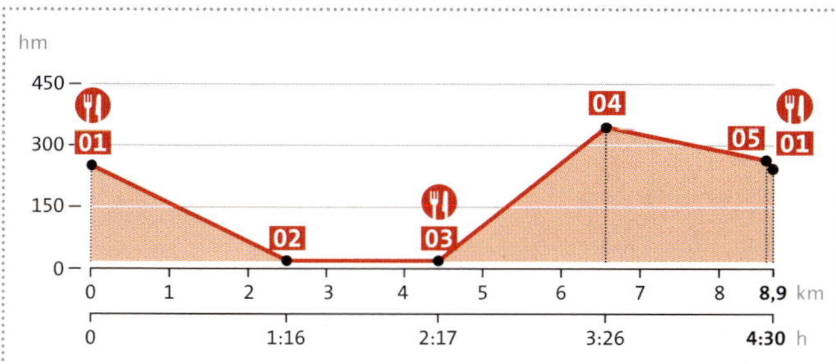

01 Parkplatz 273 m; 02 Playa del Trigo 10 m; 03 Playa Alojera 26 m; 04 Roque-de-Alojera-Blick 362 m; 05 Bushaltestelle 288 m

Alojera

▶ Vom 01 **Parkplatz** (273 m) gehen wir auf der Hauptstraße zurück, um sofort hinter der Bar Perdomo scharf links über eine Treppe auf den 25 m tiefer liegenden betonierten Weg links weiterzugehen. Hinter den letzten Häusern führt der Pfad nun teilweise im und teilweise neben dem Barranco talauswärts. Bei einer links von uns stehenden Hütte – mit einer gelben Verkleidung – verlassen wir das Barranco nach rechts hinaus auf dem betonierten Weg. Kurz später tangieren wir die Rechtskurve einer Asphaltstraße und treffen nach 130 m abermals auf eine Asphaltstraße, auf der wir 50 m halb rechts gehen, um sie dann nach halb links – in ihrer Rechtskurve der Straße – zu verlassen. Wir steigen abermals in ein Barranco, verlassen dieses aber bereits nach 80 m wieder – an einer Palme, die an einer grauen Wand steht. Über Terrassenfelder erreichen wir eine Schotterpiste. Wir gehen bis zu einem Hinweisschild mit der Aufschrift „Gefährlicher

Playa del Trigo

Strand", um dort links durch einen sehr schönen Palmenhain, nochmal durch ein Barranco und über einen Geländer gesicherten Pfad zum **Playa del Trigo** 02 (10 m) zu gelangen. Felsen im Wasser und starker Wellengang machen Baden unmöglich. Nach einer Pause gehen wir auf dem Geländer gesicherten Pfad bis in das erste Barranco zurück. Bei einer ersten Stufe im Barranco führt ein Pfad auf den rechts von uns liegenden Bergrücken, steil bergauf. Der Pfad mündet in eine Asphaltstraße, auf der wir rechts hinunter bis zum **Playa Alojera** 03 (26 m) laufen. Er gehört mit zu den schönsten Stränden auf La Gomera. Die eher klein gehaltenen Wellenbrecher schützen die Bucht vor der Brandung. Baden ist ganzjährig möglich. Die Playa de Alojera ist ein ca. 250 m langer und je nach Stand der Gezeiten und Wellengang bis zu 5 m breiter schwarzer Lavasandstrand. Dabei überwiegen Kies und große Steine. Wir gehen auf der Zufahrtsstraße zurück, um 60 m hinter der ersten scharfen Linkskurve, rechts den Pfad bergauf und bei der folgenden Asphaltstraße rechts in die Sackgasse zu gehen. Nach 350 m treffen wir auf ein rotbraunes Haus mit dem Heiligenschrein Virgen de Candelaria. Hinter der Parkauffahrt steigen wir in südliche Richtung auf. Das Stück ist weglos, vereinzelt treffen wir auf Reste eines Stacheldrahtzauns. Wir orientieren uns so, dass wir immer auf dem höchsten Punkt des Bergrückens gehen. Dann erreichen wir nach 900 m einen aus Steinen gelegten Wind-

Playa de Alojera

schutz und nur einige Meter weiter ergibt sich der beste Blick auf den **Rorque-de-Alojera-Blick** 04 (362 m): 30 m hohes erstarrtes Magma, das nicht ausgeworfen wurde. Im Laufe der Jahrtausende hat die voranschreitende Korrosion das weichere Gestein abgetragen. Wir gehen auf dem gleichen Weg wieder zurück bis zu dem Haus mit dem Heiligenschrein. Auf der Straße angekommen gehen rechts, erreichen nach 50 m zwei Straßenlaternen – die in keinem guten Zustand mehr sind –, gehen links herunter ins Barranco, bei der folgenden Weggabelung rechts durch das Schilf, um wieder auf eine Asphaltstraße zu gelangen. Auf dieser gehen wir rechts und verlassen sie bereits wieder in der folgenden Linkskurve, auf den rechts beginnenden Betonweg, der nur kurz später in eine Asphaltstraße mündet. Beim Kirchplatz gehen wir links die Straße hinunter und erreichen nach dem Kreisverkehr den **Parkplatz** 01. Zur Bushaltestelle 05 (288 m) gehen wir Richtung Bar Perdomo und erreichen diese nach 150 m.

Roque Alojera

ARURE – TAGULUCHE – ARURE

Spektakulärer Aufstieg und Abstieg unterhalb des Miradors del Santo

6,9 km | 3:25 h | 634 hm ↗ | 634 hm ↘ | 231

START | Busanbindung: Linie 1 und 6. Pkw-Anfahrt: Von Vallehermoso fahren wir Richtung Valle Gran Rey. In der Ortschaft Arure zweigt in einer Linkskurve der Hauptstraße ein Abzweiger rechts zum Mirador del Santo ab. Am Ende der Straße befindet sich eine gute Parkgelegenheit. Geokoordinaten Parkplatz: [N28° 07.849 W17° 19.355 und 28.130817 -17.322583].
CHARAKTER | Teilweise sehr steiler Anstieg sowie Abstieg. Während des Abstiegs durch Taguluche ist der Weg nicht immer einfach zu finden.

Spektakuläre Wanderung von dem oft in Passatwolken gehüllten Arure in die absolute Einsamkeit des kleinen Dorfes Taguluche unterhalb der bis zu 1000 m aufragenden Berghänge des Naturdenkmals Monumento Natural del Lomo del Carretón. Weitere Sehenswürdigkeiten auf der Wanderung: Der Mirador del Santo, die Ermita del Santo und die Variante, einen Anleger aus vergangenen Zeiten zu erkunden.

▶ Vom 01 **Parkplatz in Arure** (783 m) gehen wir unter dem großen Wasserviadukt hindurch und erreichen den ersten Höhepunkt des Tages, den Mirador del Santo. Er verdankt seinen Namen der nur

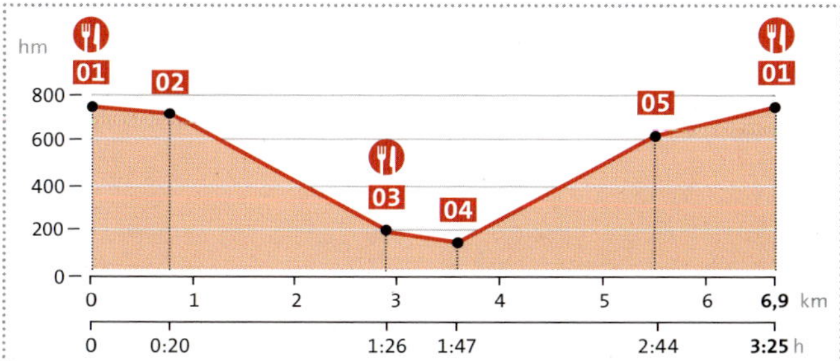

01 Parkplatz in Arure 783 m; 02 Abstieg 761 m; 03 Bar Taguluche 219 m; 04 Aufstieg 178 m; 05 spektakulärste Abschnitt 616 m

Ermita del Santo

einige Meter entfernt stehenden Kapelle, der Ermita del Santo. Von der Aussichtsplattform, 800 m über dem Meeresspiegel, genießt man einen überwältigenden Tiefblick in das Tal von Taguluche mit seinem imposanten Schluchtauslauf. Weiter rechts am Mirador befindet sich die **Ermita del Santo.** Sie liegt geschützt unterhalb einer mächtigen Felswand – dem **Naturdenkmal Monumento Natural del Lomo del Carretón.** Links neben der Kirche führt ein schmaler Wanderweg bis zu einer Weggabelung, wo wir links bergab unseren **Abstieg** 02 (761 m) Richtung Taguluche beginnen. Nach sehr steilen Abschnitten mündet der Pfad in eine Schotterpiste, der wir rechts bergab folgen. Wir treffen auf ein Haus und 50 m hinter der folgenden Rechtskurve wandern wir auf den links beginnenden Camino auf eine einzeln stehende Laterne zu. Wir queren oberhalb eines gelben Hauses nach rechts, um links auf dem gepflasterten Weg und kurz später Asphaltstraße, nach 175 m an der Weggabelung links zu gehen. Wir tangieren die Rechtskurve einer Asphaltstraße und gehen weiterhin bergab, bis wir die Dorfstraße von Taguluche erreicht haben. Gehen wir an dieser Straße 300 m nach rechts, erreichen wir die **Bar Taguluche** 03 (219 m). Wir gehen auf der Dorfstraße zurück, vorbei an unserem Abstiegsweg und noch weiter, bis wir eine Parkbucht erreichen. Hier beginnt links der **Aufstieg** 04 (178 m). Nach einem sehr langen geraden Stück kommt etwas Abwechslung in die Wanderung. Wir überqueren ein Barranco nach links, der Weg gabelt sich und wir gehen rechts unter der Palme entlang, bei einem Anwesen gabelt sich der Weg nochmals und wir gehen nochmal rechts. So langsam baut sich Spannung auf, wir laufen direkt auf die scheinbar unüberwindbare hohe Felswand zu. Wo gibt es hier einen Aufstieg? 300 Höhenmeter über uns, eingefasst in die Felsen, sieht man den Mirador del Santo. Der Pfad quert nun in südliche Richtung den Hang und es beginnt der **spektakulärste Abschnitt** 05 (616 m) der heutigen Wanderung. Wir lau-

Tal von Taguluche

fen durch ein Gebiet mit kräftig grünen Kiefern und im Kontrast nicht real wirkendes rotes Gestein, auf einem mit Steinen verlegten Camino, der sich in engen Kehren nach oben schraubt. Bei einem Felsdurchbruch erreichen wir die Hochebene, gehen noch links unterhalb der Ziegenhaltung, um dann bei der folgenden Schotterpiste links bis zum Parkplatz in **Aurure** 01 vorzugehen.

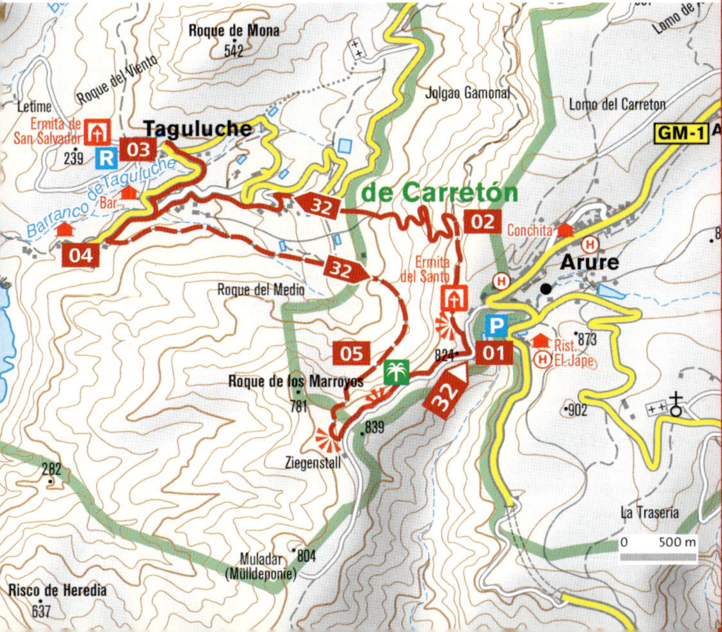

33

UM DEN ROQUE DE MONA

Zusammenspiel von absoluter Einsamkeit und mystischer Natur

5,7 km | 2:15 h | 441 hm | 441 hm | 231

START | Busanbindung: keine. Pkw-Anfahrt: Von Vallehermoso fahren wir auf der GM-1 Richtung Valle Gran Rey und folgen der Ausschilderung Richtung Alojera. Von der Abzweigung Richtung Taguluche sind es genau 3,1 km bis zum Parkplatz, der sich in einer scharfen Linkskurve der Straße befindet. Geokoordinaten Parkplatz: [N28° 08.912 W17° 19.455 und 28.148533 -17.32425].
CHARAKTER | Kurze ausgesetzte Stücke an einem stark erodierten Hang. Durchwegs gute Wegfindung bis auf eine Schlüsselstelle.

Unsere Wanderung beginnt oberhalb des Dorfes Taguluche unterhalb der bis zu 1000 m aufsteigenden Berghänge des Naturdenkmals Monumento Natural del Lomo del Carretón. Flankiert von dem 618 m hohen Tejeleche auf der einen Seite und den 533 m hohen Roque de Mona auf der anderen Seite, steigen wir in das Barranco del Guarane – ein Höhepunkt für Naturliebhaber. Bei der sehr schön gelegenen Ermita de San Salvador gibt es einen Picknickplatz mit Aussicht.

Vom **Parkplatz** 01 (573 m) gehen wir in nordwestliche Richtung auf den vor uns liegenden Bergrücken und umgehen rechts die erste kleine Erhebung – Steinmännchen markieren den Weg. Bei der folgenden Einsattelung wechseln wir auf die andere Seite des

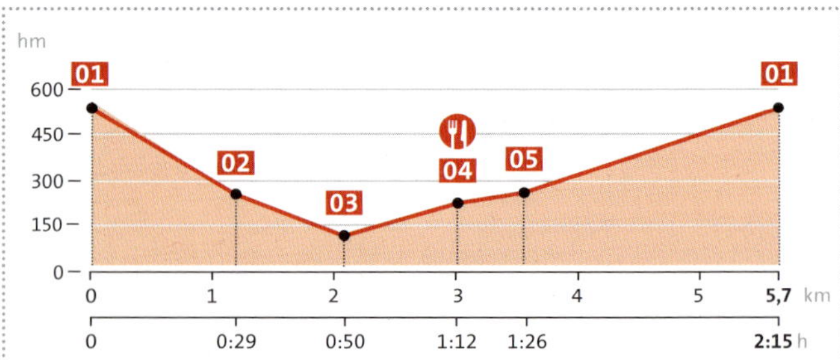

01 Parkplatz 573 m; 02 schönster Abschnitt 278 m; 03 Barranco del Guarane 139 m; 04 Restaurant Taguluche 227 m; 05 Schlüsselstelle 295 m

Barranco del Guarane

Bergrückens und beginnen den Abstieg links hinunter Richtung Meer. Auch hier markieren Steinmännchen den weiteren Weg. Auf dem ersten Stück geht es steil in Kehren bergab und im weiteren Verlauf wird der Hang weit oberhalb des Barranco gequert. Rechts oberhalb befindet sich der felsige und schroffe 618 m hohe Tejeleche (siehe Wanderung 27). Es folgt der **landschaftlich schönste Abschnitt** 02 (278 m). Wie in einem Slalom ziehen wir unsere Schleifen durch die Überreste von stehen gebliebenen Lavamauern, bis wir in das Barranco einsteigen. Dort verlassen wir den Weg nicht nach links, wie mit Steinmännchen markiert, sondern gehen direkt im Barranco talauswärts. Von Zeit zu Zeit wird unter Zuhilfenahme der Hände über kleine Staustufen abgestiegen. Spektakulär schlängelt sich der Weg im Barranco durch riesige Felsblöcke. Das **Barranco del Guarane** 03 (139 m) ist nun signifikant breiter geworden und wir treffen auf angelegte Steinmauern, oberhalb befinden sich alte Terrassenfelder. Der weitere Weg im Barranco endet an einem unüberwindbaren Wasserfall. Auf dem mit dem Steinmännchen markierten Pfad verlassen wir die Terrassenfelder nach links. Es folgt ein Wegabschnitt, der ständiger Erosion ausgesetzt ist und daher ist der Weg auch nicht einfach auszumachen. Nach 300 m haben wir abermals ein Barranco gequert – rechts unterhalb von uns sieht man die Leitplanke der Straße – wir gehen aber links bergauf auf dem schwer auszumachen Pfad, Richtung der oberhalb von uns liegenden Ermita de San Salvador – ein schönes Plätzchen mit Bänken für Picknick mit Aussicht. Auf der beginnenden Asphaltstraße gelangt man bei dem ersten rechten Abzweiger zum **Restaurant Teguluche** 04 (227 m). Wir gehen aber gerade ortsauswärts, passieren rechts einen neu angelegten Wasserspeicher und

Lavawand

nach weiteren 90 m gelangen wir zu einer **Schlüsselstelle** 05 (295 m). In der Rechtskurve der Straße verlässt ein unscheinbarer Pfad diese nach links durch das Schilf. Ist der Weg zwischenzeitlich dermaßen verwachsen, dass er nicht mehr begehbar ist, müsste man auf der Asphaltstraße weitergehen, um dann bei dem großen Wasserbecken die Hauptstraße nach links wieder zu verlassen auf den ursprünglichen Weg. Bei dem Wasserauffangbecken führt der Weg in nördliche Richtung über einen Pfad zum örtlichen Friedhof. Im weiteren Verlauf wird noch einmal die Asphaltstraße gequert, bis wir den **Parkplatz** 01 wieder erreichen.

REVENTÓN OSCURO – ERMITA DE LOURDES – ALTO DE GARAJONAY • 1487 m – MIRADOR AGANDA

Durch den immergrünen Wasserspeicher von La Gomera

12,6 km | 4:15 h | 721 hm | 721 hm | 231

START | Busanbindung: keine. Von Hermigua fahren wir mit dem Pkw auf der GM-1 Richtung San Sebastián. Noch vor dem Tunnel biegen wir scharf rechts ab, Richtung Flughafen Playa de Santiago. Nach 5,4 km, mitten im Nebelwald an der Reventón Oscuro, zweigt nach rechts eine Straße zum Weiler El Cedro ab. Hier parken wir das Auto. Geokoordinaten Parkplatz: [N28° 07.291 W17° 12.917 und 28.121517 -17.215283].
CHARAKTER | Die Orientierung im Gelände ist eindeutig und die Wege befinden sich in einem sehr guten Zustand.

Die größte Herausforderung auf dieser Wanderung des Wanderführers durch den Nebelwald ist es, einen Tag zu erwischen ohne die Nebelwolken und die daraus resultierende Feuchtigkeit. Aber sollte man sich mit unserer High-tech-Gore-Tex-Kleidung nicht einfach dem Wetter anpassen und den Nebelwald nehmen, wie er ist – was den Nebelwald ausmacht – und so das ursprüngliche Gefühl für den immergrünen Wasserspeicher von La Gomera hautnah

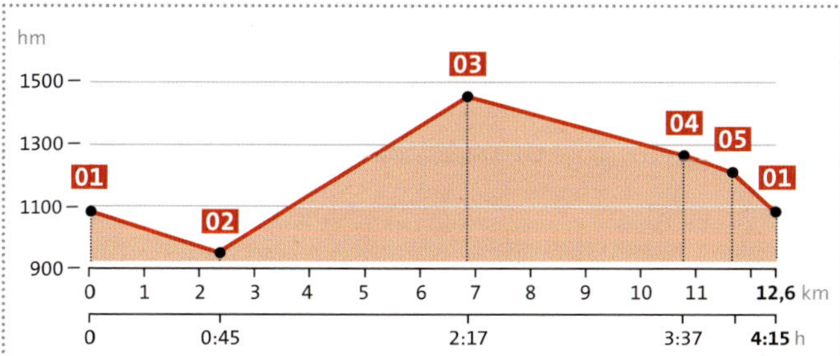

01 Reventón Oscuro 1038 m; 02 Ermita de Lourdes 921 m; 03 Alto de Garajonay 1487 m; 04 Mirador Morro de Agando 1311 m; 05 Roque de Ojila 1214 m

Wanderweg im Nebelwald

und realistisch zu erleben. Ganz nebenbei werden auf dieser Panoramarunde noch 5 Sehenswürdigkeiten miteinander verbunden und machen diese Wanderung zu einem besonderen Erlebnis.

▶ Von **Reventón Oscuro** 01 (1038 m) gehen wir auf der gepflasterten Straße Richtung El Cedro. In einer Linkskurve bleiben wir auf dem gepflasterten Weg und folgen nicht der Beschilderung Richtung El Cedro. Einen ersten Abzweiger nach links ignorieren wir – Busse dürfen diese Straße nicht befahren. In der folgenden Rechtskurve des gepflasterten Weges verlassen wir diesen nach links und wandern Richtung Ermita de Lourdes. Nach 670 m durch den mystischen Nebelwald erreichen wir die rechts von uns liegende **Ermita de Lourdes** 02 (921 m), eine private Stiftung einer gläubigen Engländerin. Hinter der Kirche schlängelt sich das Barranco El Cedro durch den Wald. Die besondere Attraktion: Er fließt sogar durch einen lebendigen Baum. Wir gehen an der Kirche weiter vorbei, queren das Barranco El Cedro auf einer Holzbrücke und beachten die Ausschilderung Richtung Alto de Garajonay. Wir erreichen den kleinen Parkplatz Las Nimbreas, den wir nach halb links, Richtung Alto de Garajonay verlassen. Von dort erreichen wir auf einem perfekt angelegten Waldweg nach 3 km Wanderung bei dem kleinen Parkplatz El Contadero die GM-2. Wir queren die Straße nach links, um nach einer scharfen Rechtskurve auf dem gepflasterten Weg den Anstieg zum **Alto de Garajonay** 03 (1487) m zu beginnen. Nach 1,3 km auf einem komfortablen Weg erreichen wir nach einer

Ermita de Lourdes

Linkskurve – vorbei an einer kleinen Hütte – den höchsten Punkt der Insel. Nach einer Pause überqueren wir den Gipfel in nordöstliche Richtung und wandern auf dem vor uns liegenden Bergrücken, durch eine Senke, um nach 150 m den Hauptweg nach rechts zu verlassen. Wir steigen durch ein Stück Nebelwald ab, erreichen eine Forststraße, an der wir links zur Straßenkreuzung vorgehen. Diese queren wir in östlicher Richtung zu dem gegenüberliegenden Parkplatz und der Bushaltestelle. Wir gehen weiter Richtung Imada auf der breiten Forststraße. Bereits nach weiteren 250 m verlassen wir die Forststraße auf einem Pfad links Richtung Le Roques. Im weiteren Verlauf tangieren wir die GM-2, gehen dort halb rechts weiter, um nach 20 m links dem Pfad zu folgen. Es folgt der nächste Höhepunkt – mit dem Mirador de Tajaque und atemberaubenden Weitblicken auf die Schlucht von Benchijigua, auf Alajeró und bis hin zum Playa de Santiago. Am Parkplatz des Mirador de Tajaque queren wir die GM-2 um nach 400 m auf einer Brücke die GM-2 zu überqueren. Dann nehmen wir den Abzweiger rechts bergauf, zum 100 m entfernten **Mirador Morro de Agando** 04 (1311 m). Unterhalb von uns steht der El Roque de Agando, ein 1251 m hoher Felsriese. Wir gehen 100 m zum Hauptpfad zurück, dort rechts, zur GM-2 hinunter, queren diese und halten uns links Richtung Reventón Oscuro. Es folgt ein weiterer beeindruckender Wegabschnitt durch den Nebelwald. Im felsigen Gelände hat der Wald lichte Stellen, an denen ergeben sich schöne Fotomotive auf den **Roque de Ojila** 05 (1214 m, bis wir den Parkplatz in **Reventón Oscuro** 01 erreicht haben.

Alto de Garajonay

LA GERODE WEISSE HÖHLEN

Über den Stangensteig zu den Casas de Cuevas Blancas – den Weißen Höhlen

10,7 km | 4:20 h | 366 hm | 366 hm | 231

START | Busanbindung: keine. Nachdem wir San Sebastián auf der GM-1 verlassen haben, passieren wir einen neu angelegten großen Kreisverkehr. Von hier sind es exakt 4,1 km bis auf den unscheinbaren Parkplatz bei La Casetas rechts von der Straße. Weiterhin befindet sich hier eine Informationstafel der Insel und eine Straße zweigt in die Berge ab. Geokoordinaten Parkplatz: [N28° 07.400 W17° 09.504 und 28.123333 -17.1584].
CHARAKTER | Bis auf den Stangenpfad erwartet uns eine gemütliche und einfache Wanderung.

Eine besondere Herausforderung stellt der Wegabschnitt über den sogenannten Stangensteig dar, einem äußerst schmalen Pfad – teilweise ausgesetzt. Ursprünglich mit Stangen gesichert, erhielt der Weg seinen Namen. Die Sicherung durch Stangen – sofern nicht vom Hang geschluckt – zumeist marode und verfault, sollte auf keinen Fall zum Festhalten benutzt werden. Zur Erhöhung der Sicherheit wurden bis zu 50 cm von der Felswand abgetragen und so der Weg entschärft und verbreitert, und so erreicht man auf einem sicheren Weg die beeindruckenden Casas de Cuevas Blancas.

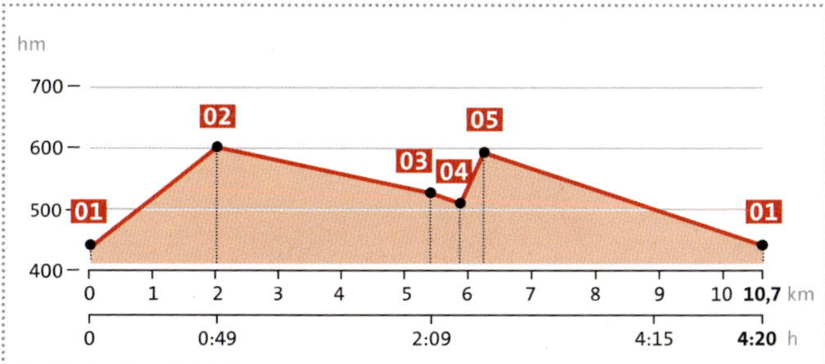

01 Parkplatz GM-1 411 m; 02 La Gerode 609 m; 03 Weißen Höhlen 527 m; 04 Aufstieg 525 m; 05 Lomo Majona 608 m

Start und Ziel

Vom **Parkplatz GM-1** 01 (411 m) wandern wir auf der Natursteinpflaster- sowie Asphaltstraße bergauf. Nach 2 km und 200 Höhenmetern geht diese am **La Gerode** 02 (609 m) in eine Schotterpiste über. Hier befindet sich noch ein Pkw-Parkplatz. Bis hier kann man auch alternativ gemäß Variante 1 mit dem Pkw fahren. In der Linkskehre der Schotterpiste beginnt in nordöstliche Richtung ein Pfad Richtung San Sebastian. Steil am Hang, durch vom Passatwind geformte kleine Kiefern, wandern wir auf dem sogenannten Stangensteig, weit oberhalb des links von uns liegenden Bar-

ranco Majona. Bei der folgenden Überschreitung des Bergrückens haben wir das schwerste Stück der Tour bewältigt. Vorbei führt der Weg an einer Ruine und einem alten Dreschplatz. Halb rechts vor uns liegt eine felsige Erhebung mit beigefarbenen Erosionsschichten, die wir auf der linken Seite passieren, bis wir die **Weißen Höhlen** 03 (527 m) erreicht haben. Sie wurden in weiße Gesteinsschichten hineingebaut. Geht man noch an dem ersten Steinhaus weiter rechts hinunter, so trifft man auf noch weitere Höhlen, zum Teil nachträglich inszeniert mit Stühlen und Tischen. Viele der Häuser sind unmittelbar in die Höhlen hineingebaut worden. Oberhalb von den Höhlen hat man einen atemberaubenden Überblick über den Nordosten von La Gomera bis hin nach Teneriffa und den Teide. Wir gehen in südwestlicher Richtung an den rechts von uns liegenden weißen Höhlen vorbei und treffen auf einen mit Steinen gesäumten schmalen Pfad, der den vor uns liegenden Hang nach links quert. Nach 500 m mit nur mäßigen Aufstieg übersteigen wir einen Bergrücken. Der Weg gabelt sich und wir beginnen rechts auf dem Bergrücken den **Aufstieg** 04 (525 m). Steinmännchen helfen bei der Orientierung. Rechts von uns liegt nun die felsige Erhebung mit beigefarbenen Erosionsschichten vom Hinweg. Den **Lomo Majona** 05 (608 m) queren wir in westliche Richtung auf den mit Steinen gesäumten Hinweg. Wir gehen auf dem gleichen Weg zurück zum **Parkplatz GM-1** 01 .

36

HERMIGUA – LAS NUEVITAS – HERMIGUA

In der Natur liegt die Kraft – tanken Sie neue auf einer Wanderung durch die seichten Hügelketten

11,1 km | 4:15 h | 500 hm | 500 hm | 231

START | Busanbindung: Linie 2. Im Oberdorf von Hermigua parken wir den Pkw zwischen der Iglesia de Santo Domingo de Guzmán und Apartamentos Los Telares. Geokoordinaten Parkplatz: [N28° 09.060 W17° 11.886 und 28.151 -17.1981].
CHARAKTER | Gemütliche Wanderung auf bequemen Wegen.

Unsere Wanderung beginnt in Hermigua, dem Hauptort des Nordostens von La Gomera. Begünstigt durch die Passatwinde und die daraus resultierenden Niederschläge wird Hermigua auch das grüne Herz der Insel genannt. Im gesamten Tal sind terrassenförmigen Plantagen angelegt worden. Bei diesem Anblick verwundert es nicht, denn in dieser Region befinden sich 50 % der gesamten Bananenanbaufläche von La Gomera. Es erwartet uns ein vielfältiges Wandererlebnis: Ein wunderschön angelegter Wanderweg durch ein schmales Tal mit Schatten spendenden Palmen, wasserführende Barrancos, atemeraubende Blicke nach Teneriffa mit seinem Vulkan, den 3718 m hohen Teide, sowie Blicke aus der Vogelperspektive nach Hermigua.

▶ Vom in **Hermigua** 01 (281) m gehen wir auf der ortsauswärtsführenden Straße, um bei dem Verkehrsschild für den folgenden

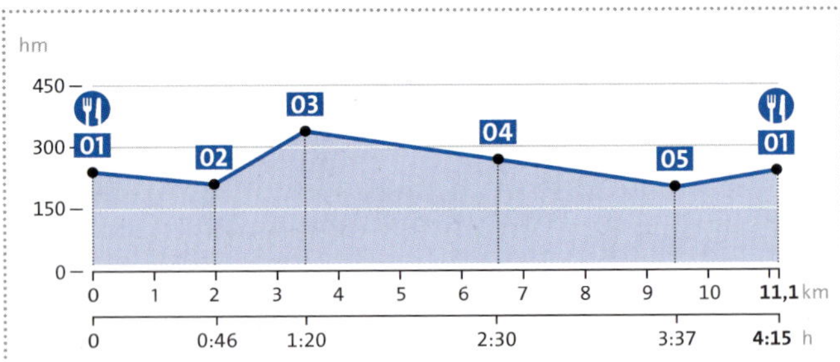

01 Hermigua 281 m; 02 Straße verlassen 244 m; 03 Runde verkürzen 335 m; 04 Piste verlassen 292 m; 05 Tal queren 214 m

Roques de San Pedro

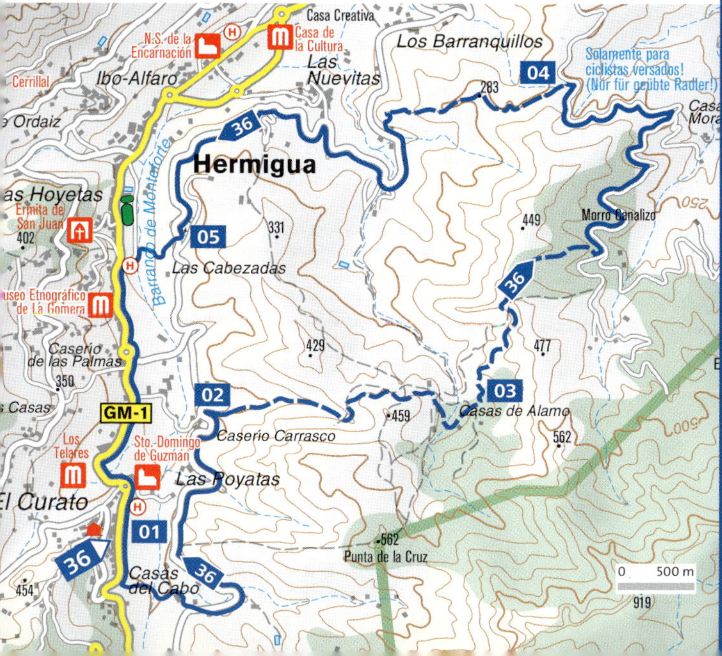

Hermigua

Kreisverkehr - 100 m Vorfahrt beachten - über Treppen, links herunter, Richtung San Sebastián zu gehen. Durch Bananenplantagen, unzählige Abzweiger, queren wir das Tal. Auf der gegenüberliegenden Talseite angekommen, wandern wir 1,4 km links entlang der Asphaltstraße. Bei einem grünen Geländer sowie einer scharfen Linkskurve der Straße, werden wir die **Straße verlassen** **02** (244 m), rechts bergauf auf dem Pfad mit dem Holzgeländer, der zunächst parallel zur einem Barranco verläuft, dann aber in einer langen Linkskurve das Tal verlässt. Nach Überschreitung eines Bergrücken genießt man eine ausgezeichnete Sicht auf Hermigua und den dahinterliegenden Atlantischen Ozean. Unterhalb der 1063 m hohen Encherada führt der Weg durch ein kleines Barranco bis zu einer Weggabelung. Hier besteht die Möglichkeit, die **Runde zu verkürzen** **03** (335 m) in dem man links hinunter auf die Asphaltstraße geht und zwischen Wegpunkt **04** und **05** die Wanderung fortsetzt. Wir gehen aber gerade aus weiter Richtung Montoro, überschreiten abermals einen Bergrücken und steigen durch einen lichten Kiefernwald bis auf eine Piste hinunter, an der wir links gehen und nach weiteren 40 m abermals links. Bei einer Informationstafel gehen wir durch eine 180-Grad-Kehre, rechts führt ein Weg zu den Casas del Moralito. Nach weiteren 500 m werden wir die **Piste verlassen** **04** (284 m), in einer Rechtskurve kurz nach einem Barranco links bergauf auf einem schmalen Pfad. Wir übersteigen einen Bergrücken und nach einem Abstieg halten wir uns bei der Asphaltstraße links. Nach einer langen Rechtskurve erreichen wir die Ortschaft **Las Nuevita.** Bei der nächsten Straßengabelung gehen wir links bergauf. Auf dem folgenden Teilstück Richtung Friedhof schaut man wie aus der Vogelperspektive nach Hermigua hinunter. Direkt hinter dem Friedhof verlassen wir die Straße nach rechts, um das **Tal zu queren** **05** (214 m). Auf der anderen Talseite angekommen folgen wir der GM-1 bis zum **Parkplatz Hermigua** **01**.

REVENTÓN OSCURO – LA LAJA – ROQUE DE AGANDO – REVENTÓN OSCURO

Die Familie de los Roques – Wanderung durch eine traumhafte Kulisse

8,4 km | 3:30 h | 690 hm | 690 hm | 231

START | Busanbindung: keine. Von Hermigua fahren wir mit dem Pkw auf der GM-1 Richtung San Sebastián. Noch vor dem Tunnel biegen wir scharf rechts ab, Richtung Flughafen Playa de Santiago. Nach 5,4 km, mitten im Nebelwald an der Reventón Oscuro, zweigt nach rechts eine Straße zum Weiler El Cedro ab. Hier parken wir das Auto. Geokoordinaten Parkplatz: [N28° 07.291 W17° 12.917 und 28.121517 -17.215283.]
CHARAKTER | Die einzig technische Herausforderung ist der Abstieg vom Mirador del Bailadero nach La Laja über Felsen und einem teilweise schwer auszumachenden Pfad.

Für diese Wanderung muss definitiv nicht die Werbetrommel gerührt werden. Nur wenige Erlebniswanderungen auf La Gomera sind gespickt mit so vielen Sehenswürdigkeiten. Für sich selber sprechen: Der Mirador del Bailadero, der Roque de Ojila, der Roque de Agando, der Roque de la Zarcita, der Roque de Las Lajas und der Mirador Roque de Agando. Als Sahnehäubchen führt auch noch ein Drittel des Weges durch den mystischen Nebelwald.

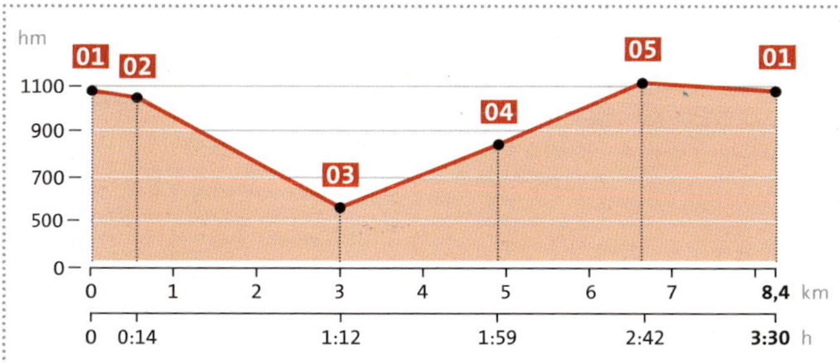

01 Reventón Oscuro 1097 m; 02 Mirador del Bailadero 1043 m; 03 La Laja 562 m; 04 Casa del Manco 867 m; 05 Mirador Roque de Agando 1130 m

Reventón Oscuro

▶ Von **Reventón Oscuro** 01 (1097 m) beginnt durch den Nebelwald ein Pfad parallel zur Anfahrtsstraße Richtung Bailadero auf weichem Waldboden. Bereits nach 600 m erreichen wir den **Mirador del Bailadero** 02 (1043 m) und bereits nach wenigen Metern gibt der Nebelwald den Blick frei auf die „Familie" de los Roques. Von links nach rechts sehen wir: Den massiven Roque de Ojila (1171 m), im Hintergrund den Roque de Agando (1251 m) und rechts den Roque de la Zarcita (1223 m). Der Vierte im Bunde, der Roque de Las Lajas (1139 m), ist von seinen Geschwistern verdeckt. Wir setzen den Abstieg fort und wie mit dem Messer abgeschnitten wandern wir nun von dem feuchten Nebelwaldgebiet in eine Zone mit weitaus trockener Vegetation außerhalb des Einflusses der Nebelwolken. Über einen Steig auf nackten roten Felsen – nach Regen wird es hier extrem rutschig – und unter Zu-

Blick vom Mirador de el Bailadero

hilfenahme der Hände erreichen wir die senkrecht stehenden Überbleibsel einer Lavawand mitten im Kiefernwald. Das letzte Stück bis zum Dorf **La Laja** 03 (562 m) gehen wir über eine Forststraße, bis diese in eine Asphaltstraße übergeht. In einer Linkskehre – bei dem Ortsschild La Laja – führt rechts ein Pfad durch das Dorf Richtung Roque de Agando. Bei den vielen Abzweigern orientieren wir uns auf dem Weg mit Straßenlampen. Wir queren das Barranco, steigen etwas auf und folgen bei der nächsten Weggabelung dem pompös inszenierten Wegweiser Richtung Roque de Agando. Ein steil ansteigender, anfangs mit Steinen gepflasterter Pfad führt durch einen lichten Kiefernwald mit seinem feinen Nadelteppich sowie vereinzelt abgestorbenen Eukalyptusbäumen. Am oberen Waldrand erreichen wir die verfallene **Casa del Manco** 04 (867 m). Auf dem weiterführenden Weg steigen weiter auf, gehen rechts entlang der GM-2, bis wir unterhalb der Ostwand des Roque de Agando stehen. Bei dem Denkmal für die Opfer des verheerenden Waldbrands vom 11. September 1984 queren wir die Straße nach links und steigen über Treppen bis zum **Mirador Roque de Agando** 05 (1130 m) auf. Es ergibt sich eine spektakuläre Fernsicht inmitten der „de los Roques-Familie“. Wir queren abermals die GM-2, gehen links Richtung Valle Gran Rey entlang der Straße – es erfolgt ein kurzer Auf- und Abstieg – bis wir dann parallel zur Straße Richtung Hermigua noch einmal ein schönes langes Stück durch den mystischen Nebelwald bis **Reventón Oscuro** 01 zurück wandern.

HERMIGUA – ROQUES DE SAN PEDRO

Die unscheinbaren Roques de San Pedro

2,8 km | 1:10 h | 162 hm | 162 hm | 231

START | Busanbindung: Linie 2. Im Oberdorf von Hermigua parken wir den Pkw zwischen der Iglesia de Santo Domingo de Guzmán und Apartamentos Los Telares. Geokoordinaten Parkplatz: [N28° 09.060 W17° 11.886 und 28.151 -17.1981].
CHARAKTER | Gemütlicher Spaziergang auf guten Wegen.

Fährt man auf der Hauptstraße talauswärts, so rücken im Ortsteil El Curato die Wahrzeichen von Hermigua ins Blickfeld: Die eindrucksvollen Zwillingsfelsen Roques de San Pedro – Pedro (456 m) und Petra (411 m). Petra guckt lässig herunter auf El Convento und die weiteren Ortsteile von Hermigua Richtung Atlantische Ozean. Pedro beherrscht mit seinen 150 m Höhe die Ortschaft El Estanquillo und blickt Richtung El Cedro. Dadurch, das die Vulkanschlote zwischen Häusern im Hang liegen, zeigen sie nicht ihre wahre Größe. Erst bei der Wanderung an ihrer talabgewandten Seite vorbei erkennt man die wahre Größe der beiden. Auf dieser Kurzwanderung wird das beliebte Fotomotiv der Roques einmal komplett umrundet.

▶ Vom **Parkplatz Iglesia de Santo Domingo de Guzmán** 01 (278 m) queren wir die Straße und folgen links bergauf den Treppen Richtung El Cedro. Nach einem kurzen, aber heftigen Aufstieg spazieren

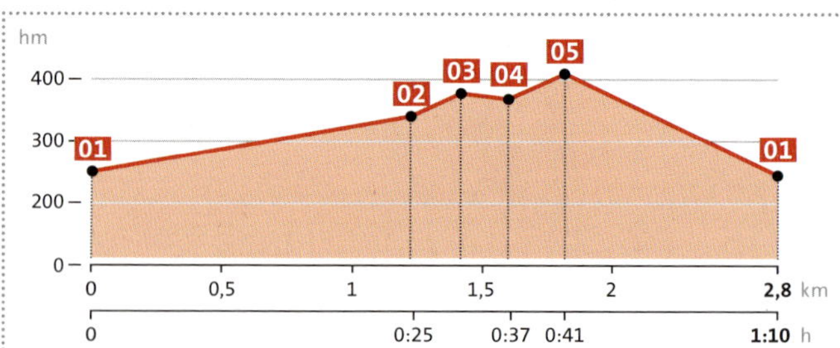

01 Iglesia de Santo Domingo de Guzmán 278 m; 02 Schlüsselstelle 353 m; 03 Aussichtspunkt eins 413 m; 04 Aussichtspunkt zwei 413 m; 05 Aussichtspunkt drei 433 m

Roques de San Pedro

Roques de San Pedro

wir auf der Asphaltstraße rechts taleinwärts. Nach einer Linkskehre der Straße haben wir freien Blick auf die beiden Zwillingsfelsen. Wir stehen am Fuße des Roque Pedro, der nun links von uns 150 m über der Straße aufsteigt. Wir überqueren über eine Brücke das Barranco nach links, um sofort wieder rechts zu gehen. Wir erreichen eine **Schlüsselstelle** 02 (353 m). Am Ende des grünen Geländers, bei einem Holzmast mit Laterne – geradeaus weiter geht es Richtung El Cedro – gehen wir links auf den schmalen Pfad durch die Bananenplantagen. Wir ignorieren alle Abzweiger und erreichen kurz später eine eingestürzte Mauer, gehen an dieser vorbei, um dann in kleinen Kehren bis zu einer Parkbucht der oberhalb liegenden Asphaltstraße aufzusteigen. Bei dieser Parkbucht erreichen wir den **Aussichtspunkt eins** 03 (413 m). Wir gehen weiter auf der Asphaltstraße, bis in einer Rechtskurve nach links eine Straße 10 m bergab führt. An diesem **Aussichtspunkt zwei** 04 (413 m) steht man nun frontal vor der Südwand des Roque Pedro. Wir setzen unseren Weg nach links fort, um bei der folgenden Straßengabelung links oberhalb der Häuser nun zum **Aussichtspunkt drei** 05 (433 m) zu kommen. Auf der Straße steht man fast mittig zwischen den Zwillingsfelsen. Im weiteren Verlauf führt die Asphaltstraße durch extrem enge Gassen und in einer ersten scharfen Rechtskurve der Straße treffen wir auf den Hinweg und gehen auf diesem halb links zur **Iglesia de Santo Domingo de Guzmán** 01.

Roque Pedro

HERMIGUA – SÜDOSTWAND LOMO GORDO – LOS ACEVINOS – HERMIGUA

Luftiger Aufstieg durch die Südostwand des Lomo Gordo

11,8 km | 4:45 h | 708 hm | 708 hm | 231

START | Busanbindung: Linie 2. In Hermigua fahren wir ortsauswärts an dem Fußballplatz und Tourismuszentrum vorbei, bis wir bei dem Ethnografischen Museum parken. Geokoordinaten Parkplatz: [N28° 09.616 W17° 11.898 und 28.160267 -17.1983].
CHARAKTER | Eine extrem steile Rampe erfordert Schwindelfreiheit und Trittsicherheit.

Die Wanderung startet beim Ethnografischen Museum in Hermigua – der Bananenhauptstadt von La Gomera. Über terrassenförmige Plantagen führt der Anstieg bis zum extrem steilen und spektakulären Aufstieg auf dem Lomo Gordo, wo man mit unvergesslichen Blicken über das 6 km lange Oberdorf und Unterdorf von Hermigua – bis hin zum Atlantischen Ozean – belohnt wird. Es folgt ein Höhenweg für Naturliebhaber, bis der Weg sich wieder gen Tal neigt und wir eine weitere Sehenswürdigkeit mit der Ermita de San Juan (Las Cabezadas) aus dem letzten Jahrhundert besuchen. Durch die exponierte Lage 240 m oberhalb von Hermigua ohne Zweifel – eine Attraktion.

▶ Vom **Ethnografischen Museum 01** (150 m) gehen wir zunächst auf der GM-1 am Fußballplatz vorbei, um bei dem Zebrastreifen

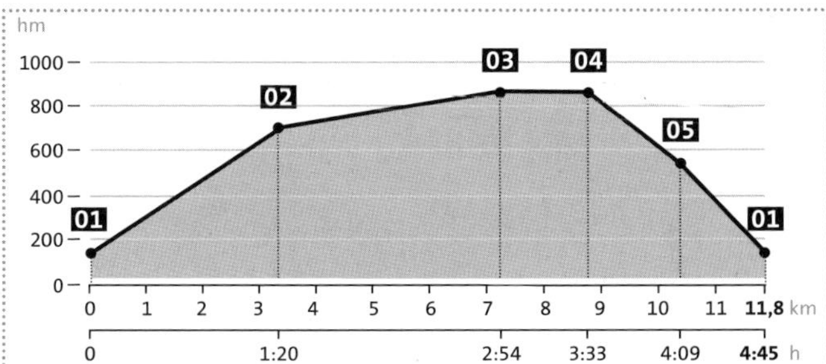

01 Ethnografisches Museum 150 m; **02** Lomo Gordo 710 m; **03** Los Acevinos 824 m; **04** Wegverzweigung 852 m; **05** links halten 551 m

Ethnografisches Museum

am Tourismuszentrum links bergauf, Richtung Ibo-Alfaro abzubiegen. Nach 150 m gehen wir rechts in die Einbahnstraße, treffen auf eine Asphaltstraße, auf der wir 50 m rechts gehen, um dann die Straße nach links, auf dem Treppenweg durch die Häuser zu verlassen. Vor dem Haus mit der Nummer 17 gehen wir links bergauf bis der Weg endet und wir an der Asphaltstraße weitere 140 m rechts bis zu einem ockerbraunen Haus gehen. 35 m hinter diesem Haus beginnt links der Aufstieg. Eine Rampe, 360 Höhenmeter fast senkrechter Aufstieg – an vielen Stellen werden die Hände zur Unterstützung gebraucht. Es ist geschafft und wir haben den **Lomo Gordo 02** (710 m) erreicht. Es bietet sich ein unvergesslicher Blick über das lang gezogene Tal von Hermigua. Auf

Lomo Gordo erreicht

dem Höhenzug gehen wir auf rotbrauner Erde ein kurzes Stück bergab, bis wir an der Schotterpiste links gehen – Richtung Juego de Bolas. Nach 200 m ignorieren wir in der Linkskehre den Abzweiger nach rechts und gehen auf dieser Schotterpiste die nächsten 2,4 km bis zu einer ersten Weggabelung, an der wir halb links auf der Asphaltstraße weitergehen. Nach 280 m bei der Weggabelung gehen wir weiter links auf der Asphaltstraße. Inzwischen ist die Vegetation dichter geworden, wir haben ein Barranco überquert und am Ende einer grünen Leitplanke – in **Los Acevinos** **03** (824 m) – gehen wir scharf links auf das gelbe Haus mit dem grünen Fenster zu, um am Ende des Grundstücks und einem kurzen Abstieg auf der folgenden Betonstraße rechts weiter zu wandern. Vorbei führt der Weg an Laubbäumen, einer kleinen Häusersiedlung, bis wir eine **Wegverzweigung** **04** (852 m) erreichen. Hier gehen wir halb links – den rechten Abzweiger ignorieren wir – um nach nur 25 m die Piste

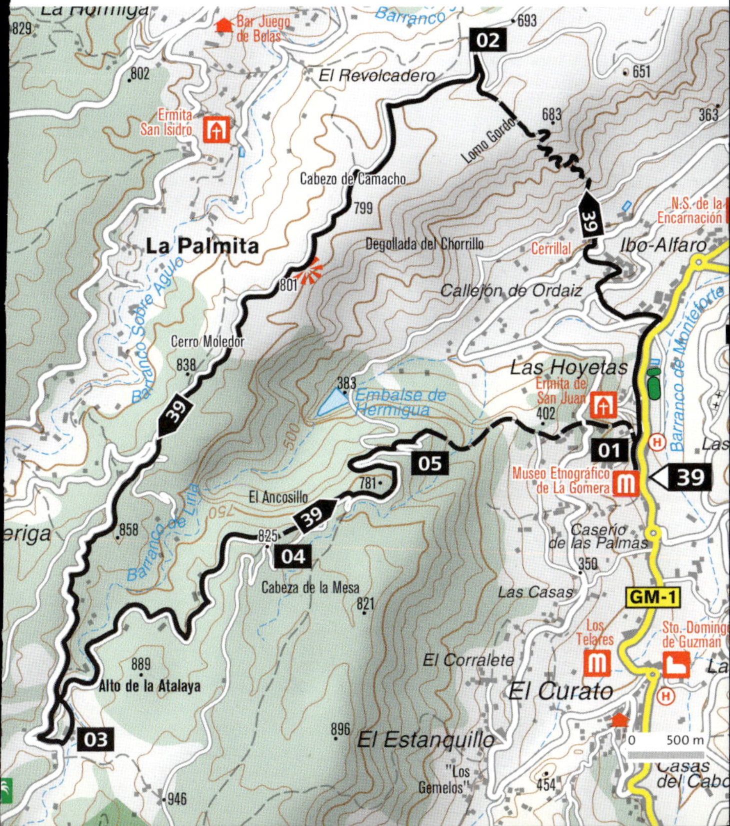

Bei Los Acevinos

nach links auf einen Pfad Richtung Ermita San Juan zu verlassen: Nach 250 m stoßen wir wieder auf eine Schotterpiste. Kurz hinter einer scharfen Rechtskehre – wir sind nun bereits das dritte Mal auf ein grünes Geländer im Nichts gestoßen – biegen wir **links 05** (551 m) ab, Richtung Ermita San Juan. Rechts vor der kleinen Kirche beginnt der finale Abstieg. Bei der folgenden Asphaltstraße queren wir diese und folgen dem unscheinbaren Pfad, queren abermals eine Asphaltstraße und erreichen nach einigen kurzen Kehren wieder das **Ethnografische Museum 01**.

Laubwald

MIRADOR LA CARBONERA – DEGOLLADA DE LA CUMBRE

Auf historischen Wegen zur einer Wetterscheide

2,8 km | 1:10 h | 236 hm | 236 hm | 231

START | Busanbindung: Linie 2. Von Hermigua fahren wir Richtung San Sebastián, fahren an dem Abzweiger Richtung Playa de Santiago und Flughafen vorbei, um nach 950 m auf der linken Seite auf ein Gebäude zu treffen. Der Platz vor dem Gebäude ist abgesperrt und daher fahren wir noch 100 m weiter, um rechts in einer Bucht parken zu können. Geokoordinaten Parkplatz: [N28° 08.074 W17° 11.580 und 28.134567 -17.193].
CHARAKTER | Vom Mirador La Carbonera wandern wir auf einem steilen Pfad durch den Nebelwald zur Degollada de la Cumbre.

Die Schiffsverladestation östlich vom 800 m langen Playa Hermigua war zu damaliger Zeit der einzige Transportweg von Hermigua zur Außenwelt. Das änderte sich mit der Fertigstellung der Carretera general de Norte im Jahr 1943 – der Schnellstraße GM-1 von Hermigua nach San Sebastián, dem Ausgangspunkt unserer heutigen Wanderung. Weiterhin gab es noch die klassischen Wanderwege von Hermigua vorbei am Enchereda-Gebirgsmassiv und über die Degollada de la Cumbre nach San Sebastián. Diese waren aber als Transportweg definitiv nicht tauglich, wie wir auf der Wanderung erleben werden. Während über dem Tal von Hermigua sich

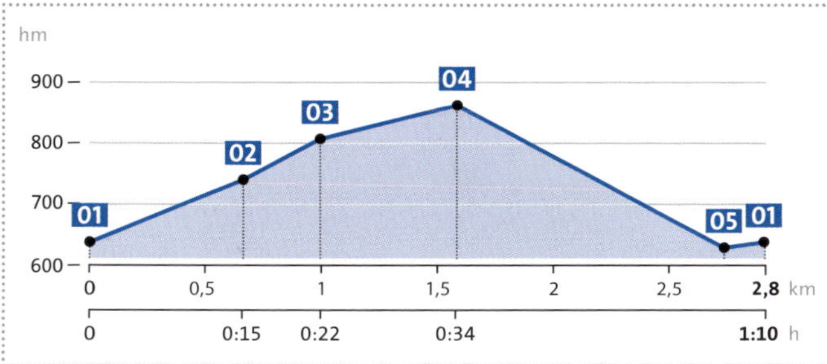

01 Parkplatz 664 m; 02 Roque El Rejo 770 m; 03 oberhalb Tunneleingang 849 m; 04 Degollada de la Cumbre 891 m; 05 Mirador La Carbonera 669 m

Unterhalb der Enchereda

öfters die Passatwolken sammeln, schaut man von der Degollada meistens unter der Wolkendecke hindurch bis zum sonnigen San Sebastián de La Gomera.

▶ Vom **Parkplatz** 01 664 m) gehen wir die 100 m zurück zum Mirador, um dann auf der gegenüberliegenden Straßenseite – bei einem Mauerdurchbruch – dem bergauf führenden Pfad zu folgen. Der Nebelwald gibt kurzfristig den Blick frei Richtung des zentralen

Oberhalb vom Tunneleingang

Hochgebirges und bei guter Sicht sieht man den kleinen aber markanten **Roque El Rejo** 02 (770 m). Auf der heutigen Wanderung begehen wir ca. ein Achtel der Wegstrecke von Hermigua bis San Sebastián. Bereits dieses kleine Stück, mit seinen steilen Anstiegen und engen Kehren erlaubte keinen Transport von Waren. So war die Verschiffung die logische Konsequenz bis zum Bau der GM-1. An diesem Wegpunkt befinden wir uns jetzt direkt **oberhalb des Tunneleingangs** 03 (849 m) der GM-1. Der Wald lichtet sich und wir haben freien Blick bis ins Oberdorf von Hermigua. Schon kurz später erreichen wir die **Degollada de la Cumbre** 04 (891 m). Unterhalb vom Pass schraubt sich der Wanderweg Richtung San Sebastián, das man in 9 km Luftlinie sehr gut ausmachen kann. Auch kann man Teneriffa bei sehr guter Sicht erspähen. Wir gehen auf dem gleichen Weg zurück. Am **Mirador La Carbonera** 05 (669 m) angekommen empfiehlt sich noch der Besuch des Picknickplatzes, der sich hinter dem verlassenen Gebäude befindet.

Roque-El-Rejo-Blick

EL CEDRO – NEBELWALD – WASSERSTOLLEN – EL CEDRO

Man muss hereingehen, um wieder herauszukommen

6,7 km | 2:35 h | 330 hm | 330 hm | 231

START | Busanbindung: keine. Von Hermigua fahren wir auf der GM-1 Richtung San Sebastián. Noch vor dem Tunnel biegen wir scharf rechts ab, Richtung Flughafen Playa de Santiago. Nach 5,4 km zweigt nach rechts die Straße zum Weiler El Cedro ab. Dort parken wir das Auto am Picknickplatz. Geokoordinaten Parkplatz: [N28° 08.151 W17° 12.874 und 28.13585 -17.214567].
CHARAKTER | Aufgrund der wenigen Höhenmeter und der geringen Distanz ist die Route für den Genusswanderer wie geschaffen.

Im Hochtal von El Cedro fangen sich die ankommenden Passatwolken und geben ihre mitgebrachte Feuchtigkeit an den immergrünen Lorbeerwald ab. Der erste Teil der Wanderung führt durch ein Chaos von Stämmen, Blättern, Hängemoosen mit ihren langen Bärten – die sich Richtung Sonne erstrecken – um möglichst viel Licht einzufangen. Bei der Durchquerung eines alten 575 m langen Wasserstollens kommt Spannung auf. Konstruktiv bedingt hängt der Tunnel etwas in der Mitte, was dazu führt, dass an dieser Stelle in der Regel 20–30 cm Wasser stehen – so kommt man nur nach langen Trockenperioden trockenen Fußes durch den Wasserstollen. Eine besondere Tour die all unsere Sinne anspricht.

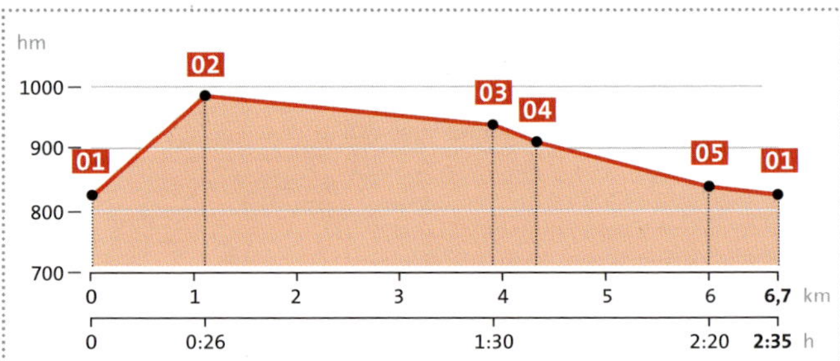

01 El Cedro 778 m; 02 Schlüsselstelle 1012 m; 03 Las Mimbreas 982 m; 04 Ermita de Lourdes 969 m; 05 Stollen 872 m

▶ Vom Weiler **El Cedro** 01 (778 m) und dem Picknickplatz gehen wir in nördlicher Richtung auf der Anfahrtsstraße, bis wir in einer Rechtskurve der Straße nach links abbiegen, aber diese sofort wieder nach rechts auf dem Wanderweg Richtung Hermigua verlassen. An einer Asphaltstraße angekommen setzen wir unsere Wanderung auf dem Pfad halb links – auf roter Erde – fort. Bei der folgenden Weg-

El Cedro

Schlüsselstelle

gabelung verlassen wir den Hauptweg nach rechts, um nun durch den immer tiefer werdenden Nebelwald an Höhe zu gewinnen. Je nach Wetterbedingungen drücken an dieser Stelle die Nebelschwaden bis auf den Waldboden und hinterlassen so ihre Feuchtigkeit. Bei einer **Schlüsselstelle** 02 (1012 m) treffen wir auf eine Forststraße. An dieser gehen wir 4 m zurück, dort scharf links, auf den Pfad, wieder in den Nebelwald hinein. Die Abzweiger nach links und rechts auf der Forststraße ignorieren wir. Wir erreichen eine weitere Forstpiste, an der wir links Richtung Alto de Garajonay wandern. Es folgt ein 2,5 km langes Stück durch den immer tiefer und dunkler werdenden Nebelwald, bis wir nach einer Linkskehre das Barranco del Cedro überqueren. Wir haben den Parkplatz **Las Mimbreas** 03 (982 m) erreicht. Bereits nach einigen Metern verlassen wir die Fahrstraße nach links Richtung und wir erreichen die **Ermita de Lourdes** 04 (969 m). Vom kleinen Kirchplatz führt halb links ein Weg direkt Weiler El Cedro - die Variante und Wasserstollen zu umgehen. Wir gehen auf den etwas erhöhten Weg in nördliche Richtung weiter durch den Nebelwald um bei Fahrstraße rechts zu gehen und den folgenden Abzweiger nach rechts zu ignorieren. In einer scharfen Rechtskurve verlassen drei Wanderwege nach links die Fahrstraße. Wir begehen den rechten Richtung Hermigua und steigen zunächst durch den Wald ab. Bei der folgenden Weggabelung gehen wir links und erreichen nach einigen Metern den **Stollen** 05 (872 m). Technisch stellt die Durchquerung keinerlei Anforderungen. Größere Wanderer müssen die 575 m in leicht gebückter Haltung gehen. Es geht durchs Wasser, denn einen Laufsteg gibt es hier nicht! Als Regel gilt: Ist der Wasserstand am Eingang bereits höher als die Schuhoberkante, so sollte man von der Begehung absehen und die Variante über den Berg nehmen. Taschenlampe an und los geht's. Nach ca. 15 Minuten sichten wir einen zunehmend größer werdenden weißen Lichtkegel, den Tunnelausgang und kommen zum Weiler **El Cedro** 01 zurück.

HERMIGUA EL CONVENTO – EL CEDRO – HERMIGUA EL CONVENTO

Abwechslungsreiche Wanderung oberhalb von Hermigua

10,3 km | 4:10 h | 723 hm ↗ | 723 hm ↘ | 231

START | Busanbindung: Linie 2. In Oberdorf von Hermigua parken wir den Pkw zwischen der Iglesia de Santo Domingo de Guzmán und Apartamentos Los Telares. Geokoordinaten Parkplatz: [N28° 09.060 W17° 11.886 und 28.151 -17.1981].
CHARAKTER | Anspruchsvolle Wanderung aufgrund der Höhenmeter und dem steilen Anstieg nach El Cedro.

Höhepunkte am laufenden Band erwarten uns auf dieser Erlebniswanderung. Wir starten bei der über 400 Jahre alten Iglesia de Santo Domingo de Guzmán, weiter geht es vorbei an den Zwillingsfelsen Roques de San Pedro und hinauf zu dem beeindruckenden 100 m hohen Wasserfall El Chorro. Nach der Einkehrmöglichkeit im urigen und klassischen Restaurant El Cedro geht es durch den Nebelwald des Garajonay-Nationalparks und über einen Höhenweg, mit atemberaubenden Tiefblicken, wieder zurück zum Ausgangspunkt.

▶ Von **Hermigua El Convento** 01 (276 m) queren wir die Straße und folgen links bergauf den Treppen Richtung El Cedro. An der folgenden Asphaltstraße gehen wir rechts taleinwärts. Nach einer

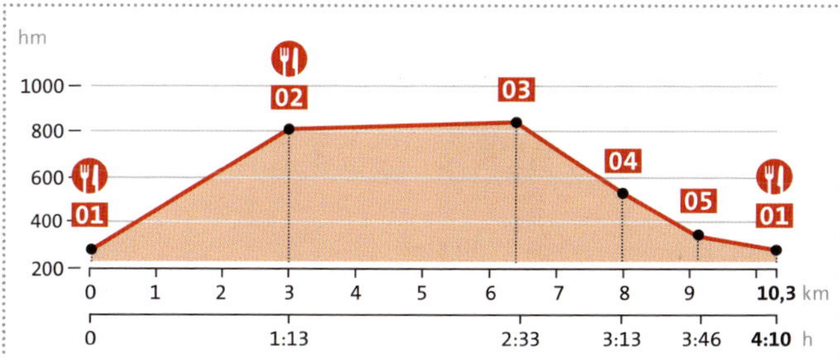

01 Hermigua El Convento 276 m; 02 Restaurant La Vista 824 m; 03 scharf rechts 846 m; 04 oberhalb Ermita San Juan 565 m; 05 Las Casas 350 m

Hermigua El Convento

Linkskehre der Straße haben wir freien Blick auf die Zwillingsfelsen der Roques de San Pedro – die Wahrzeichen von Hermigua. Im weiteren Verlauf überqueren wir über eine Brücke das Barranco nach links, um sofort wieder rechts zu gehen. Am Ende des grünen Geländers gehen wir geradeaus weiter Richtung El Cedro. Von einem Stand schauen wir auf eine weitere Sehenswürdigkeit: Der Wasserfall El Chorro – am kleinen Flusslauf Rio de el Cedro – stürzt 100 Meter tief ins Tal.

Ermita San Juan

Nach einem steilen Aufstieg erreichen wir eine Weggabelung: Rechts geht es zum **Restaurant La Vista** 02 (824 m), wir gehen aber links weiter und erreichen einen Picknickplatz. Von dort gehen wir rechts – in nördlicher Richtung – auf der Asphaltstraße, bis wir in einer Rechtskurve der Straße nach links abbiegen, aber diese sofort wieder nach rechts auf dem Wanderweg Richtung Hermigua verlassen. An einer Asphaltstraße angekommen setzen wir unsere Wanderung auf dem Pfad halb links – auf roter Erde – fort. Bei der folgenden Weggabelung verlassen wir den Hauptweg nach rechts, um nun durch den immer tiefer werdenden Nebelwald an Höhe zu gewinnen. An einer kleinen Lichtung mündet der Pfad in eine Forststraße, an der wir völlig unspektakulär den Scheitelpunkt unserer Wanderung überschritten haben. Die folgenden 2,1 km gehen wir auf dieser Forststraße kontinuierlich rechts bergab – Abzweiger zu Häusern ignorieren wir. Wir erreichen eine scharfe Rechtskurve der Forststraße. Wir folgen noch weitere 25 m der Forststraße – **scharf rechts** **03** (846 m) durch die Kurve – um die Piste nach links, auf einen Pfad Richtung Ermita San Juan zu verlassen. Nach 250 m stoßen wir wieder auf eine Schotterpiste. Kurz hinter einer scharfen Rechtskehre – wir sind nun bereits das dritte Mal auf ein grünes Geländer gestoßen – gabelt sich der Weg **oberhalb der Ermita San Juan** **04** (565 m). Wir gehen rechts auf die Felsen zu Richtung Hermigua El Convento. Es folgt ein besonders schön angelegter Höhenweg oberhalb des Oberdorfs von Hermigua. Bei der kleinen Ortschaft **Las Casas** **05** (350 m) gehen wir an der Asphaltstraße rechts, um nach 50 m links auf einem Treppenweg abzusteigen und nach weiteren 40 m rechts die Felder zu queren. Wir laufen halb rechts auf ein gelbes Haus zu und queren vor einem weißen Haus das Barranco, um dort auf die Asphaltstraße vom Hinweg zu gelangen. Wir gehen auf dem Hinweg bis **Hermigua El Convento** **01** zurück.

AGULO – PLAYA DE SAN MARCOS – AGULO

Agulo und seine Sehenswürdigkeiten

4,9 km | 1:55 h | 218 hm | 218 hm | 231

START | Busanbindung: Linie 2. Von Hermigua fahren wir auf der GM-1 Richtung Vallehermosa, um bereits am Ortseingang bei der Bushaltestelle in Agula zu parken. Geokoordinaten Parkplatz: [N28° 11.162 W17° 11.680 und 28.186033 -17.194667.]
CHARAKTER | Vom Charakter her ähnelt die leichte Runde einem historischen Stadtrundgang.

Ein sehr beliebtes Ausflugsziel im Nordosten von La Gomera ist das malerische Dorf Agulo. Wie auf der Bühne eines Amphitheaters liegt der Ort Agulo unterhalb einer steil aufragenden roten Felswand. Agulo besitzt eines der am besten erhaltensten historischen Zentren des Archipels. Die Holzbalkone, die engen, gepflasterten Gassen sowie prachtvolle Kolonialbauten aus dem späten 18. Jahrhundert bis zum frühen 20. Jahrhundert berichten, wie der Ort in seiner landwirtschaftlichen Entwicklung zum Wohlstand kam. Vor dieser idyllischen Kulisse sehen wir auf unserer Wanderung attraktive Sehenswürdigkeiten.

▶ Von **Start und Ziel in Agulo** 01 (198 m) gehen wir entlang der Hauptstraße Richtung Vallehermoso, bis wir auf die rechts von

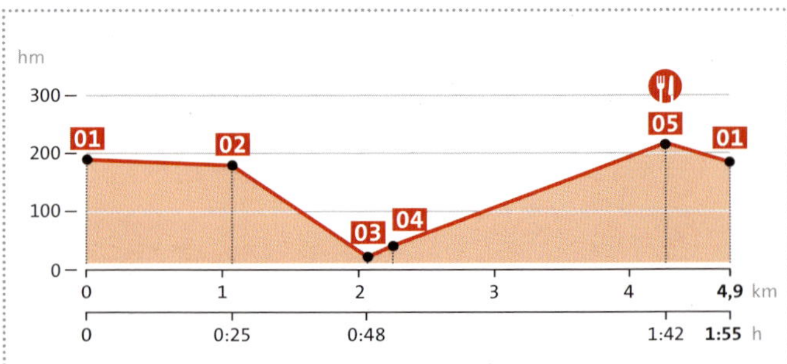

01 Agulo 198 m; 02 Friedhof Agulo 205 m; 03 Playa de San Marcos 5 m; 04 Ermita de San Marcos 47 m; 05 Iglesia de San Marcos Evangelista 230 m

Agulo

uns liegende Apotheke treffen. Nach weiteren 25 m steigen wir rechts auf dem Treppenweg bei dem grünen Geländer auf, bis er endet, hier gehen wir rechts, um ein paar Stufen links auf die gepflasterte Straße zu steigen. Auf dieser gehen wir rechts, bis die Straße endet und wir nach links Richtung **Friedhof Agulo** 02 (205 m) und La Rosas spazieren. Prachtexemplare von Drachenbäumen und ein herrschaftlicher Blick hinüber nach Teneriffa machen diesen Friedhof zu einem der schönsten auf La Gomera. Bei der folgenden Anhöhe steigen wir nicht links auf dem Pfad Richtung Las Rosas, sondern bleiben 40 m auf der Straße, um diese nach rechts auf dem beginnenden Pfad zu verlassen. Wir queren eine Anhöhe und erreichen bei einer Piste Bananenplantagen. Wir gehen rechts auf den schmalen Pfad, im weiteren Verlauf über Treppen bis zum **Playa de San Marcos** 03 (5 m) hinunter. An dieser 80 m breiten Bucht – das Wort Strand sollte man tunlichst vermeiden – brechen die hohen Wellen an dem mit Geröll übersäten Küstenstreifen. Nur 100 m landeinwärts liegt die **Ermita de San Marcos** 04 (47 m). An dieser Stelle landeten im frühen 16. Jahrhundert die ersten Siedler aus Teneriffa. Sie brachten den Schutzpatron San Marcos mit, der seit damals der Dorfheilige ist. Jedes Jahr am 25. April führt eine Prozession mit dem Bild des Heiligen zum Strand. Wir gehen auf der Asphaltstraße weiter landeinwärts, um in einer großen Linkskehre ein zweites Mal das Barranco zu queren. Nach weiteren 130 m gehen wir halb links, in der 180-Grad-Kehre der Asphaltstraße, um nach 100 m – hinter einer 4 m hohen Steinmauer – rechts bergauf, auf einen alten Wirtschaftsweg durch Bananenplantagen, bis zu einer Straße aufzusteigen. An dieser gehen wir links, gelangen auf den Hinweg, übersteigen die Anhöhe, gehen am Friedhof vorbei und bei der folgenden Kreuzung – nicht

Friedhof Agulo

den Hinweg – sondern links in den alten historischen Ortskern. Wir erreichen die **Iglesia de San Marcos Evangelista** 05 (230 m) – deren Patron soll zu gutem Wetter und guter Ernte verhelfen. Die Kirche hat eine lange Geschichte: So ist die heutige Kirche auf dem Fundament einer bereits 1607 vorhandenen Kapelle errichtet, die dann im Jahre 1770 in Schutt und Asche gelegt wurde. Zwischen den Jahren 1863 und 1912 wurde die Kirche dann neu erbaut mit dem heutigen Erscheinungsbild. Die neugotische Kirche wurde vom Architekten Antonio Pintor Tinerfeño entworfen. Eine Vielzahl von Spitzbögen erinnern an orientalische Bauwerke. Auf der Calle Real schlendern wir durch die engen Gassen, um nach dem Hotel Rural Casa Lugo links zu gehen und nach **Agulo** 01 zu gelangen.

LAS ROSAS – MONTAÑA DEL CEPO • 659 m – LAS ROSAS

Der Aussichtsberg im Nordosten der Insel

6,9 km | 2:30 h | 171 hm | 171 hm | 231

START | Busanbindung: Linie 2. Von Hermigua fahren wir auf der GM-1 Richtung Vallehermosa und durch Agulo. An der Durchgangsstraße in Las Rosas, bei der Bar Casa Luis Comidas, können wir parken. Geokoordinaten Parkplatz: [N28° 11.021 W17° 13.441 und 28.183683 -17.224017].
CHARAKTER | Einfache Wanderung bei immer eindeutiger Wegführung.

Las Rosas ist ein kleines Dorf im Norden der Insel an der Verbindungsstraße GM-1 Vallehermoso–Agulo. Zunächst wandern wir durch den kleinen Ort hinauf zum Stausee de El Garabato. Nach einer kleinen Exkursion zu einer verlassenen Siedlung mit einer alten Weinpresse und einem Dreschplatz erreichen wir die Montaña del Cepo. Es erwarten uns beeindruckend verwitternder Basaltsteine und wir können beobachten, wie unter dem stark blasenden Nordost-Passat alles dahinbröselt. Ein abschließender Boxenstopp bei einem der ursprünglichsten Restaurants im Norden der Insel rundet diese Tour ab.

Von der **Bar Casa Luis Comidas** 01 (590 m) gehen wir auf der

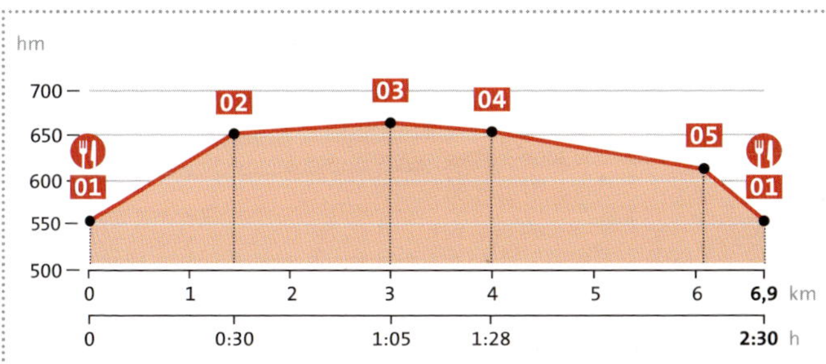

01 Bar Casa Luis Comidas 590 m; 02 Stausee de El Garabato 676 m; 03 Ruine, Weinpresse 684 m; 04 Montaña del Cepo 659 m; 05 links absteigen 632 m

Bar Casa Luis Comidas

Straße Richtung Vallehermoso, um nach 130 m links die Treppe bergauf und auf der Asphaltstraße zur Ermita Santa Rosa del Lima zu gelangen. Im weiteren Verlauf gehen wir an dem Eckhaus links vorbei – nicht auf der Straße. Bei der folgenden Weggabelung laufen wir an den Häusern vorbei. Der Asphaltweg geht in einen Pfad über, wir gehen oberhalb eines Hauses in einer Linkskurve durch ein Barranco, um bei der Asphaltstraße rechts zu gehen und nach der folgenden Rechtskurve der Straße, diese wieder sofort auf den Pfad nach links zu verlassen. Auf einer Anhöhe angekommen gehen wir noch einige Meter durch die Linkskehre, um rechts die Treppen vor dem Gebäude hinunter zum **Stausee de El Garabato** 02 (676 m) zu laufen. Wir queren die Dammkrone und gehen rechts beim Rastplatz mit den Palmen – weitere 1,3 km auf der Asphaltstraße. An dieser Stelle verlassener nach

Stausee de El Garabato

links und nach rechts Wanderwege die Asphaltstraße. Wir gehen nur 20 m rechts durch eine schmale Gasse, um noch vor den Wohnungen links zu gehen und dann halb links dem kleinen Pfad folgen, der uns zu **Ruinen und einer Weinpresse** 03 (684 m) führt. Geht man noch weiter auf den Bergrücken, so trifft man auf einen alten Dreschplatz bei einigen Eukalyptusbäumen auf unwirkliche scheinendem roten Gestein. Nach dieser kleinen Exkursion in die Vergangenheit gehen wir zur Asphaltstraße zurück und auf dieser rechts hinunter, bis wir zur GM-1. Hier halten wir uns rechts Richtung Hermigua, bis wir in einer Rechtskurve – bei einem kleinen Parkplatz – auf einem der vielen Pfade links auf die **Montaña del Cepo** 04 (659 m) aufsteigen. Nach Lust und Laune lassen wir uns von Motiven treiben – vorbei an verwitternden Basalt und Corestone, auf knallroter Erde, entlang vom Wind geblaser Intarsien und freigelegten Sträuchern, Richtung Teneriffa mit seinem Teide. Besonders bei Sonnenuntergang ergeben sich an dieser Stelle unvergessliche Fotomotive. Wir gehen zurück bis zur GM-1 und auf dem Hinweg bis zu dem Abzweiger, wo wir die Exkursion unternommen hatten. Hier gehen wir abermals links, queren auf einen Pfad die Felder, um bei der Asphaltstraße und einem Wegweiser bergab zu gehen. Nach einer leichten Rechtskurve der Straße, kurz hinter einer Garage, werden wir **links absteigen** 05 (632 m) – auf den Treppenweg bis zur GM-1. Auf diese gehen wir bis zum Parkplatz zurück. Ein absolutes Muss ist ein Boxenstopp in der **Bar Casa Luis Comida** 01. Und dann kommt man auch nicht an den Tortilla de Berros und zum Nachtisch Quesillo mit süßem Palmenhonig vorbei.

45

HERMIGUA – ROTE WAND – SÜDOSTWAND LOMO GORDO – HERMIGUA

Ein außergewöhnlicher und abwechslungsreicher Panoramaweg

11,1 km | 4:30 h | 703 hm | 703 hm | 231

START | Busanbindung: Linie 2. In Hermigua – von San Sebastián kommend – verlassen wir den Kreisverkehr an der zweiten Ausfahrt – in die Einbahnstraße – Richtung Ortszentrum und Kirche. Noch vor der Kirche, bei der Bushaltestelle und den Taxistand parken wir das Auto. Geokoordinaten Parkplatz: [N28° 10.086 W17° 11.679 und 28.1681 -17.19465.]
CHARAKTER | Technik und Kondition werden auf zwei heftigen Rampen gefordert. Die Orientierung im Gelände ist nicht immer einfach.

Es erwartet uns die schwerste Tour im Nordosten der Insel. Von Hermigua, dem grünen Herz von La Gomera, wandern wir durch Bananenplantagen bis zum Atlantischen Ozean. Darauffolgend erreichen wir das malerische Dorf Agulo. Bis hierhin war die Tour recht einfach, das ändert sich ab jetzt. Durch die beeindruckend tiefroten Gesteinsschichten der Felswand oberhalb von Agulo er-

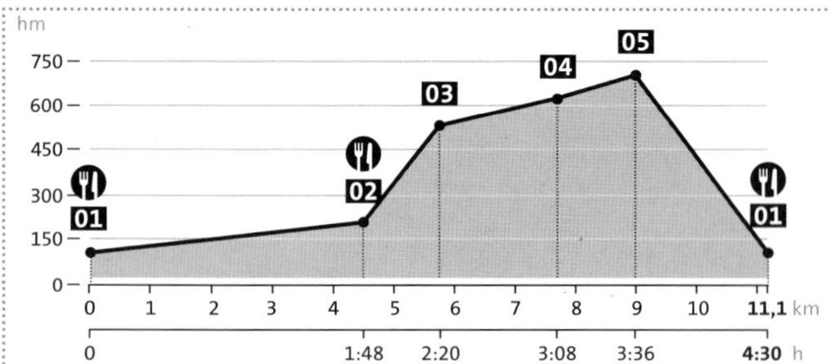

01 Hermigua 75 m; **02** Agulo 232 m; **03** Richtung Stausee 538 m; **04** verlassen wir die Straße 632 m; **05** Rampe bergab 726 m

Iglesia Nuestra Señora de La Encarnación

folgt ein extrem steiler Aufstieg ins grüne Hochtal bei La Palmita. Dann geht es vorbei an einem Staudamm, bis der über Hermigua thronende Lomo Gordo gequert wird und der Steilabstieg nach Hermigua folgt. Auf der Wanderung werden wir immer wieder mit atemberaubenden Ausblicken belohnt.

▶ In **Hermigua** 01 (75 m) gehen wir auf der Einbahnstraße bis zur Iglesia Nuestra Señora de La Encarnación vor, um dort rechts in die Einbahnstraße und beim folgenden Kreisverkehr links Richtung Vallehermoso zu laufen. Nach 80 m verlassen wir die Hauptstraße nach rechts auf eine Piste durch die Bananenplantagen. Immer parallel zum Barranco erreichen wir nach 1,9 km den Playa de Santa Catalina an dem wir links gehen, Richtung Lepe. Nach einem kurzen Anstieg erreichen wir die ersten Häuser von Lepe und einen kleinen Platz, an dem wir halb rechts – links an einem gelben Haus vorbeigehen, bis der Weg endet. Weiter geht es links durch eine schmale Gasse, rechts bei der folgenden Weggabelung und bei dem Eckhaus mit der roten Tür rechts hinunter. Wir queren Terrassenfelder, um auf der gegenüberliegenden Talseite über Treppen wieder aufzusteigen. Auf der folgenden Asphaltstraße gehen wir nur ein kurzes Stück, bis sie endet, um dort links in das Dorf **Agulo** 02 (232 m) zu gelangen. Bei der folgenden Straßengabelung gehen wir links in die Einbahnstraße, direkt hinter dem Hotel Rural Casa Lugo ignorieren wir den linken Abzweiger und erreichen die GM-1. Hier halten wir uns rechts, bis wir auf die rechts von uns liegende Apotheke treffen. Nach weiteren 25 m steigen wir rechts auf dem Treppenweg bei dem grünen Geländer auf, bis er endet, hier gehen wir rechts, um ein paar Stufen links auf die gepflasterte Straße zu steigen. Diese queren wir nach halb rechts, um bei dem Stromkasten auf dem anschließenden Pflasterweg die GM-1 zu erreichen. Auf der gegenüberliegenden Straßenseite beginnt der Aufstieg durch die Rote Wand. Auf einen schmalen Treppenweg, teilweise gesichert durch Holzgeländer, mit immer wieder atemberaubenden Tiefblicken nach Agulo, geht es

Agulo-Rote Wand

in sehr steilen Kehren – teilweise unter Zuhilfenahme der Hände – auf eine Anhöhe und einer ersten Weggabelung. Wir halten uns links **Richtung Stausee** **03** (538 m) und der Ausschilderung Richtung La Palmita – wir gehen nicht rechts hinauf zum Mirador de Abrante.

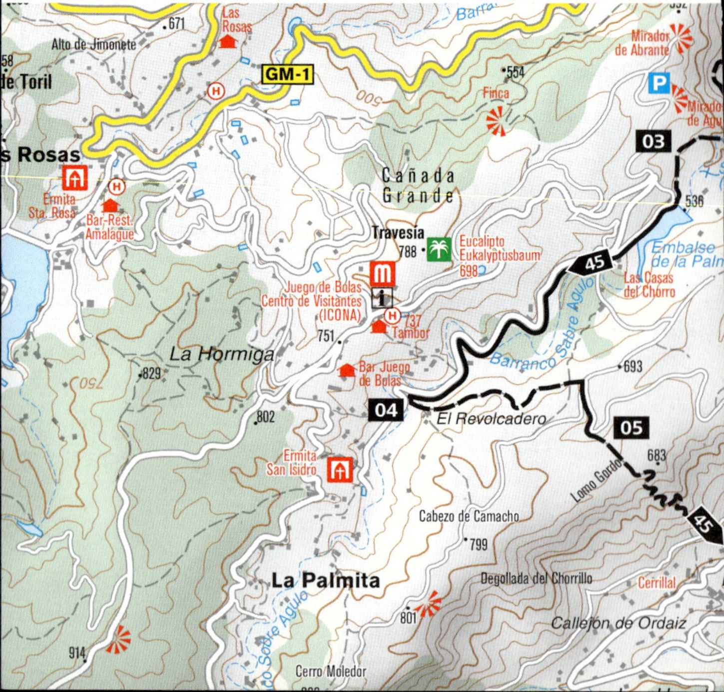

Bei der folgenden Häuseransammlung und der Asphaltstraße gehen wir links weiter taleinwärts. Wir sind ein kurzes Stück parallel zum Barranco gelaufen – sehen rechts etwas erhöht ein zitronengelbes Haus – und 4 m bevor die Straße das Barranco quert, führt links – fast in entgegengesetzter Laufrichtung – ein Pfad bergauf. An dieser Stelle **verlassen wir die Straße** 04 (632 m), um bei der folgenden Weggabelung links durch das kleine Barranco zu gehen. Wir erreichen eine Schotterpiste, an der wir durch die scharfe Rechtskurve gehen – an den Eukalyptusbäumen vorbei. Nach 220 m, in einer Linkskehre der Schotterpiste, verlassen wir die Schotterpiste nach rechts auf den beginnenden Pfad Richtung Hermigua. Nach einem entspannten Stück über eine Anhöhe erreichen wir den Einstieg zu einer heftigen **Rampe bergab** 05 (726 m). Im Tiefflug geht es bergab in das Tal von Hermigua. Immer wieder müssen Felsen umlaufen werden – teilweise unter Zuhilfenahme der Hände – bis wir bei einem Wasserauffangbecken erste Häuser von Hermigua erreicht haben. Über einen Treppenweg erreichen wir eine Asphaltstraße, an der wir halb links gehen und den unmittelbar anschließenden Pfad bis zur nächsten Asphaltstraße begehen. Auf dieser gehen wir 180 m links bis zu einer hohen Steinmauer mit einem Holzzaun, dort folgen wir dem rechts bergab beginnenden Steinweg durch die Plantagenfelder direkt nach **Hermigua** 01.

PLAYA CALETA – EL MUELLE DE LORENZO – PLAYA CALETA

Die drei Zugänge zum Meer – El Muelle De Lorenzo

7 km | 2:20 h | 213 hm | 213 hm | 231

START | Keine Anbindung mit öffentlichen Verkehrsmitteln. Von Hermigua fahren wir in Richtung Vallehermoso noch an der Tankstelle vorbei, um im folgenden Kreisverkehr die erste Ausfahrt nach rechts zu verlassen. Bei der folgenden Weggabelung fahren wir rechts – nicht links nach Lepe – parallel zum Atlantischen Ozean, bis die Straße endet. Dort fahren wir 1 km rechts und folgen dann der Ausschilderung links zum Playa Caleta.
Geokoordinaten Parkplatz:
[N28° 10.379 W17° 10.019 und 28.172983 -17.166983].
CHARAKTER | Genusswanderung auf guten Wegen bei stets eindeutiger Orientierung im Gelände.

Die Gemeinde Hermigua hat mit nur 8 km den kürzesten Küstenstreifen im Vergleich zu den anderen fünf Gemeinden auf La Gomera. Bis zum Bau der Fernstraße war der Transport von Frachten auf dem Landweg nicht rentabel. Siehe Wanderung 40 La Carbonera/Degollada de la Cumbre. So entstanden die drei Anlegestellen: Pescante de Agulo, Pescante de Hermigua und unterhalb der zerklüfteten Klippen der Punta De Lorenzo, der schwer zugängliche Pier Lorenzo.

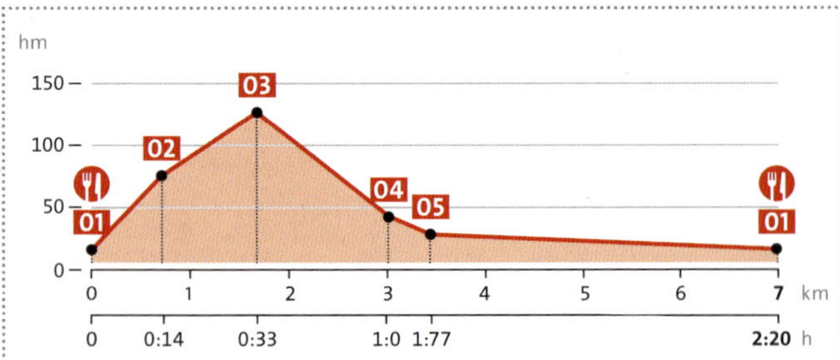

01 Playa Caleta 30 m; 02 alternative Parkmöglichkeit 96 m; 03 Abzeiger 135 m; 04 Punta De Lorenzo 82 m; 05 El Muelle De Lorenzo 33 m

Playa Calatea

Die Gemeinde Hermigua nutzte diese drei Zugänge zum Meer für Import und Export. Auf dieser Wanderung geht es auf historischen Wegen zur El Muelle De Lorenzo. In den vergangenen Jahren wurde der Zugang zum Pier renoviert und für die Öffentlichkeit freigegeben.

▶ Dieser Strandabschnitt am Playa de La Caleta war eine erste natürliche Anlegestelle für die An- und Abreise von Menschen, der Gemeinde von Hermigua. Die Schiffe ankehrten in der Nähe der Bucht, Fracht und Passagiere wurden mit kleinen Beibooten an den Strand gebracht. Von **Playa Caleta** 01 (30 m) gehen wir auf der Asphaltstraße, bis wir nach 720 m auf einen kleinen Parkplatz treffen. Hier wäre eine **alternative Parkmöglichkeit** 02 (96 m) wie in der Variante beschrieben. Dort gehen wir zunächst in das Barranco hinunter, um an der folgenden Weggabelung links Richtung Verladestationen El Muelle De Lorenzo zu wandern – und nicht rechts Richtung Hermigua. Nach einem leichten Anstieg erreichen wir eine Weggabelung. Wir nehmen den linken **Abzeiger** 03 (135 m) und laufen fortan auf einem bestens angelegten Weg. Immer wieder ergeben sich wunderschöne Ausblicke auf den links unterhalb von uns liegenden Playa de la Caleta. Wir steigen über einen Bergrücken in ein Barranco, um auf der gegenüberliegenden Seite wieder aufzusteigen. Der Weg führt nun durch die zerklüfteten Klippen des **Punta De Lorenzo** 04 (82 m). Markant geht es auf eine am Wegesrand stehende Lavamauer zu, bis der Weg sich um die Landspitze Richtung E**l Muelle De Lorenzo** 05 (33 m) neigt. In der zweiten Hälfte des 20. Jahrhunderts begann der Anbau und die Vermarktung von hauptsächlich Tomaten und weiteren Gemüsesorten im sehr fruchtbaren Tal von Hermigua. Aber erstmal musste die adäquate Infrastruktur zum

Alternative Parkmöglichkeit

Abtransport der Güter geschaffen werden und so entstand die Verladestationen El Muelle De Lorenzo. Dieser neue Pier erleichterte die Verschiffung von Fracht, aber erbrachte nicht die gewünschten Bruttoregistertonnen. Woran lag es? Wie wir heute auf unserer Wanderung erleben werden, waren enorme Anstrengungen nötigt die Fracht zum Anleger zu transportieren – das war auf Dauer nicht rentabel. Heutzutage findet man nur noch die Ruine des Büros der Firma Fyffes und die Reste des alten Pier De Lorenzo vor. Wir gehen auf dem gleichen Weg zurück nach **Playa Caleta** 01.

HERMIGUA – CASAS DEL PALMAR – CASAS DEL TAGULUCHE – HERMIGUA

Zu verlassenen Dörfern im Naturpark Majona

13 km | 5:40 h | 490 hm | 490 hm | 231

START | Keine Anbindung mit öffentlichen Verkehrsmitteln. Von Hermigua fahren wir in Richtung Vallehermoso noch an der Tankstelle vorbei, um im folgenden Kreisverkehr die erste Ausfahrt nach rechts zu verlassen. Bei der folgenden Weggabelung fahren wir rechts – nicht links nach Lepe – parallel zum Atlantischen Ozean, bis die Straße endet. Wir fahren rechts und biegen nach 30 m auf den etwas tiefer liegenden Parkplatz. Geokoordinaten Parkplatz: [N28° 10.592 W17° 10.866 und 28.176533 -17.1811].
CHARAKTER | Wanderung für Naturliebhaber auf einfachen Wegen. Achtung! Steinschlaggefahr auf dem Stück zu den Casas Taguluche!

Zwischen dem grünen Bergriesen Enchereda und Hermigua im Norden von La Gomera befinden sich die Ausläufer des 1757 ha großen Naturparks Majona. Auf unserer heutigen Entdeckungsreise durch dieses landschaftlich sehr reizvolle Gebiet, geprägt durch vielfältige Lebensräume, werden wir an zwei verlassenen Dörfern vorbeikommen. Besonders hervorzuheben ist das Tal von Taguluche. Es befindet sich in einem Talkessel mit umliegenden Felsgipfeln, die das Dorf

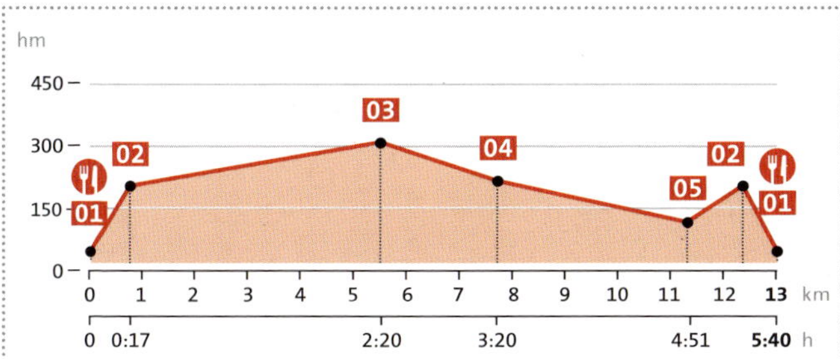

01 Hermigua 77 m; 02 Pass 243 m; 03 Casas del Palmar 346 m; 04 Casas de Taguluche 245 m; 05 Straße 104 m

Hermigua

um 500 m überragen. Die große Anzahl von angelegten Terrassenfeldern – bis dicht an die Felsen – fordert Respekt vor der Lebensleistung der Bauern. Durch die zwei Variantenmöglichkeiten kann man die Strecke variabel seinen Bedürfnissen anpassen.

▶ Vom Parkplatz **Hermigua** 01 (77 m) gehen wir wieder zur Nebenstraße hoch, gehen nur einige Meter links, um rechts bergauf – an dem grünen Geländer entlang – dem Wanderweg Richtung San Sebastián zu folgen. Bei einem kleinen **Pass** 02 (243 m) queren wir halb rechts eine Asphaltstraße, um auf der dunklen Schotterpiste weiterzuwandern. In einer Linkskurve zweigt rechts ein Pfad Richtung Los Barranquillos und Hermigua ab. Diesen ignorieren wir. In einer

scharfen Rechtskurve der Straße – nach links zweigt eine weitere Schotterpiste Richtung El Palmar ab – bleiben wir zunächst auf dem Hauptweg. Nach einigen weiteren Kehren verlässt eine Schotterpiste den Hauptweg Richtung Hermigua. Wir bleiben immer noch auf dem Hauptweg. Aus dem links von uns liegende Tal, das wir in einer großen Linkskehre umgangen haben, trifft der Wanderweg aus Hermigua auf unseren Hauptweg. Nach weiteren 175 m gabelt sich der Weg links Richtung **Casas del Palmar** **03** (346 m) und rechts weiter bergauf Richtung San Sebastián. An dieser Stelle halten wir uns links und queren entlang drei einzelstehender Häuser – oberhalb der Casas del Palmar – den Hang, bis wir eine Einsattelung erreichen und steil zum Atlantischen Ozean hinunterblicken. Auf den Resten einer verschütteten Straße, oberhalb der zerklüfteten Nordküste von La Gomera, erreichen wir in östliche Richtung das weite Tal mit den **Casas de Taguluche** **04** (245 m). In vergangenen Zeiten war dieses Tal eines der ertragreichsten Weinanbaugebiete von La Gomera. Schritt für Schritt holt sich die Natur das Tal zurück. In der absoluten Ruhe der Natur, mit grandiosem Blick nach Teneriffa, bietet sich eine Pause an. Wir gehen auf dem gleichen Weg bis zur Weggabelung an der Einsattelung zurück, um halb rechts vorbei an den roten Pfosten, nun endgültig zu den Casas del Palmar zu gelangen. Hinter dem Dorf führt der Weg weiter Richtung Playa de la Caleta und Hermigua. Nach 1,1 km erreichen wir einen Abzweiger, rechts geht es Richtung El Muelle De Lorenzo (siehe Wanderung 46). Danach führt ein gesicherter Pfad mit Holzgeländer weit oberhalb der Bucht des Playas de la Caleta bis zur **Straße** **05** (104 m), auf der wir links bergauf gehen, bis wir wieder den **Pass** **02** erreicht haben. Auf dem schon bekannten Hinweg kommen wir wieder zurück nach **Hermigua** **01**.

AGULO – PESCANTE DE AGULO – PESCANTE DE HERMIGUA – AGULO

Zwei der drei Zugänge zum Meer – Pescante de Agulo und Pescante de Hermigua

9,6 km 3:55 h 277 hm 277 hm 231

START | Busanbindung: Linie 2. Von Hermigua fahren wir auf der GM-1 Richtung Vallehermosa, um bereits am Ortseingang bei der Bushaltestelle in Agulo zu parken. Geokoordinaten Parkplatz: [N28° 11.162 W17° 11.680 und 28.186033 -17.194667].
CHARAKTER | Prinzipiell einfache Wanderung, nur der Küstenabschnitt mit seinen riesigen Kieselsteinen ist etwas fordernd.

Allgemeine Informationen siehe Wanderung 46. Auf dieser spannenden Wanderung besuchen wir die Zeitzeugen – den Pescante de Agulo und den Pescante de Hermigua.

Vom Parkplatz in **Agulo** 01 (191 m) gehen wir auf der GM-1 Richtung Vallehermoso, um bei der nächsten Möglichkeit nach 40 m rechts in die Einbahnstraße zu biegen und bei der folgenden Weggabelung abermals rechts zu gehen – wir lassen die Bar Mantillo links liegen. Zwischen dem hellblauen Haus mit den braunen Fensterläden und dem gelben Haus biegen wir links in die schmale Gasse ein und gehen diese bis zum Ende durch. Bei der folgenden Weggabelung nach 100 m empfiehlt sich ein Abstecher nach links zum Platz Leoncio

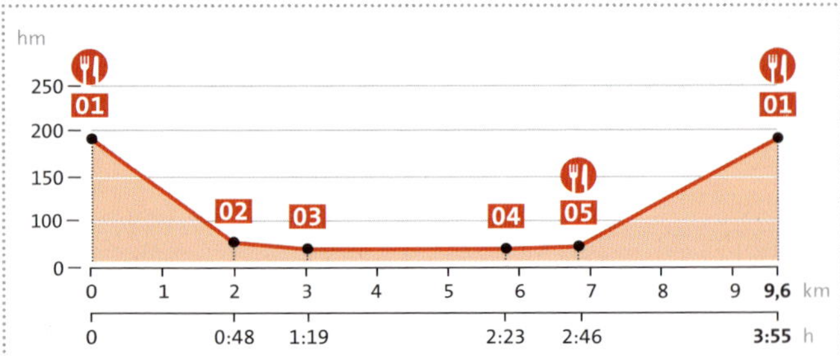

01 Agulo 191 m; 02 Pescante de Agulo 10 m; 03 unterhalb von Lepe 13 m; 04 Pescante de Hermigua 12 m; 05 Hermigua 8 m

El Transportador

Bento mit der Kirche und dem Rathaus. Anschließend gehen wir bei der Weggabelung rechts Richtung Lepe und lassen nach 225 m den rechten Abzweiger nach Lepe links liegen. Danach gehen wir rechts vorbei an einem sehr großen verfallenen Gebäude. In diesem unter den Namen El Transportador bekannten Gebäude, befand sich einst eine Lagerhalle in der Bananen verpackt wurden. Die Kuriosität war ein Seilbahnsystem, das die Ladung in Körben zur Anlegestelle hinunter transportierte. Durch eine Rechtskurve geht man auf ein rechts liegendes gelbes Gebäude zu, an dem man links hinunter den neu angelegten Wanderweg zum **Pescante de Agulo** 02 (10 m) geht. 1906 in Auftrag gegeben von Leoncio Bento – dem damaligen Herrscher der Region Agulo – wurde der Pescante de Agulo 1908 fertiggestellt und ab 1911 in Betrieb genommen. Damit wurde der Anbau, die Vermarktung und dann der Export von hauptsächlich Tomaten und weiteren Gemüsesorten garantiert. Auch wurde der Passagiertransport nach Teneriffa aufgenommen. Nach dem Bau der Hafenanlagen in San Sebastian und der Fertigstellung der GM-1 geriet der Pescante langsam in Vergessenheit. Zerstört wurde er 1952 bei einem Tsunami. Vom Pescante gehen wir 200 m zurück, übersteigen das Holzgeländer an der flachsten Stelle, um dann auf dem Strandabschnitt mit seinen riesigen Kieselsteinen 900 m entlangzugehen, bis wir auf eine 5–6 m hohe Steinwand treffen. Hier befinden wir uns **unterhalb von Lepe** 03 (13 m). Bei sehr hohem Wellengang und Flut muss man nach Lepe aufsteigen, um den überfluteten Küstenstreifen zu umgehen. Sonst kann man am Strand weitergehen. Dazu steigen wir zu der 5–6 m hohen Steinwand auf und gehen über die Terrassenfelder dann weglos und bergauf ca. 110 m taleinwärts, bis wir auf einen Pfad treffen, der das kleine Tal links bergauf nach Lepe verlässt. Dort erreichen wir die Asphaltstraße, an der wir links hinuntergehen und an den immerhin 800 m langen Playa Hermigua gelangen. In der Ferne sieht man die vier Betonpfeiler der ehemaligen Verladestation des **Pescante de Hermigua** 04 (12 m). In dieser Zeit boomte die Nachfrage nach Bananen und das Tal von Hermigua hatte ideale Bedingungen. So begann 1907 der Bau einer Verladestation bei den heutigen Meeresschwimmbecken von Hermigua. Eine weitere Kuriosität: Es gab zu damaligen Zeiten eine wöchentliche Fährverbindung nach England. Vom Pescante gehen wir zurück, bei der ersten Weggabelung links entlang der Bananenplantagen, um dann rechts die Brücke über das Barranco zu nehmen. Es geht durch das Unterdorf von **Hermigua** 05 (8 m), um in einer Linkskehre rechts der Ausschilderung Richtung Lepe zu folgen. Nach einem kurzen Anstieg erreichen wir die ersten Häuser von Lepe und einen kleinen Platz, an dem wir halb rechts – links an einem gelben Haus vorbeigehen, bis der Weg endet. Weiter geht es links durch eine schmale Gasse, rechts bei der folgenden Weggabelung und bei dem Eckhaus mit der roten Tür rechts hinunter. Wir queren Terrassenfelder, um auf der gegenüberliegenden Talseite über Treppen wieder aufzusteigen. Auf der folgenden Asphaltstraße gehen wir nur ein kurzes Stück, bis sie endet, um dann auf unseren Hinweg zu stoßen.

AGULO – JUEGO DE BOLAS – MIRADOR DE ABRANTE – ROTE WAND – AGULO

Spannung pur auf dem ersten Skywalk von La Gomera

9,4 km | 3:50 h | 570 hm ↗ | 570 hm ↘ | 231

START | Busanbindung: Linie 2. Von Hermigua fahren wir auf der GM-1 Richtung Vallehermosa, um bereits am Ortseingang bei der Bushaltestelle in Agulo zu parken. Geokoordinaten Parkplatz: [N28° 11.162 W17° 11.680 und 28.186033 -17.194667].
CHARAKTER | Einfache Wanderung, nur der Abstieg durch die Rote Wand ist sehr steil.

Durch das historische Zentrum des malerischen Dorfes Agulo wandern wir auf einem perfekt angelegten Camino zum Besucherzentrum des Garajonay-Nationalparks – den Juego de Bolas. Mit den Mirador de Abrante erreichen wir eine der TOP-Sehenswürdigkeiten von La Gomera – dem ersten Skywalk. Zum Abschluss folgt ein weiteres Highlight dieser Tour, der Abstieg durch die Rote Wand – mit atemberaubenden Fernblicken und zu Füßen liegt das Dorf Agulo. Eine Erlebniswanderung für alle Sinne!

▶ Vom Parkplatz in **Agulo** 01 (191 m) gehen wir auf der GM-1 Richtung Vallehermoso, um bei der nächsten Möglichkeit nach 40 m rechts in die Einbahnstraße zu biegen und bei der folgenden Weggabelung links zu gehen – wir lassen die Bar Mantillo rechts von uns liegen. Beim Hotel Rural

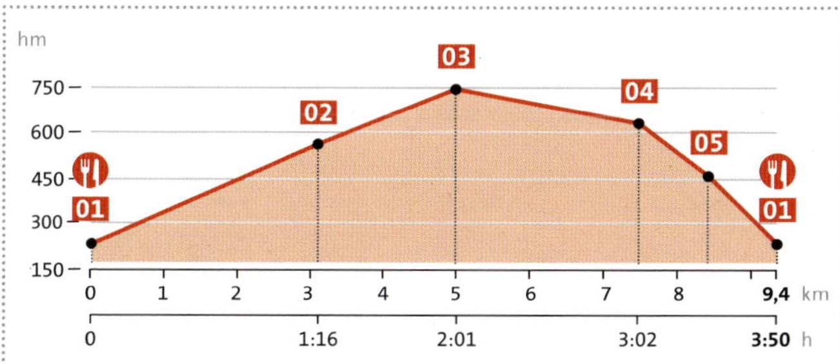

01 Agulo 191 m; 02 Richtung Juego de Bolas 585 m; 03 Juego de Bolas 760 m; 04 Skywalk 638 m; 05 Abstieg Rote Wand 485 m

Agulo

Casa Lugo endet die Straße und wir gehen rechts weiter. Bei der folgenden Weggabelung geht es links weiter – nicht rechts in die Sackgasse -, wir überqueren den Platz Leoncio Bento mit der Kirche und dem Rathaus und lassen nach 250 m den Abzweiger links liegen. Halb rechts durch eine Mulde führt der Weg am Friedhof vorbei. Nur 15 m hinter dem Ficus am Friedhof verlassen wir die Straße nach links auf dem Pfad Richtung Playa Vallehermosa. Im weiteren Verlauf queren wir die GM-1 und setzen nach 50 m den Aufstieg fort. 10 m oberhalb einer Ruine gabelt sich der Weg und wir nehmen den linken der beiden Wege, **Richtung Juego de Bolas** 02 (351 m) und ignorieren den Abzweiger Richtung Vallehermoso. Auf einer Anhöhe endet unser Weg, wir gehen rechts weiter bis zum Besucherzentrum **Juego de Bolas** 03 (760 m). Die 1987 eröffnete und in typischer kanarischer Architektur gebaute Anlage vermittelt in drei Ausstellungsräumen Wissenswertes über den Nationalpark. In einem angegliederten Gebäude ist ein kleines Volkskundemuseum untergebracht. Auf jeden Fall sollte man sich Zeit nehmen für den wunderschön angelegten botanischen Garten. Zunächst gehen wir auf dem gleichen Weg zurück, gehen aber nicht an dem Abzweiger links bergab – unser Hinweg -, sondern geradeaus. Das folgende Wegstück ist ständiger Erosion ausgesetzt und daher teilweise schwer auszumachen. Wir halten uns weiter rechts, sehen bald unterhalb von uns den nächsten Wegpunkt, den **Skywalk** 04 (638 m). Aus 600 m Höhe über dem Meeresspiegel ergeben sich atemberaubende Fernblicke über die gesamte Nordküste – und zu Füßen liegt das Dorf Agulo. Bei Fernsicht lässt sich die Nachbarinsel Teneriffa mit dem 3718 m hohen Teide erspähen. Mit Blick Richtung Teneriffa befindet sich am äußerst rechten Ende des Parkplatzes der **Abstieg durch die Rote Wand** 05 (485 m) nach Agulo. An der Weggabelung unterhalb des Staudammes halten wir uns links. Bei einem Holzgeländer stehen wir bereits mitten in der Wand und der steile Abstieg bis zur GM-1 kann beginnen. Diese überqueren wir und gehen auf dem weiterführenden Pfad bis zu einer gepflasterten Straße. Diese überqueren wir nach rechts, um an einem Geländer und Plantagen abermals auf die GM-1 zu gelangen und dort weiter geradeaus zum Parkplatz in **Agulo** 01 zu gelangen.

Agulo

ROQUE DE AGANDO – BENCHIJIGUA – BEI IMADA – MIRADOR DE AGANDO

Beeindruckende Wanderung unterhalb des Vulkanschlots Roque de Agando

12 km | 4:40 h | 734 hm | 734 hm | 231

START | Buslinie 1 von San Sebastián ins Valle Gran Rey. Von San Sebastián fahren Sie auf der GM-2 bis zum Parkplatz unterhalb des Roque de Agando. Geokoordinaten zum Pkw Parkplatz: [N28° 06.456 W17° 12.808 und 28.1076 -17.213467].
CHARAKTER | Teilweise steiler Abstieg unterhalb des Roque de Agando. Durchwegs einfache Orientierung.

Eines der TOP-Highlights auf La Gomera ist die Felsengruppe der „Familie“ de los Roques sowie die umliegende Region. Der spektakulärste ist der ehemalige Vulkanschlot Roque de Agando mit 1251 m – der sogenannte Zuckerhut von La Gomera. An seiner Ostseite überragt er die Straße um gut 100 m, während er auf seiner Westseite 220 m bis zum vorbei führenden Wanderweg abfällt. Richtung Osten entspringt das Barranco de La Laja und nach Westen das Barranco de Benchijigua, in das wir zum gleichnamigen Ort absteigen. In dieser prachtvollen Kulisse wandern wir vorbei an Ruinen, bei Frühlingserwachen durch ein hüfthohes Blumenmeer, vorbei am Mirador de Tajaque bis auf die Aussichtsplattform des

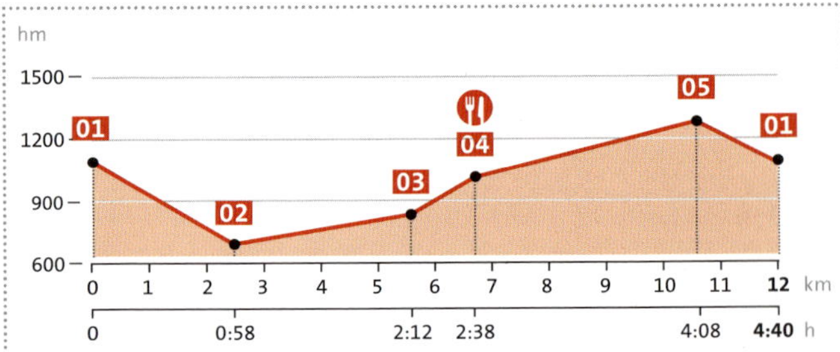

01 Parkplatz Roque de Agando 1064 m; 02 Benchijigua 643 m; 03 Imada-Abzweiger eins 861 m ; 04 Imada-Abzweiger zwei 1088 m; 05 Mirador de Agando 1316 m

Denkmal Waldbrandopfer 1984

Mirador de Agando, von der wir gebannt auf den Roque de Agando hinunterschauen. Zum krönenden Abschluss wartet auf uns der Mirador Roque de Ojila. Eine Wanderung gespickt mit Höhepunkten – für die aber gutes Wetter Voraussetzung ist.

▶ Vom Parkplatz unter dem **Roque de Agando** 01 (1064 m) queren wir die GM-2 hinüber zum Denkmal für die Verunglückten durch Waldbrände an der Carretera dorsal, der großen Verbindungsstraße zwischen der Hauptstadt und den westlichen Inselteilen. Direkt links neben dem Denkmal befindet sich ein Durchlass in der Begrenzungsmauer zur Straße, hier beginnt der Wanderweg unterhalb der 220 Meter höheren Westflanke des Roque de Agando. Nach 2,5 km erreichen wir eine Piste und das malerisch gelegene Dörfchen **Benchijigua** 02 (643 m). Mithilfe von EU-Geldern und finanzkräftiger Unterstützung des Reeders Fred Olsen wurden an dieser Stelle Fincas im altkanarischen Stil restauriert und stehen Urlaubern als Ferienhäuser zu Verfügung. Geht man direkt hinter der Casa Benchijigua halb rechts weiter, so erreicht man die bescheiden gehaltene Kapelle Ermita de San Juan (Las Cabezadas), aus dem letzten Jahrhundert. Für den weiteren Weg gehen wir direkt hinter der Casa Benchijigua rechts auf der Piste weiter, queren auf gleicher Höhe das Dorf, bis die Piste eine Linkskehre macht und wir einen Staudamm unterhalb von uns ignorieren. An dieser Stelle geht die Piste in einem Pfad über. Bei einer Anhöhe erreichen wir Ruinen und nach weiteren 400 Metern beginnt ein steiler Anstieg. Nachdem wir den Bergrücken überschritten haben, gehen wir bei den Ruinen Azadoe rechts und lassen den linken Abzweiger Richtung Playa de Santiago links liegen. Nach weiteren 350 Metern erreichen wir den **Imada-Abzweiger eins** 03 (861 m), hier verlassen wir den Hauptweg und gehen rechts bergauf und im weiteren Verlauf durch ein liebliches Seitental mit seinem Barranco de Izador. Im Frühjahr läuft man in dem

Benchijigua

folgenden Abschnitt durch ein hüfthohes Blumenmeer, bis wir auf den **Imada-Abzweiger zwei** 04 (1088 m) treffen. Wir ignorieren den Abzweiger nach links und gehen weiterhin geradeaus und bergauf. Auf der Forststraße angekommen lassen wir den linken Abzweiger unberücksichtigt und laufen weiterhin geradeaus, bis wir einen markanten Eukalyptusbaum erreichen. An dieser Weggabelung wandern wir halb links, bis wir kurz die GM-2 tangieren, dort halb rechts weitergehen, um nach 20 Metern links den Pfad zu nehmen. Schon bald erreichen wir den nächsten Höhepunkt – den Mirador de Tajaque – mit atemberaubenden

Imada Abzweiger eins

Weitblicken auf die Schlucht von Benchijigua, auf Alajeró und bis hin zum Playa de Santiago. Am Parkplatz des Mirador de Tajaque queren wir die GM-2, um nach 400 Metern auf einer Brücke die GM-2 zu überqueren. Schon bald treffen wir auf den Abzweiger rechts bergauf zum 100 Meter entfernten **Mirador de Agando** 05 (1316 m). Wir erreichen eine Aussichtsplattform par excellence. Vom Cumbre de Taraque genießt man eine 360°-Panoramasicht über die folgenden drei Naturschutzgebiete: Den Nationalpark „Parque Nacional de Garajonay", das Denkmal „Monumento de los Roques" und das Naturreserve „Reserva Natural Integral Benchijigua". Der Höhepunkt ist zweifellos der unterhalb von uns stehende El Roque de Agando, ein 1251 m hoher Felsriese. Wir gehen 100 Meter zum Hauptpfad zurück, dort rechts zur GM-2 hinunter, queren diese und halten uns sofort halb rechts Richtung La Laja, um den Mirador Roque de Ojila zu erreichen und nun nur noch die wenigen Meter zum Parkplatz unter dem **Roque de Agando** 01 wandern.

Degollada de la Aguelisma
1197
del Cedro
1207
Roque de Ojila
1171
Monumento Natural de los Roques
Lomo de los Tascos
Casa Forestal de la Zarcita
Roque de la Zarcita
1233
Cabezo del Pajarito
Lomito del Loro
1327
GM-2
Alto de la Tunera
1139
50
1298
1293
Mirador de Tajaque
05
Mirador Roque de Ojila
Mirador Roque de Agando
Cumbre de Tajaque
01
1395
1339
Montaña de las Negrinas
Roque de Agando
1251
1094
Montaña de las Negrinas
Reserva Natural Integral de Benchijigua
Lomo de Isque
1021
Eucalipto Eukalyptusbaum
Orillas de Isque
750
Casa de los Castaños
852
807
Montaña de Juan Romo
1257
Benchijigua
Casa Olsen
1239
02
04
Ermita de San Juan
Barranco de Izador
Embalse de Benchijigua
El Cabezo
03
El Azadoe
Lo del Gato
Ruinen von Azadoe
862
Lomo del Azadoe
575
Casanueva
1074
792
Las Toscas
Barranco de Guarimiar
El Palmarejo
0 500 m
Plan de la Jueza
926
Palo Chiruca

DEGOLLADA DE PERAZA – EL CABRITO – DEGOLLADA DE PERAZA

Die Sombrero-Runde

19 km 7:50 h 1035 hm 1035 hm 231

START | Buslinien 1, 3 und 7. Mit dem Pkw sind es von San Sebastián 15 km auf der GM-2 bis zum Parkplatz bei der Bushaltestelle oder bei der Bar Restaurant Degollada de Peraza. Geokoordinaten Parkplatz: [N28° 05.918 W17° 10.991 oder 28.098633 -17.183183].
CHARAKTER | Längere Passagen führen durch nahezu unbewohntes Gebiet. Einfache Orientierung, aber fast 20 km und über 1000 hm erfordern sehr gute Kondition.

Der mächtige Schluchtauslauf des Barranco Juan de Vera, wird von ebenso mächtigen und lang durchzogenen Bergrücken flankiert, die sich bis zum Atlantischen Ozean neigen. Vom zentralen Hochgebirge gehen wir bei dieser Wanderung auf dem einem dieser Bergrücken bis zum Playa Cabrito, um dann auf dem gegenüberliegenden Bergrücken wieder zum Ausgangspunkt aufzusteigen. Eine der schwersten Touren dieses Wanderführers führt entlang einer faszinierenden Landschaft. Immer wieder verharren wir fast ehrfürchtig vor den Vulkanschloten am Wegesrand, wie den El Sombrero, die Steinerne Hand, den El Roque de García und den El Roque de Magro, um nur einige zu nennen. Definitiv eine Tour mit außergewöhnlichen Eindrücken.

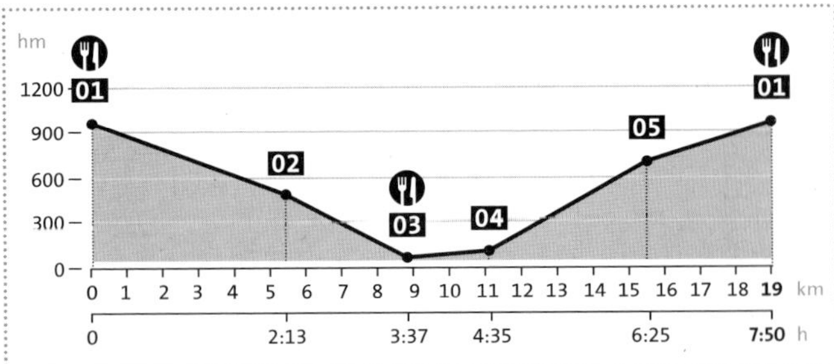

01 Degollada de Peraza 939 m; **02** geradeaus weiter 539 m; **03** Playa de Cabrito 5 m; **04** Schlüsselstelle 138 m; **05** Ayamosna 717 m

Blick in das Barranco de Juan de Vera

▶ Von der Bushaltestelle oder dem Parkplatz in unser **Degollada de Peraza** **01** (939 m) gehen wir zunächst in westliche Richtung weiter auf der GM-2. Bei der folgenden Gabelung der Straße folgen wir der GM-3 Richtung Playa de Santiago. Nach 950 m macht die Straße eine 180°-Kehre und wir gehen hier links über den kleinen Parkplatz auf den beginnenden Wanderweg direkt auf den Roque de Berruga (827 m) zu, um an seiner westlichen Flanke vorbeizuwandern. Rechts schauen wir in das 300 m tiefer liegende Barranco de Chinguarime. Im weiteren Verlauf passieren wir den Roque de la Fortalezza (856 m), Felsenhäuser und den links von uns liegenden Alto de Tacalcuse (771 m). Schon bald treffen wir auf einen rechten Abzweiger, der nach Playa de Santiago führt. An dieser Stelle gehen wir **geradeaus weiter** **02** (539 m), bis zu dem verlassenen Dorf Seima, um abermals einen Abzweiger rechts nach Playa Santiago links liegen zu lassen. Nach weiteren 2,4 km erreichen wir den Abstieg zum **Playa de Cabrito** **03** (5 m) mit seiner Finca El Cabrito – einer ehemaligen Bananenplantage, direkt am Meer. Hier kann man eine ausgiebige Badepause einlegen, wenn es die Zeit zulässt. Auf dem Rückweg gehen wir zunächst taleinwärts durch das Barranco de Juan de Vera entlang an den Plantagen der Hotelanlage. Nach der Ziegenhaltung auf der rechten Seite geht die Piste in einen Pfad über und wir gehen fortan auf der linken Seite des Barrancos. Vereinzelte Steinmännchen helfen bei der Orientierung. Inzwischen hat sich das Tal stark verengt, wir sind an einer plätschernden Quelle vorbeigekommen und die markanten längs laufenden Lavawände gehen fast

Das verlassene Dorf Seima

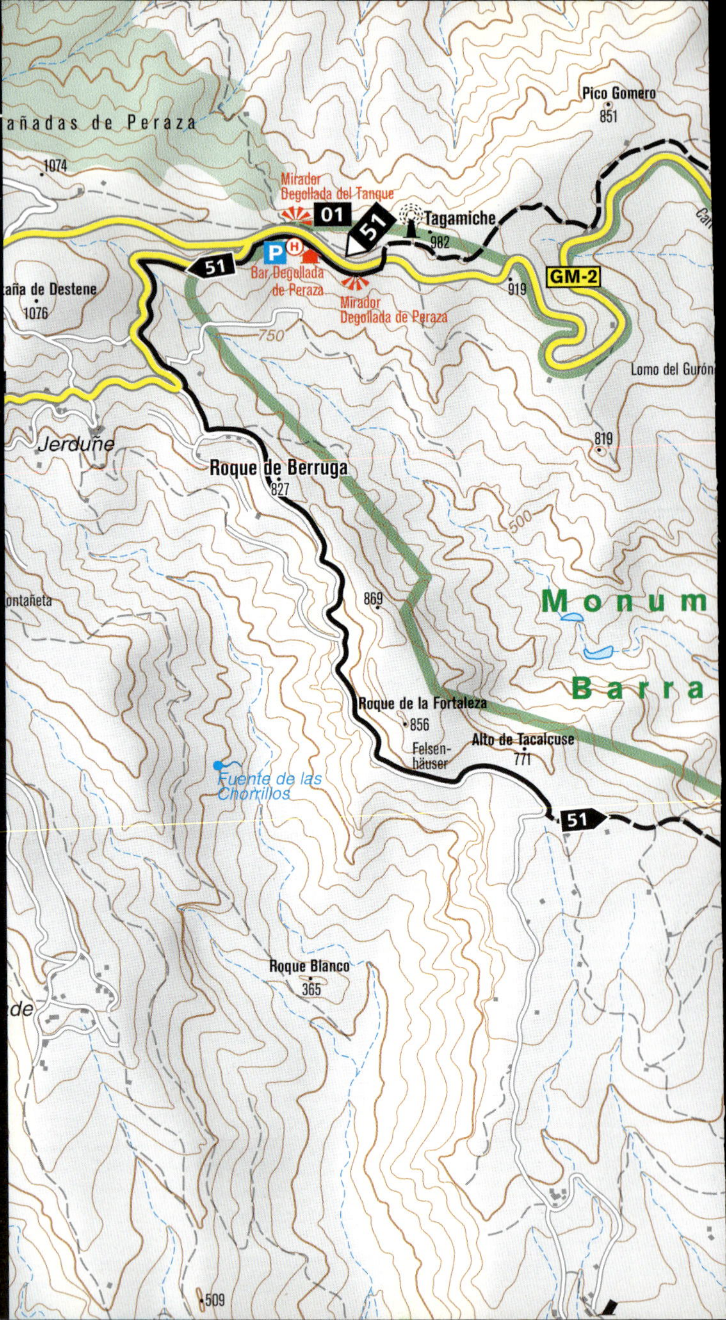
añadas de Peraza
1074
Mirador
Degollada del Tanque
01
51
Tagamiche
982
Pico Gomero
851
51
Bar Degollada
de Peraza
Mirador
Degollada de Peraza
919
GM-2
añа de Destene
1076
750
Lomo del Gurón
Jerduñe
819
Roque de Berruga
827
500
ontañeta
869
Monum
Barra
Roque de la Fortaleza
856
Felsen-
häuser
Alto de Tacalcuse
771
Fuente de las
Chorrillos
51
Roque Blanco
365
de
509

Ayamosna
05
51
Ayamosna
690
Casas del Magro
El Magro
Zona militar
(Militärisches
Sperrgebiet)
que de Magro
692
Roque del Sombrero
662
nto Natural del
co del Cabrito
250
Barranco Juan de Vera
Steinerne
Hand
04
Roque García
353
Barranco Ho
Loma del Camello
Los F
Distribuidor
de agua
(Wasser-
verteilerstation)
eima
Morales
542
02
La Fortaleza
Barranco
51
Risco de la Amargua
259
El Cabrito
La Bodega
03
0
500 m
Playa del Cabrito
Cañada de Sabina Redo
co de la Villa

Playa Cabrito

bis auf den Talgrund herunter. An dieser **Schlüsselstelle 04** (138 m) treffen wir auf zahlreiche Steinmännchen, queren das Barranco nach rechts und beginnen den steilen Aufstieg auf dem gegenüberliegenden Hang zur Steinernen Hand, einer markanten Felsformation. Auf dem vor uns liegenden Bergrücken geht es weiter zum Roque del Sombrero (662 m), ein Berg, der keinen Schatten spendet. Kurz hinter dem Roque de Magro (652 m) geht es hinunter in das rechts von uns liegende Barranco, um dann zur GM-1 aufzusteigen, diese zu queren und zunächst auf der gegenüberliegenden Asphaltstraße Richtung der Ortschaft **Ayamosna 05** (717 m) zu gehen. An der Stelle, wo die Straße das erste Mal eben wird – mit etwas Glück kann man von dieser Stelle auch den Teide sehen – treffen wir auf den Fernwanderweg GR 131, den wir fortan links bergauf in Richtung des weithin sichtbaren Funkmastens folgen. Kurz vor dem Ziel erreichen wir die Asphaltstraße, an der wir links das kurze Stück bis zum Parkplatz in **Degollada de Peraza 01** gehen.

Schlüsselstelle – und oberhalb steht die Steinerne Hand

DEGOLLADA DE PERAZA – PLAYA DE SANTIAGO

Wanderung durch die Kornkammer von La Gomera mit seinen ehrwürdigen Ruinen

14,5 km | 5:50 h | 150 hm | 1070 hm | 231

START | Buslinien 1, 3 und 7 zum Startpunkt. Buslinie 3 und 7 zurück zum Ausgangspunkt. Mit dem Pkw sind es von San Sebastián 15 km auf der GM-2 bis zum Parkplatz bei der Bushaltestelle oder bei der Bar-Restaurant Degollada de Peraza. Geokoordinaten Parkplatz: [N28° 05.918 W17° 10.991 oder 28.098633 -17.183183].
CHARAKTER | Stets einfache Orientierung im Gelände, aber 1070 hm bergab sind fordernd.

Nach dem Abstieg aus dem zentralen Hochgebirge erreichen wir das verlassene Dorf Seima. Die Landschaft ist geprägt von breiten und flachen Bergrücken zwischen dem Barranco del Cabrito und dem ehemaligen Fischerort und heutigen Touristenort Playa de Santiago. Man bezeichnete in der Vergangenheit diese Region als die Kornkammer von La Gomera. Trotz der extrem harten Lebensbedingungen waren die sanften Hügelketten bis Mitte des 20. Jahrhunderts besiedelt. Auf der Wanderung gibt es immer wieder Reste der traditionellen ländlichen Architektur zu bestaunen: Häuser aus Stein, Mauern, Zisternen, Öfen, Pferche, Lagerhallen usw. Das einzige Gebäude mit zwei Stockwerken in Contreras

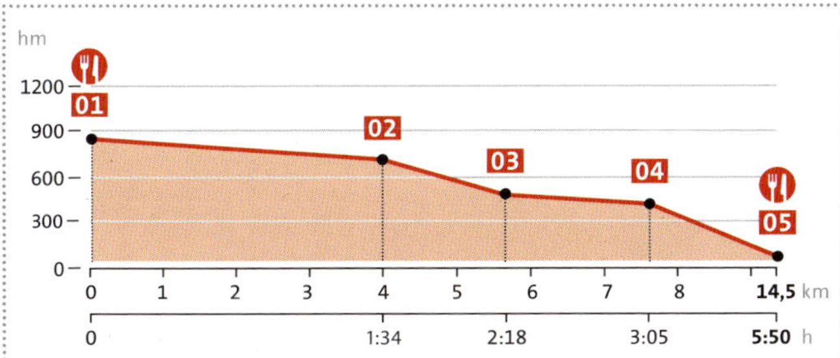

01 Degollada de Peraza 939 m; 02 weiter geradeaus 737 m; 03 Seima 539 m; 04 Casas de Contrera 507 m ; 05 Playa de Santiago 6 m

Mirador Degollada de Peraza

stellt die Ausnahme dar. Diese Wanderung erlaubt einen unvergesslichen Blick durch ein Fenster weit in die Vergangenheit, bis wir das vom Tourismus geprägte Playa de Santiago erreichen.

▶ Von der Bushaltestelle oder dem Parkplatz in **Degollada de Peraza** 01 (939 m) gehen wir zunächst in westliche Richtung weiter auf der GM-2. Bei der folgenden Gabelung der Straße folgen wir der GM-3 Richtung Playa de Santiago. Nach 950 m macht die Straße eine 180°-Kehre und wir gehen hier links über den kleinen Parkplatz auf den beginnenden Wanderweg direkt auf den Roque de Berruga (827 m) zu, um an seiner westlichen Flanke vorbeizuwandern. Rechts schauen wir in das 300 m tiefer liegende Barranco de Chinguarime. Im weiteren Verlauf passieren wir

Lomo de Seima

den Roque de la Fortalezza (856 m), Felsenhäuser und den links von uns liegenden Alto de Tacalcuse (771 m). Schon bald treffen wir auf einen rechten Abzweiger, der Richtung Playa de Santiago führt. Wir gehen **geradeaus weiter** 02 (539 m) und erreichen das verlassene Dorf **Seima** 03 (539 m). Mitten im Dorf, noch vor einem alten Ofen, nehmen wir den Abzweiger nach rechts Richtung Playa Santiago. Im Folgenden laufen wir über den Lomo de Seima und Lomo del Guincho, bis Mitte des 20. Jahrhunderts eine Region geprägt von intensiver landwirtschaftlicher Nutzung auch als die Kornkammer von La Gomera bezeichnet. Von Weitem sehen wir schon unseren nächsten Wegpunkt, die **Casas de Contrera** 04 (507 m), das einzig zweistöckige Gebäude weit und breit. Hier treffen wir auf den Fernwanderweg GR 132 von der Degollada de Peraza kommend. Wir hätten auch dieses Teilstück gehen können, aber dann wären wir nicht an dem Dorf Seima vorbeigekommen. Der Weg führt noch ein kurzes Stück über den Lomo de Cascante, bis wir durch ein Barranco auf den Lomo de Suarez queren. Aber schon bald steigen wir in das Barranco de Chinguarime ab, um dieses am nördlichen Ende der Bananenplantage zu queren. Hinter der Plantage gehen wir links, um nach 100 m den Fahrweg nach rechts zu verlassen. In der Ferne lässt sich schon das Hotel Jardin Tecina oberhalb von **Playa de Santiago** 05 (6 m) ausmachen. Aber der Schein trügt, denn wir müssen noch zwei weitere Barrancos queren. Der Wanderweg ist nun eindeutig markiert und bedarf keiner weiteren Erklärungen. Nach einem Anstieg auf der Asphaltstraße passieren wir den Golfplatz und das Hotel Jardin Tecina. An der Hauptstraße angekommen können wir links direkt zu einer Bushaltestelle gehen, oder wir halten uns halb rechts hinter dem gelben Briefkasten durch die kleine Gasse erreichen wir abermals die Hauptstraße, queren diese und gehen über Treppen in den Ortsteil Laguna de Santiago. Unser endgültiges Ziel ist erreicht. Die beiden Strände bieten sich zu einem Bad an, Restaurants laden zum Verweilen ein.

Backofen in Seima

Mirador
Degollada del Tanque
01
Tagamiche
982
52
Bar Degollada
de Peraza
Mirador
Degollada de Peraza
919
GM-2
812
Carretera del Sur
750
Casas
Lomo del Gurón
52
819
Roque de M
692
Roque de Berruga
827
Roq
500
869
Monumento
Barranco
Roque de la Fortaleza
856
Felsen-
häuser
Alto de Tacalcuse
771
Fuente de las
Chorrillos
02
52
Seima
03
Roque Blanco
365
04
Casas de Contrera
509
0 500 m
Barranco de Ch
Barranco
Loma del G

505
Lomo del Cabezo
Barranco del las Torea
250
509
Barranco Biquillo
Barranco de Chinguarime
04
Casas d
52
Embalsa de Tapachuga
Barranco Tapahuga
El Joradillo
Lomo del Joradillo
Casas del Joradillo
135
GM-3
anisation
n Thomas
Golf Tecina
Loma de Tecina
Residenz "Pueblo Don Thomas"
Golf Tecina
F. KK
Playa de Chiguarime
Punta del Joradillo
Playa del Medio
Laguna de Santiago
Hotel Tapahuga
Playa de Tapahuga
Ermita de Santiago Apóstol
Golf Tecina
GM-3
Nemtru
Barranco de Santiago
Hotel Lourdes
05
Hotel Jardin Tecina
Punta de la Herredura
52
Club Laurel
Bike-Station "1a Bicletta"
Punta de Marichal
Dive art Gomera
Centro Cultural
Playa de Santiago
Ermita N.S. del Carmen
Playa de Santiago
Punta del Espino
0 500 m

53

PLAYA DEL MEDIO – PLAYA DEL GUINCHO – PLAYA DEL MEDIO

Bädertour mit Hindernissen

8,3 km | 4:20 h | 432 hm | 432 hm | 231

START | Keine Busanbindung. Fährt man mit dem Pkw von San Sebastián Richtung Santiago de Playa, so biegt man noch oberhalb von Santiago de Playa links zum Hotel Jardin Tecina ab, fährt an diesem und dem folgenden Golfplatz vorbei, erreicht das Barranco Tapahuga, fährt hier aber links auf der weiterführenden Straße in die nächste Bucht bis zum Parkplatz an dem Playa del Medio. Geoordinaten Parkplatz:
[N28° (02).292 W17° 10.880 oder 28.0382 -17.181333].
CHARAKTER | 50 % der Wegstrecke sind komplett weglos und erfordern guten Orientierungssinn. Es erwartet Sie eine Kletterstelle mit dem Schwierigkeitsgrad II, die die Dreipunkthaltung erfordert.

An dem Küstenabschnitt zwischen dem Barranco del Cabrito und dem Playa de Santiago befindet sich ein nahezu unbewohnter Küstenabschnitt mit verträumten Buchten, die auf dieser Wanderung entdeckt werden. Die geringen Höhenmeter sowie die kurze Wegstrecke sollten nicht davor täuschen, dass diese Tour es in sich hat. Die Wanderung ist geprägt von ständigen An- und Abstiegen

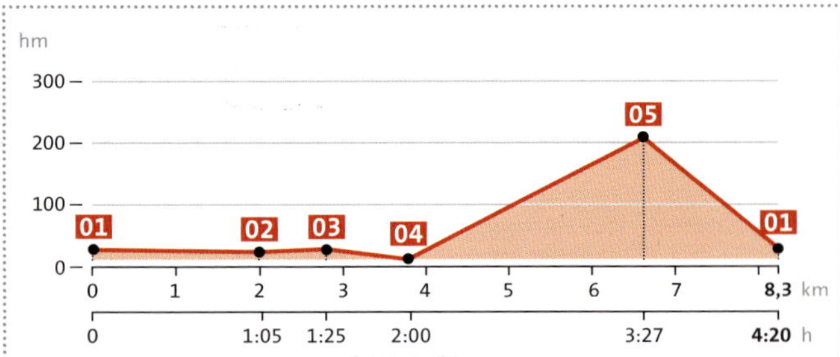

01 Playa del Medio 5 m; 02 Playa de Suarez 21 m; 03 Playa de Cascante 5 m; 04 Playa del Guincho 5 m; 05 Fernwanderweg 226 m

Playa del Medio

im freien Gelände und auf gerölligen Untergrund. Die Tour ist perfekt für den Naturliebhaber, der die grandiose Landschaft im sonnigen Süden von La Gomera mit seinen versteckten Buchten genießen möchte. Auf dieser Wanderung entfliehen Sie dem Alltag und jeglicher touristischer Infrastruktur.

▶ Am **Playa del Medio** 01 (5 m) verlässt am linken hinteren Ende des Parkplatzes ein steil aufsteigender Pfad die Bucht in östliche Richtung. Wir überschreiten die Punta del Joradillo und nach einem kurzen Abstieg erreichen wir den Playa de Chiriguarime. An seinem westlichen Ende gibt es einige sandige Stellen. Wir queren den Strand zu seinem östlichen Ende, direkt auf eine kleine Ruine zu. Hinter dieser beginnt ein steil aufsteigender Pfad, der durch vereinzelte hellblaue Punkte markiert wurde. Auf dem Bergrücken angekommen, wandern wir kurzfristig auf dem oberen von zwei Küstenpfaden, orientieren uns dann aber im weiteren Verlauf an Steinmännchen. Es wird ein kleines Barranco gequert, bis wir ca. 100 Höhenmeter über dem **Playa de Suarez** 02 (21 m) stehen. Steinmännchen markieren den Abstieg in die Bucht. Immer wieder muss auf rutschigen Untergrund im Hang gequert werden, weil der ursprüngliche Weg abgerutscht ist, bis wir die 130 Meter breite Bucht erreicht haben. Leider gibt es hier keine sandigen Stellen und die großen Kieselsteine laden nicht zum Verweilen ein. Taleinwärts, hinter der Steinplattform mit dem grünen Teppichrasen, steigen wir halb rechts im Hang auf und folgen dabei Steinmännchen, bis wir vor einer ca. 5 m hohen Felswand stehen. Links neben einer kleinen Höhle befindet sich der Aufstieg – Kletterstelle mit dem Schwierigkeitsgrad II – zu einem Steinmännchen hinauf. Auf dem Lomo de Cascante angekommen orientieren wir uns rechts an den beiden kleinen Felsen vorbei, – Richtung Teide, wenn er sich zeigt – queren Terrassenfelder, bis wir rechts unterhalb den**Playa de Cascante** 03 (5 m) sichten. Es folgt ein kurzer, aber trotzdem gerölliger Abstieg.

Playa de Suarez

Links von der Bucht befindet sich eine 10 m lange und 5 m breite Stelle mit kleinen Kieselsteinen, auf denen man gut liegen kann und eine tolle Bademöglichkeit. Für den weiteren Weg gehen wir durch das Barranco ein kurzes Stück taleinwärts, an einer Gumpe vorbei, bis wir rechts bis zu einer Lavawand aufsteigen können und hinter dieser bis auf den Lomo de Cascante gelangen. Wir queren Terrassenfelder und steigen dabei immer entlang der Klippen auf die vor uns liegende Anhöhe. Ein Steinmännchen rechts des Weges ignorieren wir. Es ergeben sich atemberaubende Tiefblicke zum **Playa del Guincho** **04** (5 m). Am höchsten Punkt gehen wir weitere 150 m taleinwärts, bis der Hang nicht mehr so steil in das Barranco abfällt und beginnen hier den weglosen Abstieg zum Strand. Der 150 m lange und 30 m breite Strand, mit einigen sandigen Stellen und dem markanten Roque del Guincho,

Playa de Cascante

lädt zum Verweilen und Baden ein. Wir steigen wieder aus dem Tal auf und orientieren uns gleich rechts – zwischen Terrassenfeldern und dem tief liegenden Barranco – Richtung einer Ruine, die wir in 250 m Entfernung sehen. Den dahinterliegenden Felsen umgehen wir leicht in westliche Richtung, um dann weiter in nördliche Richtung eines Strommastens zu gehen und uns im weiteren Verlauf Richtung eines großen Felsen zu orientieren. Vorbei geht es an einer in den Felsen gebauten Ruine. Nach weiteren 70 m erreichen wir einen freien Platz. Auch ist an dieser Stelle auf einem Stein ein großes weißes „P" gezeichnet, hier gehen wir links über die Terrassenfelder in westliche Richtung. Kurz nach einem Barranco unterqueren wir die Stromleitung und sehen schon in der Ferne Ruinen, die wir rechts liegen lassen. Bei einem Steinmännchen beginnt der versteckte Abstieg in das Barranco. Der Weg gabelt sich – wobei wir links im weiteren Verlauf direkt durch das Barranco gehen – und auf der gegenüberliegenden Seite auf dem nicht einfach auszumachenden Pfad – parallel zum Barranco und talauswärts – weitergehen. Bei einem felsigen Bergrücken – auch markiert mit einem Steinmännchen – queren wir diesen nach rechts auf einen nun gut auszumachenden Pfad, um nach 420 Metern den **Fernwanderweg** 05 (226 m) zu tangieren. An dieser Stelle folgen wir nicht dem Fernwanderweg, sondern gehen nun südlich Richtung Meer. Wir treffen auf den Hinweg und folgen ihm zurück nach **Playa del Medio** 01.

IMADA – ALTO DE GARAJONAY • 1484 m – IMADA

Besteigung des höchsten Berges von Süden

10 km | 4:40 h | 615 hm | 615 hm | 231

START | Die Buslinie 3 verbindet Imada mit dem Playa de Santiago und San Sebastián. Mit dem Pkw von Playa de Santiago kommend biegen wir hinter der Ortschaft Alajero rechts Richtung Imada ab. Gegenüber der Ba-Cafeteria Arcila gibt es einen kleinen Parkplatz. Geoordinaten Parkplatz:
[N28° (02).292 W17° 10.880 oder 28.0382 -17.181333].
CHARAKTER | Uns erwartet eine Wanderung auf stets guten Wegen bei eindeutiger Wegführung. Achten Sie darauf, einen Tag für diese Tour zu wählen, an dem der Passatwind – und die damit verbunden Wolken – eine Pause eingelegt hat.

Imada, der Ausgangspunkt unserer Wanderung, liegt geschützt durch das zentrale Hochgebirge und die Roques, zwischen Palmen, Mandelbäumen, Feigenbäumen und Kakteen auf 904 Meter Höhe. Begünstigt wird die Lage durch eine Quelle, die ganzjährig Wasser führt. Schnell steigen wir aus dem Talkessel auf und dann führt der größte Teil der Wanderung durch den Nationalpark Garajonay, den die UNESCO 1986 wegen seiner in der Welt einzigartigen Flora und Fauna zum Weltnaturerbe der Menschheit erklärt hat. Mehr

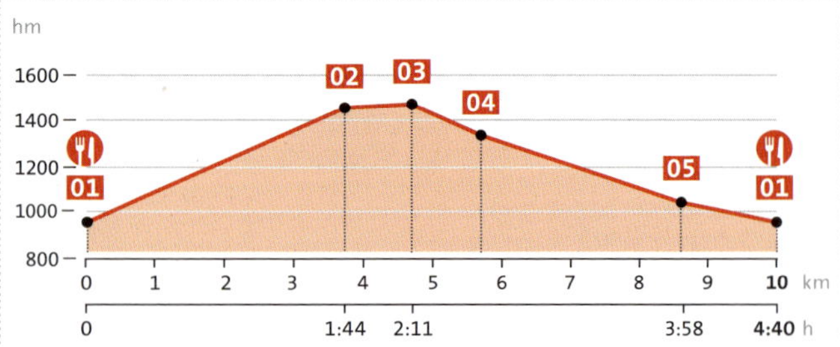

01 Imada 904 m; 02 Feuerschneise 1439 m; 03 rechts 1464 m; 04 links Richtung Le Roques 1376 m; 05 Barranco queren 1098 m

Imada

als die Hälfte des Parks – der eine Ausdehnung von 3984 ha hat – ist von dichten immergrünen Wäldern bedeckt. Wobei unsere Wanderung auf der sonnenbegünstigten Hälfte von La Gomera verläuft und nur kurze Stücke des Nebelwaldes durchquert. Das Highlight ist die Besteigung des höchsten Berges von La Gomera. Wir staunen über die atemberaubenden Ausblicke über die Insel und bei guter Sicht auf die Nachbarinsel.

▶ Vom **Imada** 01 (904) m gehen wir bergauf an der Bar und Cafeteria vorbei in nördlicher Richtung, bis sich nach 70 Metern der Weg gabelt und wir fortan auf dem linken Zweig – dem Camino – mit einem steilen Aufstieg beginnen. Nach gut einem Kilometer und 330 Höhenmeter erreichen wir Felder und Weinreben. Nach 200 m queren wir die GM-3 nach links, um beim Wasserspeicher links vorbei zu gehen und einem an seinem südlichen Ende auf einen mit Steinen gesäumten Camino zu gelangen. Schon bald sehen wir links oberhalb des Dorfes Igualero die Ermita San Francisco de Asís. Wir treffen auf eine Schotterpiste, die wir bereits nach 70 Metern wieder nach rechts verlassen, um dann bei der Asphaltstraße links zu gehen und abermals nach 70 Metern hinter der Bushaltestelle dem Wanderweg Richtung Alto de Garajonay zu folgen. Nach einem kurzen Anstieg treffen wir auf einen Forstweg. Hier gehen wir rechts, entgegen dem Wegweiser, links zum Alto de Garajonay. Nach 300 Metern, kurz vor einer Einsattelung, gehen wir scharf links bergauf, auf den im Frühjahr oft zugewachsenen Pfad. Nach 150 Metern treffen wir auf eine links von uns liegende **Feuerschneise** 02 (1439 m), an deren rechten Rand wir weglos bis zum Maschendrahtzaun des Sendemastes aufsteigen, um an diesen rechts vorbei an einer Mauer auf eine Piste zu gelangen, die bis zum Gipfel des **Alto de Garajonay** (1484 m) führt. Nach einer Pause überqueren wir den Gipfel in nordöstliche Richtung und wandern auf dem vor uns liegenden Bergrücken, durch eine Senke, um nach 150 m den Hauptweg nach **rechts** 03 (1464 m) zu verlassen. Wir steigen durch

Alto de Garajonay

ein Stück Nebelwald ab, erreichen eine Forststraße, an der wir links zur Kreuzung vorgehen. Diese queren wir in östlicher Richtung zu dem gegenüberliegenden Parkplatz und der Bushaltestelle. Wir gehen weiter Richtung Imada auf der breiten Forststraße. Nach weiteren 250 Metern verlässt die Forststraße ein Pfad **links Richtung Le Roques** **04** (1376 m). Er führt in östliche Richtung entlang des Hauptkammes des Hochgebirges, bis wir auf die Hauptstraße treffen und an dieser scharf rechts auf dem Forstweg leicht bergab gehen. Wir treffen auf einen großen Eukalyptusbaum und ignorieren den linken Abzweiger. Schauen wir an dieser Stelle nach links, ergibt sich ein wunderschönes Panorama auf den Roque de Agando, bei sehr guter Sicht mit dem Teide im Hintergrund. Nach weiteren 110 m lassen wir den rechten Abzweiger links liegen und nach 450 Metern macht die Forststraße eine Rechtskehre, an der wir geradeaus weitergehen – leicht bergauf – einen mit Steinen gesäumten Weg. Im Frühjahr ist der nachfolgende Wegabschnitt durch das Barranco de Ozador meistens stark verwachsen mit einer 60–80 cm hohen Blumenwiese. Wir treffen auf eine Weggabelung an einer steinigen Stelle, an der wir das **Barranco queren** **05** (1098 m). Wir gehen rechts an den mit dem Holzgeländer versehenen Wanderweg, erreichen eine Anhöhe und sehen den Roque de Imada oberhalb des Dorfes **Imada** **01**, dem Ausgangspunkt unserer Wanderung.

Bergrücken Richtung Norden

Roque de Agando

ALAJERÓ – IMADA – BARRANCO DE GUARIMIAR – TARGA – ALAJERÓ

Barranco de Guarimiar – Wanderung am Abgrund

10,2 km | 4:10 h | 636 hm | 636 hm | 231

START | Busanbindung: Buslinie 3 und 6. Mit dem Pkw von Playa de Santiago kommend passieren wir das Ortsschild von Alajeró, fahren noch am Restaurant El Mesón de Clemente vorbei, um kurz hinter der links liegenden Bushaltestelle am Straßenrand zu parken. Geoordinaten Parkplatz:
[N28° 03.470 W17° 14.071 oder 28.057833 -17.234517].
CHARAKTER | Uns erwartet eine Wanderung auf stets guten Wegen bei eindeutiger Wegführung. Am Ende der Wanderung ist der Aufstieg nach Targa noch einmal fordernd.

Das Barranco de Guarimiar ist ein wunderschön, einsam gelegenes Tal im sonnigen Süden der Insel und zählt mit zu den beeindruckendsten Schluchtausläufen auf La Gomera. Die artenreiche Vegetation und die vielfarbigen Erosionsschichten machen diese herrlichen Panoramaweg mit einem imposanten Steilabstieg, längs eines 150 Meter hohen Wasserfalls, zu einem außergewöhnlichen Erlebnis. Vier Kilometer lang schlängelt sich das Barranco de Guarimiar von Imada, bis es sich mit dem Barranco de Santiago vereinigt. Dabei werden 640 m Höhenunterschied bewältigt. Wir begleiten das Barranco auf einer Länge von 3 km, bevor wir den Aufstieg auf einen

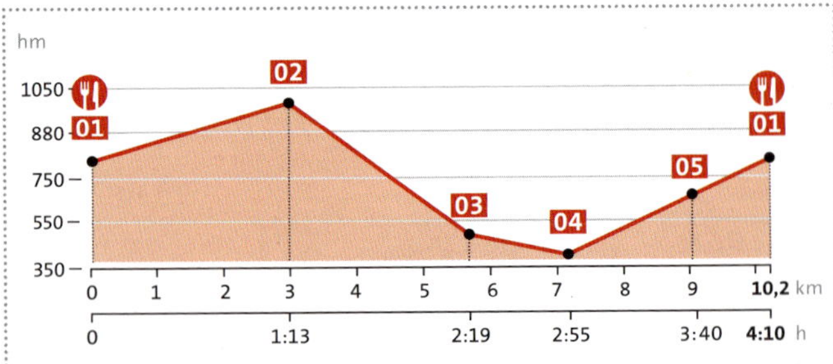

01 Alajeró 789 m; 02 Roque de Imada 1004 m; 03 Barranco de Guarimiar 585 m; 04 Guarimiar 388 m; 05 Targa 735 m

Alajeró

architektonisch genial angelegten Camino Richtung Targa und zurück zum Ausgangspunkt einschlagen.

▶ Vom **Start Ziel Alajeró** 01 (789 m) gehen wir ca. 40 m auf der Straße Richtung San Sebastián, um noch vor dem Restaurant El Mesón de Clemente, vor einem Zebrastreifen links in die schmale Gasse – Weg mit dem Geländer – zwischen den Häusern hindurchzugehen. Bei einer großen Steinplatte gehen wir links bis zur GM-3 vor, gehen ein kurzes Stück auf dieser, um dann rechts den Wanderweg zur tiefer gelegenen Nebenstraße zu nehmen und dort rechts dem Verlauf der Straße 600 m folgen. In einer scharfen Linkskurve der Straße gehen wir halb rechts am braunen Garagentor vorbei und erreichen den zentralen Hauptplatz von Alajeró. Mittig zwischen den Häusern, in nördlicher Richtung, beginnt der Weg Richtung Imada. Wir erreichen abermals die GM-3, gehen auf der Asphaltstraße ortsauswärts an der Busstation vorbei, die Straße macht eine Linkskehre und 20 m hinter einer Ruine verlässt der Camino nach rechts die GM-3. Wir treffen auf die Zufahrtsstraße nach Imada, gehen auf dieser rechts, durch die Linkskurve, um dann nach 50 m die Leitplanke nach rechts zu übersteigen und den Pfad Richtung Imada zu nehmen. Imposant steht vor uns der Vulkanschlot **Roque de Imada** 02 (1004 m). Im weiteren Verlauf queren wir die Asphaltstraße abermals, um diese durch eine Öffnung in der Leitplanke zu verlassen. Nachdem wir einen Vorgarten passiert haben, gehen wir bei der nachfolgenden Asphaltstraße rechts und erreichen im weiteren Verlauf die Kirche Santa Ana. Direkt hinter der Kirche verlässt ein Camino nach rechts die Ortschaft, bis sich das Tal stark verengt und wir nun oberhalb des **Barranco de Guarimiar** 03 (585 m) wandern. Mit gigantischen Tiefblicken führt der Weg in steilen Kehren und über ein mit Geländer gesichertes Erosionsband talwärts. Da fällt mir nur ein: Dort innehalten, wo die Natur verzaubert. Wir erreichen das Dorf **Guarimiar** 04 (388 m) und gehen ein kleines Stück auf der Asphalt-

Roque Imada

straße, um bereits in der nächsten Linkskehre diese nach rechts auf den Wanderweg nach Playa de Santiago zu verlassen. Auch auf diesem Wegstück halten wir es nur 200 m aus, um dann rechts den beginnenden Pfad Richtung Targa zu begehen. Unermüdlich schraubt sich dieses architektonische Kunstwerk von Camino über 340 Höhenmeter bis in die Ortschaft **Targa** 05 (735 m). Wir laufen auf der Asphaltstraße rechts durch den Ort, um nach einer ersten Linkskehre – bei dem Haus mit dem grünen Garagentor – dem Camino rechts bergauf zu folgen. Abermals erreichen wir eine Straße, der wir 90 Meter nach links weitergehen, um auf die große Steinplatte vom Hinweg zu treffen. Auf dem bekannten Hinweg wandern wir zurück nach **Alajeró** 01.

Barranco de Guarimiar

Roquillo de Alajeró
1239
Fuente Barranquilla
Fuente de los Arcones
Bar Arcila
GM-3
1089
Imada
El Cabezo
Barranco de Izador
El Azadoe
Ruinen von Azadoe
750
862
Lomo del Azadoe
Embalse de Benchijigua
Roque de Imada
1079
55
02
03
Tajonaje
Casanueva
1074
792
Casas Agalán
Barranco de Guarimiar
El Palmarejo
926
500
Palo Chiruca
Ermita de Guarimiar
Ladolián
04
Barranco de Santiago o Guarimiar
Montaña Castilla
908
San Salvador
Alajeró
Vegavera
Cabezo de las Vetillas
846
05
Targa
Roque de Targa
777
01
Roque de los Moros
702
GM-3
Ermita San Isidor
Calvario
806
Roque Redondo
677
Tañe
Ladera de Hondura
0 500 m
Roque de Becerro
614
Antoncojo
Repecho

CASERIO TACO – PASTRANA – LO DEL GATO – CASERIO TACO

Wanderung vor der idyllischen Kulisse des Roque Agando

8,7 km | 3:40 h | 502 hm | 502 hm | 231

START | Keine Busanbindung. Mit dem Pkw fahren wir von Laguna de Santiago Richtung Playa de Santiago, biegen aber bereits rechts vor dem Tunnel – der die Ortsteile verbindet – rechts in das Barranco der Santiago, Richtung Tasco und Pastrana und fahren bis zur ersten Gabelung der Straße. Hier halten wir uns rechts und können nach 10 m links am Straßenrand parken. Geoordinaten Parkplatz: [N28° 03.397 W17° 12.637 oder 28.056617 -17.210617].
CHARAKTER | An zwei Schlüsselstellen ist Orientierungsvermögen erforderlich. Der Wanderweg ist im Frühjahr sehr eingewachsen.

Vor den Toren von Playa de Santiago befindet sich diese Wanderung durch das idyllische Barranco de Benchijigua zum Weiler Lo del Gato. Das Landschaftsbild beim Aufstieg ist von steil aufragenden Felswänden unterhalb der idyllischen Kulisse des Roque Agando geprägt. Während der Aufstieg durch das Barranco gemütlich verläuft, ist der Aufstieg zum aussichtsreichen Lomo del Azadoe sportlich und fordernd. Dafür genießt man auf diesem Wegabschnitt atemberaubende Weitblicke weit oberhalb des

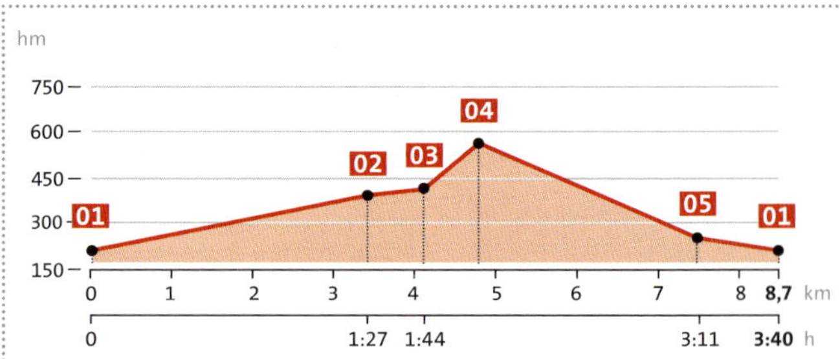

01 Start Ziel Caserio Taco 158 m; 02 Schlüsselstelle eins 471 m; 03 Lo del Gato 461 m; 04 Schlüsselstelle zwei 588 m; 05 rechts 272 m

Caserio Taco

Barranco de Benchijigua bis zum Playa de Santiago.

▶ Vom **Caserio Taco** 01 (158 m) gehen wir auf der Anfahrtsstraße taleinwärts bergauf, das Tal wird zunehmend schmaler und wir passieren die Casas de Pastrana. Die Straße endet und geht bei einer Parkbucht in den Wanderweg über. Wir folgen diesem Weg durch das Barranco de Benchijigua Richtung des Dorfes Benchijigua. Wir steigen in das Barranco hinunter und wandern ein kurzes Stück im Trockenflussbett, um oberhalb von zwei runden Wasserauffangbecken dieses wieder zu verlassen. Bei guter Sicht hat man bereits ab hier einen sagenhaften Panoramablick auf den Roque de Agando. Auf der gegenüberliegenden Talseite lässt sich der Weiler Lo del Gato ausmachen. Ist man damit beschäftigt den Blick auf den Roque der Argan zu genießen, so kann es leicht passieren, dass man den links abzweigenden Pfad an dieser **Schlüsselstelle eins** 02 (471 m) verpasst. Der Abzweiger ist daran zu erkennen, dass der Camino in eine kleine Senke hinunter führt und ein mit einem Steinmännchen markierter Pfad – im Frühjahr oft sehr verwachsen – Richtung Lo del Gato beginnt. Wir queren das Barranco und links unterhalb eines großen Felsens beginnt wieder der Aufstieg zum Weiler. An einer Mauer endet der Weg und wir gehen rechts, vorbei an dem roten Haus, durch eine enge Gasse, bis wir links entlang eines Treppengeländers in den Ortskern gelangen. Der Weiler **Lo del Gato** 03 (461 m) wird von wenigen Menschen bewohnt und befindet sich unterhalb vom Benchijigua. Neben zahlreichen traditionellen Häusern gibt es auch einige Neubauten. Und ganz wichtig, eine Quelle ist vorhanden. Für den weiteren Weg queren wir den Ort 100 m in südliche Richtung, bis wir links unterhalb von uns ein grünes Haus sehen, hier verlassen wir den Weg mit dem Geländer, machen eine 90-Grad-Kehre nach rechts und gehen in westlicher Richtung in das kleine Barranco, weitere 160 m hinein. Dabei passieren wir ein Wasserauffangbecken und laufen durch hohes Schilf, bis sich

Vor der Schlüsselstelle eins

eine gute Möglichkeit ergibt, das Barranco nach links zu queren. Wir befinden uns nun auf einem schwer auszumachen und stark zugewachsenenden Pfad, nur vereinzelt aufgestellte Steinmännchen markieren den richtigen Weg – die Wegrichtung hat auf Süd gedreht – der auf die vor uns liegende Anhöhe führt. Zunächst in langen Kehren, bis dann in engen Kehren der finale Aufstieg erfolgt. Wir übersteigen einen Bergrücken und gehen halb rechts immer leicht an Höhe gewinnenend, bis wir die **Schlüsselstelle zwei** 04 (588 m) erreichen. Halb links, 10 m unterhalb von uns sehen wir rote Gesteinsbrocken – sehen wir diese nicht unterhalb müssen wir aufsteigen -, rechts erhöht sehen wir ein Steinmännchen, an dem vorbei wir über einen weiteren Bergrücken steigen, um auf die Terrassenfelder des Lomo del Azadoe zu gelangen. Fortan gehen wir in westlicher

Lo del Gato

Richtung, steigen langsam über die Terrassenfelder auf – entlang der Steinmännchen -, bis wieder ein Weg auszumachen ist, der uns in südlicher Richtung auf einen weiteren Wanderweg bringt, dem wir nun talauswärts und bergab folgen, bis wir auf eine Asphaltstraße treffen. Hier gehen wir **rechts** 05 (272 m), bei der nächsten Möglichkeit links, ein kurzes Stück entlang des Barranco de Guarimiar, bis wir wieder zur **Caserio Taco** 01 kommen.

PLAYA DE SANTIAGO – ROQUE DE LOS MOROS – BARRANCO DE LOS COCOS – PLAYA DE SANTIAGO

Aufstieg zu dem Aussichtsberg Roque de los Moros 742 m

14,4 km | 5:55 h | 726 hm | 726 hm | 231

START | Busanbindung: Linie 3 und 7. Mit dem Pkw fahren wir nach Laguna de Santiago und bei dem Barranco am Kinderspielplatz gibt es Parkplätze. Weitere gibt es auf der gegenüberliegenden Seite des Barrancos. Geoordinaten Parkplatz: [N28° 01.807 W17° 11.663 oder 28.030117 -17.194383].
CHARAKTER | Stets gute Wege, seichter Anstieg und Abstieg und eindeutige Wegführung. Die einzige Herausforderung ist die Länge der Strecke sowie die Höhenmeter.

Vor den Toren von Playa de Santiago, aber eher unbekannt, liegt eine kleine Gruppe von Roques zwischen den Ortschaften Antoncojo und Targa. Vom höchsten Punkt, dem Roque de los Moros, genießen wir ein TOP-360°-Panorama über den gesamten südlichen Teil von La Gomera. Richtung Norden kann man bis in das zentrale Hochgebirge schauen. Auf dem Rückweg dieser herrlichen Panoramawanderung folgt ein spannender Abstieg durch den idyllisch gelegenen Bachlauf des Barranco de los Cocos. Palmen und Drachenbäume zieren

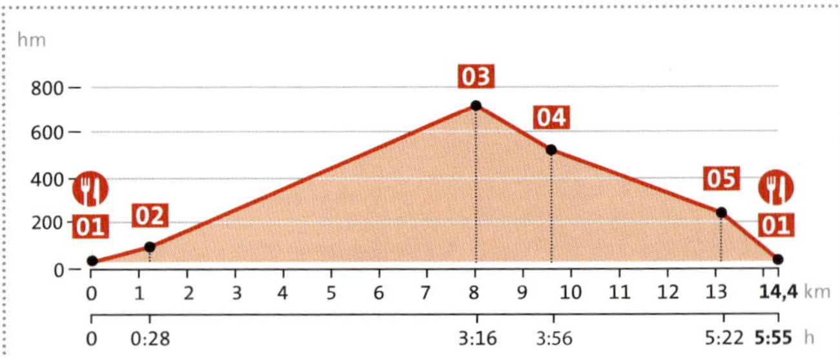

01 Playa Santiago 16 m; 02 GM-3 77 m; 03 Roque de los Moros 742 m; 04 Antoncojo 537 m; 05 Mirador de La Trinchera 150 m

Playa de Santiago

den engen Bachlauf unterhalb des Roque Redondo bis zum finalen Abstieg nach Playa de Santiago.

▶ Von **Playa Santiago** 01 (16 m) gehen wir Richtung Hafen – in westlicher Richtung – entlang der Küstenstraße, um dann bei der nächsten Möglichkeit rechts – auf der gegenüberliegenden Straßenseite ist der Taxistand – abzubiegen und dieser Straße ortsauswärts zu folgen bis sie endet. Hier biegen wir links ab, Richtung Valle Gran Rey, um nach 120 m von der **GM-3** 02 (77 m) scharf nach rechts abzubiegen. Schon bald geht die Asphaltstraße in eine Schotterpiste über und von nun an gehen wir auf einem zunehmend breiter werdenden Bergrücken Richtung der Roques de los Moros und Redondo, die in der Ferne gut auszumachen sind. Hinter einer Ruine ergeben sich rechts atemberaubende Blicke in das 300 m tiefer liegende Barranco de Santiago. Auch ist im zentralen Hochgebirge der Vulkanschlot Roque de Agando sehr gut zu sehen. Wir erreichen einen Abschnitt mit vielen Terrassenfeldern, gehen Richtung Westen, bis wir auf einen Abzweiger nach links treffen – dort steht ein einzelner Betonpfeiler. Diesen Abzweiger ignorieren wir und bleiben auf dem Hauptweg. In gemütlichen langen Kehren gewinnen wir kontinuierlich an Höhe. Wir erreichen Palmen, die Piste macht eine scharfe Rechtskurve, an dieser Stelle folgen wir dem Camino Richtung Targa. Wir kommen auf den **Roque de los Moros** 03 (742 m). Von Süden ist die Besteigung nicht einfach. Daher gehen wir weitere 70 m unterhalb des eingezäunten Grundstücks und folgen an der folgenden Wegkreuzung den Abzweiger nach rechts, Richtung Targa. Nach weiteren 70 m entlang einer 5 m hohen Felswand verlassen wir den Camino nach rechts, steigen über die Terrassenfelder weglos auf, erreichen eine Asphaltstraße die zu dem Grundstück führt – welches wir gerade umgangen haben. An dieser gehen wir links, bis die Straße endet und nachher rechts direkt auf den Roque zu, der von dieser Seite einfach zu erklimmen ist. Nach einer ausgiebigen Pause mit 360°-Panoramablick über den gesamten Süden der Insel gehen wir die 320 m zurück zu der Weg-

Kurz nach der Abzweigung GM-3

kreuzung mit dem Abzweiger nach Targa, gehen aber an dieser Stelle nicht links den Hinweg, sondern rechts Richtung Antoncojo. Unterhalb des Roque Redondo steigen wir in das Barranco de los Cocos ab und laufen auf einem wildromantischen Weg mit Palmen gesäumt – mal im Barranco mal neben dem Barranco -, bis wir die Ortschaft **Antoncojo** 04 (537 m) erreichen. An der folgenden Asphaltstraße gehen wir rechts bergauf und nach weiteren 100 m links und nach weiteren 250 m am Ende der Straße gehen wir geradeaus weiter. Bei einzelnenstehenden Häusern erreichen wir wieder eine Asphaltstraße. Diese führt oberhalb eines weiteren Staudamms vorbei und in der folgenden Rechtskurve der Straße, gehen wir halb links auf den beginnenden Camino, Richtung Playa de Santiago. Wir gehen ein kurzes Stück auf der GM-3, bis wir auf Höhe der Start- oder Landebahn sind, um hier links vor einem grünen Maschendrahtzaun auf einen Camino bis zum **Mirador de La Trinchera** 05 (150 m) zu wandern. Es folgt der finale Abstieg nach **Playa Santiago** 01.

SAN SEBASTIÁN – PLAYA DE LA GUANCHA – SAN SEBASTIÁN

Genusswanderung am tiefblauen Meer entlang zu einem versteckten Traumstrand

7,9 km | 3:10 h | 159 hm | 159 hm | 231

START | Buslinien: 1, 2, 3 und 7. Dem Pkw parken wir am südlichen Ende des Playa San Sebastian. GPS Koordinaten Parkplatz: [N28° 05.268 W17° 06.792 und 28.0878 -17.1132].
CHARAKTER | Sehr gut zu begehender Wanderweg, eindeutige Wegführung und geringe Höhenmeter.

Möchte man dem Trubel von San Sebastián de la Gomera entfliehen, so bietet sich diese kurze und einfache Wanderung zu dem wenig frequentierten Traumstrand westlich der Hauptstadt – mit Sonnengarantie im sonnenbegünstigten Süden – an. Auch in Vorbereitung auf größere Touren ist dies eine gute Einsteigerwanderung. Ganz nebenbei gibt es eine tolle Gelegenheit für ein Sonnenbad, sowie ein Bad im Atlantischen Ozean.

Vom **Playa San Sebastian** 01 (5 m) verlässt nach rechts eine Schotterpiste – vor dem Barranco – Zufluss und hinter dem Sportplatz – die Hauptstraße. An der folgenden Weggabelung gehen wir links, vorbei an den örtlichen Dieselmotoren zur Stromgewinnung, um nach 285 Metern scharf links den beginnenden Camino entlang des grünen Zauns bergauf zu laufen. Sehr schnell gewinnen wir an Höhe, erreichen einen ersten **Aus-**

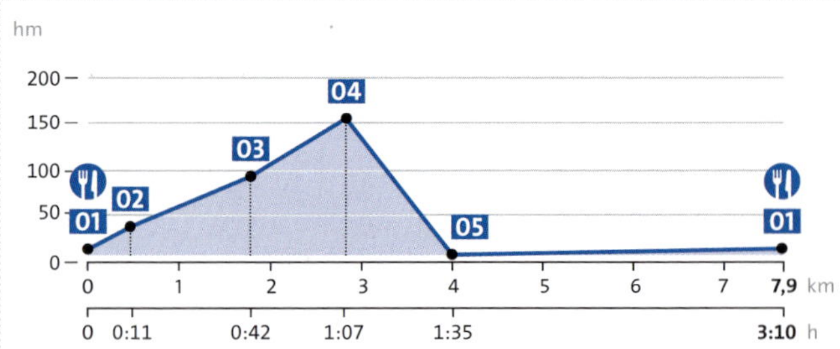

01 Playa de San Sebastián 5 m; 02 Aussichtspunkt 58 m; 03 Barranco del Revolcadero 98 m; 04 Atlantischer Ozean 164 m; 05 Playa de Gunacha 5 m

Playa de San Sebastian

Hafen San Sebastián de la Gomera

sichtspunkt 02 (58 m), mit einem Traumblick über San Sebastián. Weiter führt der Weg unterhalb des rechts von uns liegenden 230 m hohen Tomada del Machal. Dort befindet sich das Monumento al Sagrado Corazon de Jesus und der neu erbaute Mirador del Cristo. Hinter einer Ruine neigt sich der Weg in das **Barranco del Revolcadero** 03 (98 m), bis er wieder an Höhe gewinnt und wir nun auf einem schönen Weg in

Blick zum Hafen San Sebastián de la Gomera

gleichbleibender Höhe wandern. Schaut man über den **Atlantischen Ozean** 04 (164 m), so besteht kein Zweifel, wir befinden uns auf einer Insel. Nur bei sehr guter Sicht lässt sich in der Ferne Gran Canaria ausmachen. Wolfsmilchgewächse sind an einer der trockensten Stellen der Insel landschaftsprägend. Vereinzelt lassen sich noch Terrassenfelder aus vergangenen Tagen ausmachen. Schon bald öffnet sich der Blick auf den vor uns liegenden Playa Guancha, in den das mächtige Barranco Guancha mündet. Möchte man noch weiter zum Playa del Caprito wandern, so gilt es, den Risco de la Amargua am Talende zu übersteigen. Wir steigen in langen Kehren zum **Playa de la Guancha** 05 (5 m). Wir erreichen einen 350 Meter langen Abschnitt, der bis zu 20 Meter breit ist. Bis auf wenige sandige Stellen besteht er aus grobem abgerundeten Kieselsteinen. Baden ist ohne Probleme möglich, da es keine tückischen Strömungen gibt und der Wellengang in der Regel – solange der Nordost-Passat weht – sehr gering ist. Wir gehen auf dem gleichen Weg zurück.

DEGOLLADA DE PERAZA – LA LAJA – ROQUE DE AGANDO

Höhenwanderweg unterhalb lang erloschener Vulkanschlote

8,5 km | 3:00 h | 628 hm | 628 hm | 231

START | Buslinien 1, 3 und 7. Mit dem Pkw sind es von San Sebastián 15 km auf der GM-2 bis zum Parkplatz bei der Bushaltestelle oder beim Restaurant Degollada de Peraza. Geokoordinaten Parkplatz: [N28° 05.918 W17° 10.991 oder 28.098633 -17.183183].
CHARAKTER | Perfekt angelegter Wanderweg bei immer eindeutiger Orientierung.

Während der Abstieg nach La Laja und der Aufstieg zum Roque de Agando durch ein windgeschütztes Tal mit einem Schatten spendenden Kiefernwald verläuft, immer wieder mit atemberaubenden Blicken auf die „Familie“ der Roques, treffen wir an 80 % aller Tage unterhalb des Roque de Agando auf komplett andere Wetterbedingungen – die ganze Kraft der stark wehenden Passatwinde. Das folgende Teilstück der Wanderung durch das zentrale Hochgebirge verläuft auf der Grenze zwischen dem feuchten Norden und dem trockenen Süden. An Tagen mit guter Sicht lässt sich der Gegensatz hautnah selber erleben. Gegensätzlicher kann Wetter auf so engem Raum nicht sein – einfach beeindruckend.

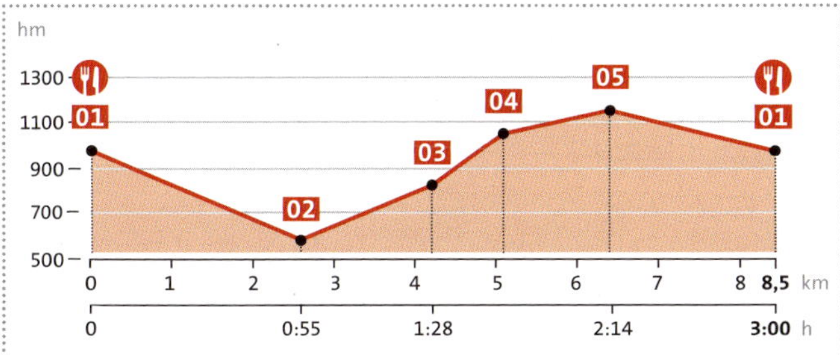

01 Degollada de Peraza 962 m; 02 La Laja 547 m;
03 Casa del Manco 864 m; 04 Ostwand Roque de Agando 1080 m;
05 Ermita de Nuestra Señora de Las Nieves 1138 m

Degollada de Peraza

Die Hauptstadt San Sebastián de la la Gomera wurde nach der spanischen Eroberung von Hernán Peraza im Jahr 1440 in Besitz genommen. Nach ihm wurde die **Degollada de Peraza** 01 (962 m), der Ausgangspunkt unserer heutigen Wanderung benannt. Bei guter Sicht kann man in der Ferne Teneriffa und den Teide ausmachen. Rechts vom Mirador führt ein breit gepflasterter Weg hinab in das Barranco de Las Lajas. Bei der ersten Weggabelung halten wir uns links Richtung La Laja. Recht bald sehen wir unter uns das idyllische Bergdorf La Laja und halb links lässt sich schon einmal die „Familie" der Roques blicken, bis auf den Roque de Agando, auf dem die Sicht noch versperrt ist. Wir haben einen kleinen Bergrücken gequert, rechts führt ein Weg zu einem Aussichtspunkt und links zweigt ein Höhenweg oberhalb des Dorfes **La Laja** 02 (547 m) ab – unserer weiterer Weg. Besonders landschaftsprägend sind die vielen noch gut erhaltenen Lavamauern – die sogenannten Dykes – und der Kiefernwald. Das Hochtal wird eingerahmt von einer eindrucksvollen Bergkulisse am östlichen Rand des Garajaonay-Nationalparks. Der Weg gabelt sich links Richtung Roque de Agando und rechts hinunter nach La Laja. Wir folgen dem pompös inszenierten Wegweiser Richtung Roque. Ein steil ansteigender, mit Steinen gepflasterter Pfad, führt durch einen lichten Kiefernwald mit einem feinen Nadelteppich sowie vereinzelt abgestorbenen Eukalyptusbäumen. Am oberen Waldrand erreichen wir die verfallene **Casa del Manco** 03 (864 m). Auf dem weiterführenden Weg lassen wir die Casa rechts von uns liegen, steigen weiter auf, bis sich vor uns die **Ostwand des Roque de Agando** 04 (1080 m) erhebt, eines der Wahrzeichen von La Gomera. Seine kleineren Geschwister sind der Roque de la Zarcita (1223 m), der Roque de Las Lajas (1139 m) und der massive Roque de Ojlla (1171 m). Weiterhin über einen perfekt gepflasterten Camino erreichen wir die Höhenstraße GM-2, an der wir links gehen, über einen kleinen Damm, um dann halb links, etwas erhöht, dem beginnenden Pfad zu folgen. Wir stoßen auf eine Asphaltstraße, der Weg führt vorbei an der **Ermita de Nuestra Señora de Las Nieves** 05 (1138 m) und nach weiteren 700 m verlassen wir die Asphaltstraße nach links auf einen Pfad zurück bis zum Ausgangspunkt an der **Degollada de Peraza** 01.

La Laja unterhalb der Roques

SAN SEBASTIÁN – AYAMOSNA – ROQUE SOMBRERO – SAN SEBASTIÁN

Roque-Slalom mit Bademöglichkeit

16,7 km | 6:50 h | 1007 hm | 1007 hm | 231

START | Buslinien: 1, 2, 3 und 7. Fährt man mit dem Pkw nach San Sebastián hinein, so fahren wir beim ersten großen Kreisverkehr – beim Busbahnhof – Richtung Valle Gran Rey biegen hinter der Brücke gleich links in der Seitenstraße zum Playa del San Sebastián, wo es immer gute Parkmöglichkeiten gibt. Geokoordinaten Parkplatz: [N28° 05.440 W17° 06.819 und 28.090667 -17.11365].
CHARAKTER | Die Wegführung ist auf dieser langen Wanderung, bis auf nur eine Schlüsselstelle, immer eindeutig. Der Abstieg in das Barranco del Cabrito ist steil auf rutschigem Untergrund.

Während des Aufstiegs von San Sebastián de la Gomera nach Ayamosna wird das Rauschen des Passat-Windes unser stetiger Begleiter sein. Auf dem dann folgenden Abstieg lässt sich beeindruckend erleben, wie die Insel von mächtigen Schluchtausläufen, wie dem Barranco de la Guancha und dem Barranco del Cabrito, durchzogen ist. Flankiert wird die Kulisse von langen, durchgehenden Bergrücken, die sich vom zentralen Hochgebirge bis an die Küste schlängeln. Unterbrochen werden die Bergrücken von markanten Vulkanschloten wie dem Roque de Magro, dem Roque de Sombrero, ein Granitkoloss ohne Namen, die Steinerne Hand und

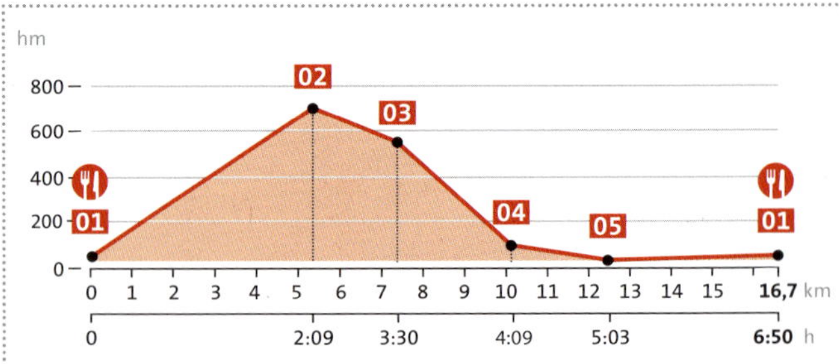

01 San Sebastián 5 m; 02 Ayamosna 714 m; 03 Roque de Sombrero 589 m; 04 Schlüsselstelle 90 m; 05 Playa de la Guancha 5 m

San Sebastián de la Gomera

dem Roque Garcia. Auf dieser Wanderung zeigt sich abermals, dass La Gomera eines der vielfältigsten Urlaubsziele der Kanaren ist. Zur Abrundung eines perfekten Wandertages wartet ein Bad im Atlantischen Ozean.

▶ Vom Parkplatz in **San Sebastián** 01 (5 m) gehen wir auf der GM-2 Richtung Valle Gran Rey, vorbei an dem links von uns liegenden Industriegebiet. Wir treffen auf einen ersten rechten Abzweiger, den wir ignorieren, um nach 285 m rechts in die Asphaltstraße zu gehen und sofort bei der nächsten Möglichkeit links bergauf bis zum Ende der Straße, bei einer Parkbucht, zu gehen. Wir laufen links um das letzte Haus herum, damit wir auf dem rechts aufsteigenden Camino weiterwandern. Dieser zieht sich auf dem Lomo de la Cruz bis zur ersten Häuseransammlung unterhalb von La Sabina, wo wir auf die Asphaltstraße treffen und auf dieser nach links bis zu einer Ruine gehen. Im weiteren Verlauf bis zum Dorf **Ayamosna** 02 (714 m) queren wir mehrmals die Asphaltstraße. Auf Höhe eines Strommastens, unterhalb des Dorfes Ayamosna zweigt links ein Pfad ab, den wir links liegen lassen, um auf der Piste, die in eine Asphaltstraße übergeht, zu bleiben. Einen Abzweiger rechts bergauf ignorieren wir und gehen vor bis zur GM-2, die wir überqueren und in das Barranco de la Guancha absteigen, um auf der anderen Seite wieder aufzusteigen und kurz hinter dem Roque de Magro auf Ruinen zu stoßen. Der folgende Abstieg über den Bergrücken, wird ein wahrer Roque-Slalom. Er führt durch eine traumhaft schöne Landschaft. Dabei führt der Weg vorbei am **Roque de Sombrero** 03 (589 m), ein Granitkoloss ohne Namen und die Steinerne Hand, bevor wir vor dem Roque Garcia in das Barranco del Cabrito, steil und auf rut-

Roque de Sombrero von Ayamosna aus gesehen

schigem Untergrund, absteigen. Wir queren das Barranco, orientieren uns an Steinmännchen und laufen 650 m im Barranco talauswärts, bis zu einer **Schlüsselstelle** 04 (90 m). Wir sehen ein verrostetes Schild – Richtung Seima –, während wir den vielen Steinmännchen folgend das Barranco nach links queren und den unscheinbaren Camino – im Hang langsam ansteigend – zur Einsattelung folgen. Dort steigen wir in das Barranco de la Guancha ab und folgen dem Trockenflusslauf bis zum Traumstrand **Playa de la Guancha** 05 (5 m). Nach einer ausgiebigen Badepause folgt nach einem letzten kurzen Aufstieg eine kurze Genusswanderung entlang des tiefblauen Meers des Atlantischen Ozeans, bis unser Wanderweg sich Richtung San Sebastián neigt und wir mitten im Industriegebiet aufschlagen. An der Asphaltstraße lassen wir die Abzweiger nach links und rechts unberücksichtigt und gehen geradeaus weiter, an dem Fabrikgebäude mit dem grünen Dach, bis wir die GM-2 erreichen und nur einige Meter rechts bis zum Parkplatz in **San Sebastián** 01 gehen.

61

SAN SEBASTIÁN DEL LA GOMERA – THE BIG FIVE

Orientierungsrunde durch die Hauptstadt

6,7 km | 2:20 h | 244 hm | 244 hm | 231

START | Buslinien: 1, 2, 3 und 7. Fährt man mit dem Pkw nach San Sebastián hinein, so fahren wir beim ersten großen Kreisverkehr – beim Busbahnhof – Richtung Valle Gran Rey, biegen hinter der Brücke gleich links in der Seitenstraße zum Playa del San Sebastián, wo es immer gute Parkmöglichkeiten gibt. Geokoordinaten Parkplatz: [N28° 05.440 W17° 06.819 und 28.090667 -17.11365].
CHARAKTER | Prinzipiell ein einfacher Spaziergang, aber mit der Besteigung des Mirador del Cristo kommen doch 244 Höhenmeter zusammen. An wenigen Stellen ist der Weg nicht eindeutig auszumachen, hier wird der Orientierungssinn gefordert.

San Sebastián ist der Ausgangspunkt der Reisen des Kolumbus in die Neue Welt. Noch am 12. August 1492 hatte Kolumbus' Flotte vor La Gomera festgemacht, um Proviant und Wasser zu bunkern. Somit ist die kleine Inselhauptstadt ein kulturelles Muss für jeden Besucher der Insel. Auf dieser Kurzwanderung werden die wichtigsten Sehenswürdigkeiten nützlich verbunden und so zu einer Erlebniswanderung. Durch die Besteigung des Mirador del Cristo – von hier hat man die beste Aussicht auf San Sebastián – wird die

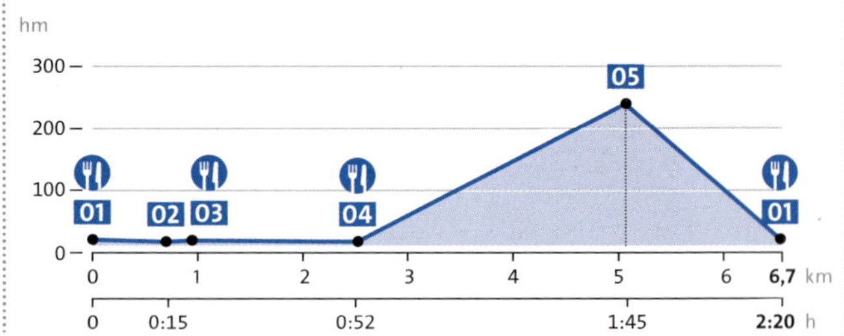

01 San Sebastian 8 m; 02 Kolumbus Haus 6 m;
03 Iglesia de Nuestra Señora de la Asunción 6 m;
04 Turm des Grafen 6 m; 05 Monumento Sagrado Corazon de Jesus 238 m

San Sebastián del la Gomera

Wanderung durch eine sportliche Komponente ergänzt. Resümee: Die Insel-Hauptstadt ist auf jeden Fall ein Besuch wert.

▶ von **San Sebastián** 01 (8 m) gehen wir über das Barranco quer durch den Kreisverkehr, lassen den Busbahnhof links liegen und gehen auf der Avenida de Colone, bis sie endet. Halb rechts in Verlängerung führt die Fußgängerzone direkt auf die Kirche zu. Wir machen aber noch einen Abzweiger nach links in die Calle Real zum **Kolumbus-Haus** 02 (6 m). Im Museum wird die gesamte nautische Geschichte von La Gomera abgehandelt. Die welthistorische Entdeckung Amerikas wird aufgearbeitet und Exponate aus dem achten Jahrhundert und mittelalterliche Weltkarten geben einen repräsentativen Einblick in die Schifffahrt vergangener Zeiten. Wir gehen zurück, um mitten im historischen Zentrum das dreischiffige Gotteshaus, die **Iglesia de Nuestra Señora de la Asunción** 03 (6 m), zu besuchen. Da die Kirche im 16. und 17. Jahrhundert zahlreichen Piratenüberfällen ausgesetzt war, ist sie sehr puristisch, mit nur einigen Tafelbildern und Gemälden aus der Renaissancezeit. Steht man vor der Kirche, befindet sich rechts in einem Nebengebäude das Archäologische Museum. Es wird berichtet über die Geschichte des alten La Gomera, aus der Zeit vor der Eroberung durch die Spanier. Die meisten sehenswerten und historischen Gebäude befinden sich in der verkehrsberuhigten Calle Real, der Vorzeigestraße San Sebastiáns. Diese gehen wir nun links vorbei am Tourismusbüro. Wir erreichen den Plaza de la Constitución, mit beeindruckenden Exemplaren indischer Lorbeerbäume. Links steht das Rathaus und geradeaus führt der Paseo Fred Olsen zum Hafen. Durch einen Tunnel auf der linken Seite erreicht man den Playa de la Cueva und rechts in die Felsen gebaut das Restaurant El Charcón. Wir gehen zurück Richtung Innenstadt und besuchen den **Turm des Grafen** 04 (6 m) im Parque La Torre. Der 15 m hohe, im spätgotischen Stil erbaute Turm, wurde im 15. Jahrhundert errichtet, um die Stadt gegen Pi-

Das Kolumbus-Haus

raten und Invasoren zu schützen. Vom Playa San Sebastián verlässt nach rechts eine Schotterpiste – vor dem Barranco-Zufluss und hinter dem Sportplatz – die Hauptstraße. An der folgenden Weggabelung gehen wir links, vorbei an den örtlichen Dieselmotoren zur Stromgewinnung, um nach 285 Metern scharf links den beginnenden Camino entlang des grünen Zauns bergauf zu laufen. Wir erreichen das erste Stück ohne Steigerung, rechts sehen wir zwei Steinhaufen und 40 m links vor uns ist eine Ruine. Hier verlassen

Iglesia de Nuestra Señora de la Asunción

wir den Camino über die verfallenen Terrassenfelder weglos in nördlicher Richtung auf einen weißen markierten Stein zu. Vor einem zweiten weißen Stein gehen wir nun aber halb rechts auf einen alten Weg – der sieht eher aus wie ein kleines Barranco. Auf seinem Rand führt der Weg Richtung eines Sendemastens, an dem wir im weiteren Verlauf direkt vorbeigehen und den Mirador del Cristo – mit dem schönsten Blick auf San Sebastián – erreichen. Auch befindet sich hier das **Monumento al Sagrado Corazon de Jesus** 05 (288 m), eine Jesus-Statue, die an Rio de Janeiro erinnert. Vor der höchsten Erhebung und dem Betonpfeiler gehen wir halb rechts weitere 150 m, bis wir rechts zur kleinen Einsattelung vorgehen, unterhalb sehen wir die GM-2, nach Steinmännchen Ausschau halten und diesen bis auf die GM-2 hinunter folgen. An dieser gehen wir 70 m rechts, bis wir einen grünweißen Punkt sehen, die Leitplanke überqueren, ein kurzes Stück auf einem Camino gehen, um abermals die GM-2 zu überqueren. An gleicher Stelle übersteigen

Turm des Grafen

wir die Leitplanke und gehen nun auf dem uralten Camino bis zum Industriegebiet in San Sebastián. Nach einer Links-rechts-Kehre gehen wir bei der nächsten Kreuzung links an dem Gebäude mit dem grünen Dach vorbei erreichen abermals die GM-2, an der wir rechts zum Parkplatz in **San Sebastián 01** gehen.

LAS CASETAS – ENCHEREDA • 1063 m – HERMIGUA

Der große, grüne unbekannte Enchereda

17,6 km 7:10 h 798 hm 1117 hm 231

START | Busanbindung: keine. Nachdem wir San Sebastián auf der GM-1 verlassen haben, passieren wir einen neuen großen Kreisverkehr. Von hier sind es exakt 4,1 km bis auf den unscheinbaren Parkplatz bei La Casetas rechts von der Straße. Weiterhin befindet sich hier eine Informationstafel der Insel und eine Straße zweigt in die Berge ab. Geokoordinaten Parkplatz: [N28° 07.400 W17° 09.504 und 28.123333 -17.1584].
CHARAKTER | Kurzfristig ist der finale Aufstieg etwas steil und rutschig. Die Strecke führt über einen perfekt angelegten Weg. Die Orientierung im Gelände ist immer eindeutig.

In der Wintersaison 2015 auf 2016 hat die Inselregierung den Wegabschnitt von dem Ort Enchereda auf den gleichnamigen Berg Enchereda wieder freigelegt und somit steht dem Wanderer ein neuer spannender Wanderweg durch den Naturpark Majona mit seinen landschaftsprägenden Schluchten, dem Barranco de Majona und dem Barranco Juel zur Verfügung. Dabei werden verschiedene Vegetationsstufen durchwandert. Am Start in Las Casetas sind Wolfsmilchgewächse dominierend. Aber schon bald führt der Weg durch die neu aufgeforsteten Kiefernwälder bei Enchereda, hoch in

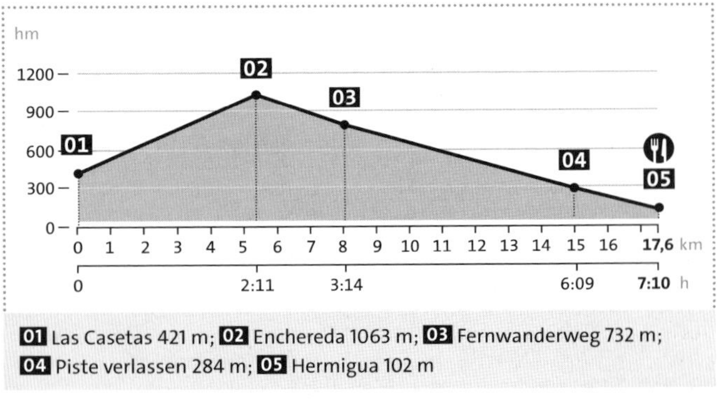

01 Las Casetas 421 m; 02 Enchereda 1063 m; 03 Fernwanderweg 732 m; 04 Piste verlassen 284 m; 05 Hermigua 102 m

Der Enchereda, 1063 m

die Feuchtwaldgebiete, die steil in das Tal von Hermigua abfallen. Hängemoose, die beeindruckend lange Bärte auf Bäumen bilden und alter Baumbestand sowie gigantische Tiefblicke nach Hermigua sind auf dem folgenden Wegabschnitt äußerst beeindruckend. Dann gilt es zu entscheiden, ob man an gleicher Stelle umdreht und auf den gleichen Weg zurückgeht – das wäre dann vom Schwierigkeitsgrad eine Rote Wanderung – oder ob man bis Hermigua absteigt.

▶ Bei **Las Casetas** **01** (421 m) verlassen wir die GM-1 nach rechts auf die Piste durch das Barranco hindurch, um nach 70 m scharf links unseren Aufstieg Richtung Enchereda zu beginnen. Nach 1,5 km treffen wir auf den Fernwanderweg GR 132. An der Einsattelung gehen wir links, nun leicht bergab, durch die Kiefernwälder, bis zu einer Forststraße hinunter, an der wir links gehen, und im weiteren Verlauf an dem Weiler Enchereda vorbei. Noch vor einer scharfen Rechtskurve – in dieser steht ein ockerbrauner Stromkasten – verlässt links ein Pfad ohne Markierung die Forststraße und führt nun immer oberhalb eines Barrancos bergauf. Schnell ändert sich das Landschaftsbild und wir laufen durch ein beeindruckendes Feuchtwaldgebiet mit uraltem Baumbestand. Je nach Wetterlage ist man nun den starken Passatwinden ausgesetzt und bei klassischer Nebellage tropft es heftig von den Bäumen. Wir erreichen die Bergspitze des **Enchereda** **02** (1063 m), man erkennt sie nur daran, dass es wieder bergab geht. Für eine Pause empfiehlt es sich auf der anderen Seite bergab zu gehen und nach ca. 10 Minuten bei einem Felsvorsprung eine atemberaubende Sicht auf Hermigua zu genießen. Wer nicht die komplette Strecke nach Hermigua hinuntergehen möchte, der dreht hier um und geht auf dem gleichen Weg zurück. Sonst folgt jetzt eine aussichtsreiche Gratwanderung auf dem großen grünen unbekannten Enchereda. Immer wieder erlauben Felsvorsprünge tief in das Tal von Hermigua zu schauen. Wir erreichen den **Fernwanderweg** **03** (732 m) bei Guanijar, an dem wir links bergab der Piste fol-

Kurz vor dem Encereda

gen. Nach 2,5 km und nach weiteren 950 m erreichen wir den Abzweiger Richtung Casas del Palmar, die wir ignorieren und auf dem Hauptweg bleiben. Auch den weiteren Abzweiger rechts Richtung Casas del Moralito lassen wir links liegen. Bei einer Informationstafel der Inselregierung macht die Piste eine 180°-Kehre – rechts geht es zu den Casas del Moralito. Nach 500 m werden wir die **Piste verlassen 04** (284 m), in einer Rechtskurve kurz nach einem Barranco links bergauf auf einem schmalen Pfad. Wir übersteigen einen Bergrücken und können bereits tief in das Tal von Hermigua schauen. Nach einem Abstieg gehen wir bei der Asphaltstraße links, durch eine lange Rechtskurve erreichen wir die Ortschaft Las Nuevitas. Bei der folgenden Gabelung der Straße gehen wir rechts zunächst in Kehren, dann durch den Kreisverkehr, in die Einbahnstraße zur Kirche und dem Ortskern von **Hermigua 05** (102) m.

Morro Canalizo
449
250
409
Casas de Taguluc
Roque Garaballo
Barranco de Tag
477
El Moralito
720
661
Riscos de Juel
s de Alamo
62
03
Solamente para ciclistas versados! (Nur für geübte Radler!)
Puntas Coloradas
836
Palo Atravesado
562
500
Barranco de Juel
Casas de Ju
889
750
Parque N
Degollada del Hoyetón
752
774
919
Raso de Juel
02
Enchereda
1063
Alto de Santa Cruz
Alto Vistoso
1019
Casas del Helechal
de Ma
62
867
Majona
e Enchereda
1061
Casas de Joradillo
Degollada de Archejo
Enchereda
Valle
mbres
Degollada de la Cumbre
845
Solame ciclistas (Nur für ge
62
GM-1
777
732
Altos de Utera
Aguajilva
Las Caselas
Mirador A. Lazcano
62
445
01
572
Barranco de Aguajilva
Lomo de las Colmenas
0 500 m
Lomo de la Herradura
498
Las
Lomito Fragoso y Honduras
500
Chejelipes
427

GM-3 – PLAYA DE ERESES – BARRANCO DE ERESES – GM-3

Auf einem vergessenen Camino zu einem versteckten Strand

10,5 km | 4:10 h | 541 hm | 541 hm | 231

START | Busanbindung: keine. Von Playa Santiago beträgt die Fahrstrecke vom Kreisverkehr am Flughafen, bis zum Parkplatz 3,6 km. In einer scharfen Rechtskurve der GM-3 befindet sich auf der linken Seite eine große Parkbucht, die mal durch eine Kette gesichert war. Geokoordinaten Parkplatz: [N28° (02).395 W17° 14.000 und 28.039917 -17.233333].
CHARAKTER | Steiler und rutschiger Abstieg zum Strand. Bei der nicht immer einfachen Orientierung im Gelände helfen Steinmännchen.

Die Wanderung beginnt gleich mit einem Paukenschlag, dem spektakulären Abstieg in das Barranco de Ereses. Nehmen Sie sich die nötige Zeit beim Abstieg und schauen Sie, an welcher Stelle der einfachste Abstieg umzusetzen ist. Es gibt keine Kletterstellen und keine Stellen mit Absturzgefahr. Auch wenn der erste Blick auf den 150 m tiefer liegenden Strand nicht so aussieht. Die Belohnung ist der traumhaft gelegene Playa Ereses mit einer erstklassigen Bademöglichkeit. Nach dem Aufstieg auf einen vergessenem Camino erreichen wir das gespenstisch anmutende Lotsenhaus des alten

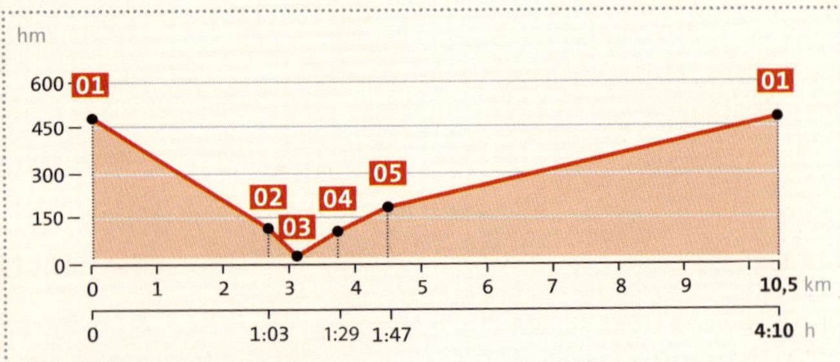

01 Start Ziel GM-3 484 m; 02 Beginn zum Abstieg 141 m; 03 Playa Ereses 0 m; 04 Traumcamino 74; 05 Alter Flughafen 165 m

Start Ziel GM

Flughafens sowie die alte Flughafen-Transferstraße – heutzutage nur noch eine wüste Schotterpiste –, die bis zum Ausgangspunkt zurückführt.

▶ Von der **GM-3** 01 (484 m) gehen wir in südwestlicher Richtung rechts an dem kleinen Steinmännchen und an dem großen Sandhaufen parallel zum weitaus tiefer liegenden Barranco über Terrassenfelder bergab, bis wir auf einem von rechts dazuführenden Weg treffen. Diesen gehen wir nach links weiter, um durch lange Kehren – leider vorbei an der Mülldeponie – auf eine alte Wasserverteilungsleitung zu treffen und dieser nun stets gerade hinunter bergab folgen. Halb links unterhalb von uns sehen wir die Start- und Landebahn vom Flughafen. Schon bald geht es an einer Ruine vorbei, die links von uns steht. Am Ende der Wasserverteilungsleitung gehen wir halb rechts an dem Steinmännchen vorbei und unterhalb der letzten Felder. Oberhalb der Klippen gibt es die erste Möglichkeit, zum Strand herunterzuschauen. Wir befinden uns am **Beginn zum Abstieg** 02 (141 m). Der weitere Abstieg ist weglos, aber komplett markiert mit Steinmännchen. Trotzdem sollte man immer darauf achten, den für sich am einfachsten Weg zu gehen. Aber als erstes queren wir den Hang, um auf den vor uns liegenden Bergrücken abzusteigen. Schon bald erreichen wir eine 5 m hohe Felswand, an der der erfahrene Bergsteiger direkt absteigen kann. Als Alternative kann man links in den Hang queren, eine Steinmauer übersteigen, weiter in den Hang nach links zu gehen, um dann Richtung des rechts liegenden roten Erosionsbandes zu wandern. So kann die Felswand umgangen werden. Wir erreichen den Talgrund und den **Playa Ereses** 03 (0 m). Der 200 m lange Strandabschnitt hat an seinem westlichen Ende sandige Stellen, die zum Verweilen einladen. Baden ist ohne Probleme möglich. Nach einer ausgiebigen Pause gehen wir am südwestlichen Talgrund im Barranco 200 m taleinwärts, bis wir links auf ein Terrassenfeld steigen können – rechts von uns sehen wir eine Ruine und

Abstieg Playa de Ereses

eine lange Steinmauer –, um nun im Abstand von 20 m parallel zu dem rechts von uns liegenden Barranco aufzusteigen. Nach nur 130 m treffen wir auf die ersten Reste eines nach links im Hang querenden Camino – dem wir nun leicht ansteigend folgen. Bald stehen wir vor einer Felswand, an der wir links vorbei an dem Steinmännchen, ca. 130 m auf gleicher Höhe bleibend, entlangwandern. Wir treffen abermals auf ein Steinmännchen, hier beginnt rechts

Playa de Ereses

der Aufstieg auf den schemenhaft zu erkennenden **Traumcamino** 04 (74 m) bis auf die Klippen. In westlicher Richtung vorbei an Terrassenfeldern treffen wir auf ein Barranco, zu dem wir zunächst parallel gehen, bis wir auf Höhe des **Alten Flughafen** 05 (165 m) sind. Bei einem Steinmännchen queren wir zur versandeten Start- und Landebahn, einem letzten von Ziegen in Beschlag genommenen Hangar sowie dem gespenstisch anmutenden Lotsenhaus. Schaut man in westlicher Richtung, so sieht man auf der Hochebene eine einzelstehende Ruine, unser nächstes Ziel. Dort angekommen ist schemenhaft eine stark erodierte Straße zu erkennen, der wir in langen Kehren vorbei an drei weiteren Ruinen zu einer Einsattelung folgen. Dort sehen wir bereits rechts oberhalb des Barranco den Rückweg, die ehemalige Flughafen-Transferstraße, der wir auf den nächsten 3,4 km bis zum Ausgangspunkt an der **GM-3** 01 folgen.

ALAJERÓ – DRACHENBAUM – ALAJERÓ

Wir verharren fast ehrfürchtig vor einem 400 Jahre alten Drachenbaum

5,1 km | 2:10 h | 285 hm | 285 hm | 231

START | Busanbindung: 3 und 6. Von Playa de Santiago beträgt die Fahrstrecke vom Kreisverkehr am Flughafen bis zum Parkplatz vor der Gemeindeverwaltung in Alajeró 9,6 km. Geokoordinaten Parkplatz: [N28° 03.839 W17° 14.373 und 28.039917 -17.233333].
CHARAKTER | Wanderung auf besten Wegen bei immer eindeutiger Wegführung.

Von dem fremdartig anmutenden Drachenbaum gibt es nicht viele Exemplare auf La Gomera. Dieser 400 Jahre alte El Drago befindet sich in einem Seitental oberhalb von Alajeró. Abhängig von der jeweiligen Gattung werden die schwertförmigen Blätter 50–60 cm lang und der Drachenbaum kann bis zu 20 m hoch werden. Sie gehören zur Pflanzengattung der Spargelgewächse. Den Altkanariern war der Drachenbaum heilig und nebenbei ein wichtiger Handelsgegenstand. Das Drachenblut, eine hoch geschätzte Medizin im Mittelalter – besonders hervorzuheben seine Fähigkeit, Stichwunden schnell zu verheilen – wurde auch zur Zubereitung als Heiltrank und für Salben verwendet.

▶ Von **Alajeró** 01 (861 m) verlässt mittig zwischen den Häusern, in nördliche Richtung nach Imada ein Wanderweg den zentralen Hauptplatz von Alajeró. Auf der ortsauswärts führenden

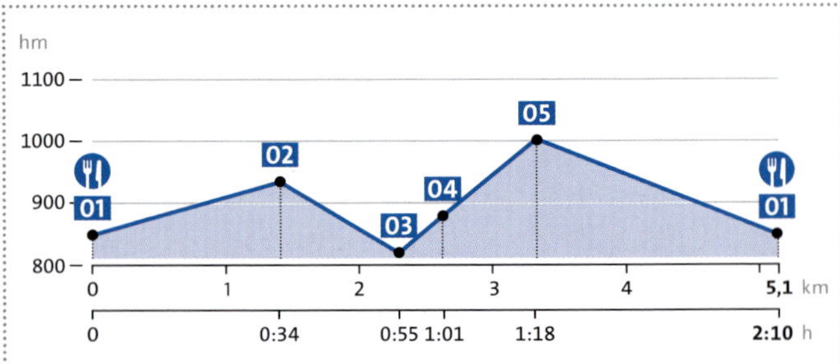

01 Alajeró 861 m; 02 links gehen 952 m; 03 Drachenbaum 824 m; 04 Aussichtsplattform 913 m; 05 alternative Pkw-Parkmöglichkeit 1012 m

Alajeró

1079
Roque de Imada
1079
Ruinen von Azadoe
Loma de la Montaña
05
Tajonaje
04
P
02
Casanueva
1074
Drago de Agalán
64
03
Casas Agalán
926
Palo Chiruca
64
Magaña
Ladolián
Montaña Castilla
908
01
San Salvador
P
64
Vegavera
Cabezo de las
Alajeró
0 500 m
750
750
500
Cruz de María

Drachenbaum (Detail)

Nebenstraße tangieren wir die GM-3, um hinter der Bushaltestelle halb links zu gehen – links entlang des großen Gebäudes. Nach 670 m treffen wir auf eine Asphaltstraße, an der wir **links gehen** 02 (952 m), um vor einem Gebäude rechts über die Felder und auf einen mit Steinen gesäumten Weg zu gelangen. Bei der ersten Weggabelung gehen wir nun hinunter zum **Drachenbaum** 03 (824 m). Besonders schön lässt sich das Prachtexemplar mit der Sonne in den Vormittagsstunden fotografieren.

Drachenbaum

Wir gehen auf dem gleichen Weg wieder zurück, an der ersten Weggabelung links, um nach 110 Höhenmetern eine **Aussichtsplattform** 04 (913 m) zu erreichen. Nach einem ausgiebigen Rundblick über das Tal, in dem der El Drago steht, gehen wir zurück. Vorbei am rechten Abzweiger hinunter zum Drachenbaum, abermals vorbei an dem rechten Abzweiger vom Hinweg – links am Zaun entlang – und gehen auf dem Pflastersteinweg bis zur GM-3 hoch. Reist man nur mit dem Pkw an und man ist auf der Suche nach dem kürzesten Abstieg, so befindet sich an dieser Stelle eine **alternative Pkw-Parkmöglichkeit** 05 (1012 m) Parkmöglichkeit (GPS-A N28 04.661 W17 14.593 und 28.077683 -17.243217). Man würde dann über die Wegpunkte 05, 04 und 03 in umgekehrter Richtung – direkt vorbei am Wasserauffangbecken – zum Drachenbaum absteigen. Direkt links neben dem beschriebenen Abstieg beginnt der Weg nach Alajeró. Nach 450 m treffen wir auf dem Hinweg. Von nun an ist der Hinweg unser Rückweg nach **Alajeró** 01.

PLAYA DE AVALO – ROQUE DE ALUCE ERMITA DE NUESTRA SEÑORA DE GUADALUPE – CAMINO PUNTA NELLA

Auf unbekannten Pfaden zur Heiligen Jungfrau von Guadalupe

8 km | 3:40 h | 382 hm | 385 hm | 231

START | Busanbindung: keine. Von San Sebastián aus fahren wir noch an der Zufahrt zum Playa de Avalo vorbei. Nach der nächsten Linkskehre, gefolgt von einer Rechtskehre, verlässt nach links eine mit einer Kette versperrte Straße den Hauptweg.
Nach weiteren 50 Metern auf dem Hauptweg kann man am Straßenrand parken. Geokoordinaten Parkplatz: [N28° 06.992 W17° 06.662 und 28.116533 -17.111033].
CHARAKTER | Prinzipiell eine sehr einfache Wanderung, wäre da nicht der weglose Abstieg über ein Geröllfeld vom Wegpunkt 03 direkt zum Playa de Agulia – die schwierigste Passage dieser Route.

Nördlich von San Sebastián de la Gomera befindet sich der Naturpark Puntallana. Landschaftsprägend sind das wilde Barranco de la Sabina, der 477 m hohe und felsige Roque de Aluce, der wildromantische Playa del Aguila und die von den Passatwinden

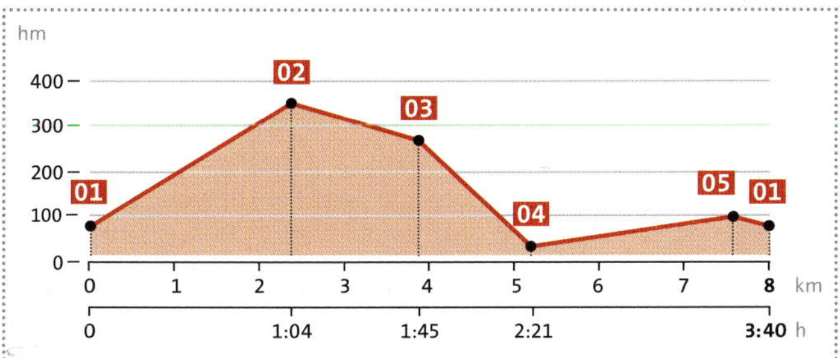

01 Parkplatz 158 m; 02 Casa de Aluce 390 m; 03 schwierige Passage 269 m; 04 Ermita de Nuestra Señora de Guadalupe 4 m; 05 Camino Puntanella 143 m

Barranco de Avalo

geformte Punta Llana. Die aussichtsreiche Wanderung führt an all diesen Sehenswürdigkeiten vorbei. Der kulturelle Höhepunkt ist die Ermita de Nuestra Señora de Guadalupe. Sonntags können dort die vielen Votivgaben (sind aufgrund eines Gelübdes als symbolisches Opfer, insbesondere für die Rettung aus einer Notlage dargebrachte Gegenstände) in der Kirche besichtigt werden.

Vom **Parkplatz** 01 (158 m) gehen wir einige Meter bis zur rostigen Kette zurück und übersteigen diese. Es folgt ein 2,3 km langer Aufstieg oberhalb des Barranco Avalo bis zur **Casa de Aluce** 02 (390 m). Bei dem Anwesen machen wir eine 180°-Kehrtwendung und gehen nun in östliche Richtung auf dem beginnenden Pfad unterhalb des Roque de Aluce Richtung Meer. Nach einer aus Stein gelegten Bank ist der Weg schwer auszumachen, hier folgen wir auf gleichbleibender Höhe zunächst einmal einem weißen Erosionsband. Bald ist dieses nicht mehr gut auszumachen und wir orientieren uns nun an rotgelbem Gestein, bis wir in der Ferne ein Steinmännchen sehen. Wir erreichen ein hellrotes Erosionsband, in direkter Verlängerung von uns blicken wir auf den Teide. War die Strecke bis jetzt sehr einfach, folgt nun eine **schwierige Passage** 03 (269 m). Dabei steigen wir 220 Höhenmeter über das halb links vor uns liegende Geröllfeld hinunter – rechts neben einer Erosionsrinne – bis zur Punta Llana und wandern weiter rechts zur Kirche. Alternativ quert auch ein Pfad unterhalb des Roque de Aluce herüber zum Camino Puntanella. Dieser ist aber durch ständige Erdrutsche in sehr steilem Gelände noch schwerer zu begehen, wie der Direktabstieg und daher ist von diesem Wegabschnitt abzuraten. Wir erreichen die **Ermita de Nuestra Señora de Guadalupe** 04 (5 m), zu Ehren ihrer Schutzheiligen, der Heiligen Jungfrau von Guadalupe gebaut. Alle fünf Jahre wird im Oktober an der Ermita das größte Inselfest gefeiert. Bei der Kapelle startet die feierliche, mit Musik untermalte Prozession und dann wird die Statue der Madonna auf einem prächtig geschmückten Boot in die Hauptstadt San Sebastián überführt. Wir gehen auf der Piste in südöstlicher Richtung in langen Kehren bergauf und folgen im weiteren Verlauf der Piste entlang der Küste, bis wir die Asphaltstraße erreichen. Nach 260 m auf der Asphaltstraße passieren wir den rechten Abzweiger **Camino Puntanella** 05 (143 m) – siehe Beschreibung der Variante -, und wandern bis zum **Parkplatz** 01 zurück.

Unterhalb vom Roque de Aluce

Archäologisches Museum

Archäologisches Museum - was geschah vor den Spaniern?
Dabei werden folgende Themen behandelt: Die Besiedlung der Insel, das praktizierte Kunsthandwerk sowie das Sozialleben und Religion der Ureinwohner. | Calle Torres Padilla 8, **38800 San Sebastián** | Tel.: 0034/34922141586 | Ruhetag: keiner | Öffnungszeiten 1. Oktober bis 30. Mai Dienstag bis Freitag 10–19 Uhr, Samstag und Sonntag 10–14 Uhr | Öffnungszeiten Dienstag bis Freitag 10–19 Uhr, Samstag und Sonntag 10–14 Uhr

Barranco Argaga
Im Barranco Argaga liegt einer der vielfältigsten tropischen Fruchtgarten Europas. Es wartet ein Erlebnis für alle Sinne. | Eintritt € 10, Kinder € 5 | Fam. G. Schrader Apdo. 27, **38870 Valle Gran Ray** | www.fruchtgarten.com | schrader_gomera@mundivia.es | Tel.: 0034/922697004 | Öffnungszeiten: Dienstag und Freitag von 10–17 Uhr

Basaltfelsen Los Órganos und Whal Watching
Aus den Fluten erheben sich Tausende von Magmasäulen, die an Pfeifen einer gigantischen Orgel erinnern. Die 200 m breite und über 80 m hohe Felswand gehört zu den schönsten Basaltformationen der gesamten Kanaren. Ausgangspunkt der Bootstour ist der Hafen Vueltas in Valle Gran Rey. | Preise € 33–43, Kinder € 23 | Excursiones TINA | Apartado 16, **38870 Valle Gran Rey** (GPS-Auto N28 04.865 W17 19.957 GPS-Auto 28.081083 -17.332617) | www.excursiones-tina.com | info@ excursiones-tina.com | Tel.: 0034/629990643

Faro de San Punto Christobal
Die kleine Landspitze, auf der der Leuchtturm des heiligen Christoph steht, ist der östlichste Punkt von La Gomera. Ein Symbol für Orientierung war von jeher der Leuchtturm für die Seefahrer und so auch der Faro de San Punto Christobal. | GPS-Auto N28 05.765 W17 06.000 GPS-Auto 28.096083 -17.1

Faro de San Punto Christobal

Juego de Bolas
Die 1987 eröffnete und in typischer kanarischer Architektur gebaute Anlage vermittelt in drei Ausstel-

Juego de Bolas

lungsräumen Wissenswertes über den Nationalpark. In einem angegliederten Gebäude ist ein kleines Volkskundemuseum untergebracht. Gezeigt werden das Innere eines Bauernhauses, Landwirtschaftsgeräte und ein Weinkeller | Eintritt: kostenlos | La Rosas, **38830 La Palmita, Agulo** | cvgarajonay@oapn.es | Ruhetag: keiner | Öffnungszeiten: 9:30–16:30 Uhr | 0034/922800993

Das Kolumbus-Haus
Themen: Die gesamte nautische Geschichte La Gomeras wird abgehandelt, wobei natürlich Kolumbus im Fokus steht. Die welthistorische Entdeckung Amerikas wird aufgearbeitet und Exponate

Das Kolumbus-Haus

aus dem achten Jahrhundert und mittelalterliche Weltkarten geben einen repräsentativen Einblick in die Schifffahrt vergangener Zeiten. | Eintritt: kostenlos | Calle Real 56, **38800 San Sebastián** | Tel.: 0034/922140106 | Öffnungszeiten: Montag bis Freitag 9:30–13 und 15:30–17:30 Uhr

Ethnografisches Museum | Das 2007 eröffnete Volkskundemuseum befasst sich vor allem mit der Tradition auf La Gomera. Während man in der ersten Etage auch in

Ethnografisches Museum

deutscher Sprache Wissenswertes zur Landwirtschaft, Fischerei sowie Forstwirtschaft erfährt, stehen in der zweiten Etage neben dem Wein, der Weberei, dem Kunsthandwerk auch die Architektur und die traditionelle Pfeifsprache El Silbo im Mittelpunkt. | Eintritt: € 2,5 | Öffnungszeiten: Di.- Fr. 10–18, Sa./So. 10–14 Uhr | Carretera General de Las Hoyetas 99, **38820 Hermigua** | Tel.: 0034/922881960

ÜBERNACHTUNGSMÖGLICHKEITEN

€ unter 30 EUR €€ 30 – 60 EUR €€€ über 60 EUR
(pro Pers/DZ/incl. Frühstück)

Betrachtet man La Gomera aus dem All – also mit Google Earth –, so zeigt sich eine trügerische Überschaubarkeit dieses bewaldeten Felsbrockens im Atlantischen Ozean. Um von A nach B zu kommen bedeutet es meistens, die in die Natur gefräßigen Schluchtausläufe großräumig auf einer von Bergauf- und Bergab-Fahrten geprägten, sehr kurvenreichen Strecke, zu umfahren. So fährt man beispielsweise vom Hafen in San Sebastián del la Gomera bis ins Valle Gran Rey 50 km und 1 Stunde und 20 Minuten. Oder, aus dem Valle Abajo im Norden der Insel zum Playa den Santiago 45 km und 1 Stunde und 10 Minuten. Zur Erkundung der Insel empfehlen sich Basislagern um bequem Tagesausflüge machen zu können, ohne lange Strecken fahren zu müssen. Eine Pauschalreise bietet dem Besucher in der Regel ein Komplettpaket aus Flug, Unterkunft, Verpflegung, Mietwagen und je nach Belieben weiteren Bausteinen für die Freizeitgestaltung. Unter dem Begriff Tourismus Real hat sich auf allen Kanarischen Inseln ein neues Marktsegment etabliert. Dabei wird der ländliche Tourismus mit Subvention der Europäischen Union gefördert und alte Fincas restauriert und vermietet. Dabei liegen die Ferienwohnungen meist in den Bergen oder in einer kleinen Ortschaft, vielfach alleinstehend garantieren sie so individuelles Wohnen. So findet man auch ohne Probleme Übernachtungsmöglichkeiten abseits der ohnehin nicht ausgeprägten Tourismusströme.

Einige Anbieter von Ferienwohnungen: | www.gomeralive.de | www.airbnb.de | www.gomera-individual.de | www.fewo-direkt.de | www.ferienhausergomera.com | www.gomera.de |

Der Reeder und Unternehmer Fred Olsen hat mit dem Vier-Sterne-**Hotel Jardin Tecina** eine Anlage mit über 400 Zimmern auf der sonnenbegünstigten Seite von La Gomera geschaffen. | Lomada de Tecina , **38811 Playa de Santiago** | www.jardin-tecina.com | marketing@fredolsen.es | 0034/922628200 | GPS-Auto N28 01.884 W17 11.378 GPS-Auto 28.0314 -17.189633 | €€€

Fakten der **Pension La Gaviota:** Ein zweistöckiges Gebäude, 10 blitzblanke Zimmer mit eigenem Bad, 6 mit seitlichem Blick auf das Meer, direkt am Strand und alle Zimmer mit kleinem Balkon. Wer es günstig haben möchte. | Av. Marítima, **38812 Playa de Santiago** | www.pensionlagaviota.es | pensionlagaviota@gmail.com | Tel.: 0034/922895135 | GPS-Auto N28 01.709 W17 11.837 GPS-Auto 28.028483 -17.197283 | €€

Die **Villa Los Delfines** befindet sich in Lepe, nahe der Ortschaft Agulo. Von der Terrasse genießt man einen atemberaubenden Blick über den Atlantischen Ozean bis zur Nachbarinsel Teneriffa und dem Teide. | Lepe, **38820 Agulo** | www.casadelfines-gomera.com | info@apartamentosgomera.com | Tel.: 0034/922880781 | GPS-Auto N28 11.204 W17 11.168 GPS-Auto 28.186733 -17.186133 | €€€

Casa Helechos – Um den Innenhof eines 150 Jahre alten Hauses werden vier Studios und ein Apartment vermietet. Von der Dachterrasse der **Casa Helechos** und einigen Zimmern hat man einen überwältigenden Blick auf das Meer und die Nachbarinsel Teneriffa. | Casa Rural Los Helechos | C/ La Seda 2, **38820 Agulo** | www.casarural-loshelechos-gomera.com | casahelechos@gmail.com | Tel.: 0034/922146968 | GPS-Fußgängerzone N28 11.340 W17 11. GPS-Fußgängerzone 61728.188963, -17.193634 | €€

Ibo Alfaro Hotel Rural – Eein 150 Jahre altes Herrenhaus, liebevoll renoviert und in ein Hotel umgebaut. So verzaubert die ursprüngliche Architektur noch heute mit ihren vollem Glanz. Aus allen Zimmern genießt man einen zauberhaften Blick in das Tal von Hermigua und über den Atlantik. | **38820 Hermigua** | www.hotel-gomera.com | Tel: 0034/922880168 | GPS-Auto N28 10.027 W17 11.889 GPS-Auto 28.167117 -17.19815 | €€€

Apartamentos Los Telares – Das sind 22 Standard- bis Superior- und Familien-apartments, alle mit natürlichen Materialien und in Naturtönen. | Carretera General del Norte 10, **38820 Hermigua** | www.apartamentosgomera.com | info@apartamentosgomera.com | Tel.: 0034/922880781 | GPS-Auto N28° 9.09427 W17° 11.88588GPS-Auto 28.151571, -17.198098 | €€

Casa Diversa – Wohnen in 6 schön gelegenen und geschmackvoll eingerichteten Apartments mit großer Dachterrasse. Service: W-Lan, Sat-Fernsehen, Wasch-maschine und Trockner.| Casa Diversa – Raquel Marcos Fuertes | Calle Llano de Campos 138, **38820 Hermigua** | Tel.: 0034/922880911 0034/660921809 | casadiversa@hotmail.com | www.casadiversa.com | GPS-Auto N28 10.11097 W17 11.23073 GPS-Auto 28.168516 -17.187179 | €€

ÜBERNACHTUNGSMÖGLICHKEITEN

€ unter 30 EUR €€ 30 - 60 EUR €€€ über 60 EUR
(pro Pers/DZ/incl. Frühstück)

Oberhalb der Talsperre vom **Las Rosas** liegt auf 750 m Höhe die **Casa Rural Roque Blanco,** im grünen Herzen von La Gomera. Das Anwesen wurde von den Besitzern liebevoll restauriert. Zu buchen über: Gomera individuell Casa Rural Roque Blanco. | Las Rosas, **38830 Agulo** | GPS-Auto N28° 10.617 W17° 14.0706 GPS-Auto 28.17695, -17.23451 | €€€

Das **Landhotel Casa Lugo** liegt im historischen Teil des Dorfes Agulo, im Norden der Insel. Es erwartet Sie ein rustikales Herrenhaus mit dem für die Region klassischen Innenhöfen und sehr individuell eingerichteten 10 Zimmern. | Calle Pintor Aguiar 33, **38830 Agulo** | www.hotelruralcasalugo.com | info@hotelruralcasalugo.com | Tel.: 0034/922146130 | GPS-Auto N28 11.234 W17 11.693 GPS-Auto 28.187233 -17.194883 | €€€

Das **Hotel Triana II** ist eine recht neue und sehr saubere Unterkunft zu einem sehr günstigen Preis. Von außen eher ohne Charme, von innen aber eine einwandfreie und gepflegte Unterkunft! Einfach perfekt für den Wanderer. | Avenida Guillermo Ascanio Moreno 17, **38840 Vallehermoso** | hosteleriateselinde@gmail.com | Tel.: 0034/922801677 | GPS-Auto N28 10.818 W17 15.921 GPS-Auto 28.1803 -17.26535 | €€

Bar Restaurant Sonia – Pension, 19 freundliche und große Zimmer, allesamt mit Bad und Balkon. Im dazugehörenden Restaurant (hier treffen sich die Einheimischen) wird leckere kanarische Hausmannskost serviert. | La Plaza, Plaza Chipude, **38840 Vallehermoso** | www.chipude.es | info@chipude.es | 0034/922804158 | GPS-Auto N28 06.575 W17 16.907 GPS-Auto 28.109583 -17.281783 | €€

In ländlicher Natur in Jardín Las Hayas befindet sich das **Efigenianatural,** das sind 5 Ferienhäuser und 3 Wohnungen im wunderschönen Weiler Las Hayas. Die Zimmer sind sauber, gepflegt und gemütlich, aber in den Wintermonaten kann es frisch werden auf knapp 1000 m Höhe. | Ferienkomplex Jardín las Hayas, **38869 Las Hayas** – Valle Gran Rey | www.efigenianatural.com | info@efigenianatural.com | Tel.: 0034/922804248 | GPS-Auto N28 07.745 W17 17.563 GPS-Auto 28.129083 -17.292717 | €€

Die **Oasis Bungalows & Studios,** jedes davon individuell gestaltet, sind umgeben von exotischen Blumengärten und Bananenplantagen in besonders ruhiger Lage – laden zum Verweilen ein. Besonders schön: Das Studio-Schiff mit herrlichem Blick auf das Meer. | Calle La Playa 28-30, **38870 Valle Gran Rey** | www.oasisgomera.net | info@oasisgaleria.com | GPS-Auto N28 05.834 W17 20.618 GPS-Auto 28.097233 -17.343633 | €€

Das Vier-Sterne-**Hotel Playa Calera** ist nur 20 Meter vom Strand entfernt und 5 Minuten von den Wanderwegen. Faszinierende Sonnenuntergänge auf der sonnigen Dachterrasse mit Swimmingpool. | Calle Punta Calera 2, **38870 Valle Gran Rey** |

www.hotelplayacalera.com | info@hotelplayacalera.com | Tel.: 0034/922805779 | GPS-Auto N28 05.724 W17 20.614 GPS-Auto 28.0954 -17.343567 | €€€

Da das **Hotel Gran Rey** nur durch eine Straße vom Strand getrennt ist, genießt man aus dem meeresseitigen Zimmern einen traumhaften Blick. Gleiches gilt von der Sonnenterrasse mit Swimmingpool. | Avda. Marítima 1, **38870 La Puntilla, Valle Gran Rey** | www.hotelgranrey.es | info@hotelgranrey.es | 0034/922805859 | GPS-Auto N28 05.347 W17 20.356 GPS-Auto 28.089117 -17.339267 | €€€

Das **Hotel Jardín Concha** im Valle Gran Rey ist ein kleines aber feines Hotel in bester Hanglage in Calera. Die einfach eingerichteten Zimmer sind sehr sauber. Das sehr leckere Frühstück kann bei gutem Wetter auf der Dachterrasse eingenommen werden. | La Orquídea, 1, **38870 Valle Gran Rey** | www.hotelconcha.net | hotelconcha@telefonica.net | 0034/922806063 | GPS-Auto N28 05.732 W17 20.157 GPS-Auto 28.095533 -17.33595 | €€

Casa Bonita in El Guro. Wunderschönes Ferienhaus am Zugang zum Künstlerdorf El Guro mit spektakulären Blick über das Tal. | **38879 El Guro**| www.elguro.com | bjoern@elguro.com | 0034/666836900 | GPS-Auto N28 06.465 W17 19.546 Auto 28.10775 -17.325767 | €€

Die ursprüngliche Plantage wurde zur familienfreundlichen **Finca El Cabrito** umgebaut. Die Anlage liegt idyllisch direkt am Meer am Ende eines Barranco, naturnah gestaltet und ökologisch geführt. Achtung! Sie ist nur mit dem Schiff oder zu Fuß erreichbar. | **38800 San Sebastián de la Gomera** | www.elcabrito.es | info@elcabrito.es | Tel: 0034/922145005 | GPS-Wanderung N28 03.758 W17 08.624 GPS-Wanderung 28.062633 -17.143733 | €€€

Das Vier-Sterne-Hotel **Parador Nacional Conde de la Gomera,** 1973 im Stil eines spanischen Adelspalastes aus dem 16. Jahrhundert erbaut, liegt auf einem 70 m hohen Felsvorsprung, zählt zu den schönsten Häusern der spanischen Parador-Hotelkette. | Calle la Horca 1, **38800 San Sebastián de la Gomera** | www.parador.es | gomera@parador.es | Tel.: 0034922871100 | GPS-Auto N28 05.468 W17 06.489 | GPS-Auto 28.091133 -17.10815 | €€€

Das zentral gelegene **Hotel Torre del Conde** mit einem schönen Blick auf den Stadtpark ist ein gepflegtes Mittelklassehotel, in dem Wanderer gern gesehene Gäste sind. | Ruíz de Padrón 19, **38800 San Sebastián de la Gomera** | www.hoteltorredelconde.com | reservas@hoteltorredelconde.com | Tel.: 0034/ 922870000 | GPS-Fußgängerzone N28 05.493 W17 06.684 GPS-Fußgängerzone 28.09155 -17.1114 |

Das Hotel **La Colombina** liegt 300 m entfernt vom Zentrum und Hafen. Da es an einer der Zufahrtsstraßen liegt, ist mit Lärm zu rechnen. Klein aber fein – Preis-/Leistung ausgezeichnet. Modern eingerichtet mit Holzparkett. | Ruiz de Padron 83, **38800 San Sebastián de la Gomera** | Reservas@hotellacolombina.com | www.hotellacolombina.com | Tel.: 0034/922872226 | GPS-Auto N28° 5.637 W17° 6.7953, GPS-Auto 28.093950, -17.113255 | €€€

RESTAURANTEMPFEHLUNGEN

Die Ureinwohner von La Gomera ernährten sich hauptsächlich von Gofio, dem Mehl aus gerösteter Gerste und Mais. Die Körner wurden zerstampft und später in Windmühlen gemahlen. Da es in den Küstenregionen immer wieder Trockenperioden gab, und Nahrung nur sporadisch vorhanden war, war Gofio ein wichtiger Bestandteil der Ernährung – weil es unbegrenzt lagerfähig und universal verwendbar ist. Zwar wird es immer noch hergestellt, wenn auch heute nur noch aus Weizen oder Mais, hat aber seine Wichtigkeit verloren. In die Küche sind Suppen und Eintopf eingezogen. Zu den traditionellen Gerichten gehören: Der Brunnenkresseeintopf (potaje de berros) oder der Kichererbseneintopf (garbanzas), mit oder ohne Schweinefleisch, ein Pürre aus Schmalz, Käse, Öl, Knoblauch, Salz und Pfeffer (almogrote) und natürlich die salzigen Runzelkartoffeln (papas arrugadas). Frische Salate (ensalada) werden mit Mais, Paprika, Avocados, Tomaten und Thunfisch ergänzt.

Fangfrischer Fisch, wie Papageienfisch oder Dorade, Seehecht und andere Meerestiere stehen auf jeder Speisekarte. Fleisch dagegen gab es früher nur zu besonderen Anlässen. Jede einzelne Ziege war wertvoll, denn sie produzierte auch Milch. Schon die spanischen Siedler hatten bei der großen Hitze so ihre Probleme mit der Haltbarkeit. So legte man Fisch und Fleisch in Meersalz ein und fügte scharfe Soßen dazu, damit sie nicht verdarben. Diese typischen kanarischen Soßen sind heute noch das i-Tüpfelchen der Inselküche. Zu den traditionellen Gerichten gehören Zicklein cabrito (typisch für die Kanaren), Kaninchen mit Weißweinsoße (conejo el salmonejo), Koteletts, Rinderfilet und Huhn. Tapas wie der Käse (Queso Blanco) mit Palmenhonig verfeinert, Serrano-Schinken (Jamón Serrano) spanischer luftgetrockneter Schinken oder einfach nur Oliven, ergänzen die typischen Gerichte. Zum Nachtisch gibt es Eis, Obst, die kanarische Mandelcreme (Bienmesabe) oder den Quarkkuchen (Tarte de Cuajada).

Auf La Gomera gibt es die Weinanbaugebiete in Hermigua, in Vallehermoso und die Weinberge im Valle Gran Rey und Alajero. Insgesamt gibt es 13 Weingüter (Bodegas) mit einer jährlichen Produktion von 300 hl Wein. Dabei wird sowohl weißer als auch roter Wein produziert. Natürlich kann man den Wein in den Bodegas, Märkten und in Weingeschäften kaufen.

Nachfolgend ist eine Liste der besten Restaurants nach Postleitzahl sortiert. Die **€** geben einen Anhaltswert, was man für ein Essen, ohne Wein ausgeben kann **€** = 10–15 €, **€€** = 15–25 € und **€€€** 25–50 €.

Im Restaurant **El Mesón de Clemente,** bei einer gigantischen Aussicht auf den Atlantischen Ozean, kredenzen Vater und Sohn Spezialitäten wie Spanferkel, gegrilltes Lamm, Ziege ergänzt mit einer umfangreichen Weinkarte in Alajeró. | **€€** | Calle las Cruces 6, **38812 Alajeró** | Tel.: 0034/922895721 | www.elmesondeclemente.com | GPS-Auto N28 03.425 W17 14.007 GPS-Auto 28.057083 -17.23345

Das Restaurant **El Faro** ist ein kleines, gemütliches Lokal mit Dachterrasse oberhalb vom Atlantischen Ozean. Tapas und Hausgerichte wie Fisch, Fleisch, Kressesuppe gehören zu den Spezialitäten von Petra. | €€ | Playa Ctra. Playa 15, **38820 Hermigua**

Santa Catalina | Tel.: 0043/922880810 | Ruhetag: Mittwoch | GPS-Auto N28 10.666 W17 10.999 GPS-Auto 28.177767 -17.183317

Der **Gasthof El Cedro La Vista** befindet sich abgelegen in dem Weiler Cedrotal. Hungrige Wanderer stärken sich bei traditioneller kanarischer Kost und einen traumhaften Blick in das Tal von Hermigua - falls denn die Sonne scheint. | **€** | El Cedro, **38820 Hermigua** | Tel.: 0034/922880949 | Ruhetag: Sonntag | Tel.: 0034/922880304 | Öffnungszeiten: 09–21 Uhr | GPS-Auto N28 08.233 W17 12.913 GPS-Auto 28.137217 -17.215217 |

Gelegen am Garajonay-Nationalpark und einem einzigartigen Blick über die nördliche Region von La Gomera werden seit 1975 im **Restaurant Los Chorros de Epina** kanarische Spezialitäten serviert. | **€** | Carretera GM1, km. 46,5., Epina, **38852 Vallehermoso** | www.chorrosdeepina.com | consultas@chorrosdeepina.com | Te.: 0034/922800030 | GPS-Auto N28 09.871 W17 17.833 GPS-Auto 28.164517 -17.297217

In der **Bar Restaurant Sonia** wird leckere kanarische Hausmannskost serviert. | **€€** | La Plaza, Plaza Chipude, **38840 Vallehermoso** | www.chipude.es | info@chipude.es | Tel.: 0034/922804158 | GPS-Auto N28 06.575 W17 16.907 GPS-Auto 28.109583 -17.281783

Die **Bar Casa Luis Comida** in Las Rosas ist ein absoluter Insidertipp. Ein absolutes Muss sind Tortilla de Berros und zum Nachtisch Quesillo mit süßem Palmenhonig. | **€** | Ctra. Gral. Del Norte, km 29, **Las Rosas 38830 Agulo** | Tel.: 0034/922800916 | GPS-Auto N28 11.022 W17 13.432 GPS-Auto 28.1837 -17.223867

Abseits im Grünen liegt die **Bodegón Roque Blanco** mit dem schönsten Blick auf das weite Tal von Vallehermoso. Es gibt landestypische Küche, spezialisiert auf Fleischgerichte. | **€€** | Calle Cruz de Tierno, **38849 Agulo** | Tel.: 0034/922800483 | Ruhetag: Montag | GPS-Auto N28° 10.25183 W17° 14.499 GPS-Auto 28.170864, -17.241650

Am spektakulär liegenden Skywalk und **Restaurant Mirador de Abrante** gibt es Essen am Abgrund bei gigantischer Aussicht. Die Bewirtschaftung des Cafes, der Bar und des Restaurants liegt für fünf Jahre bei Fred Olsen. | **€€€** | Calle de la Palmita, **38849 Agulo** | Ruhetag: keiner | Öffnungszeiten 10–18 Uhr | GPS-Auto N28 11.140 W17 12.095 GPS-Auto 28.185667 -17.201583

In der Einsamkeit der Westküste befindet sich das **Restaurant Taguluche.** | **€** | Carretera General Taguluche 11, **38852 Valle Gran Rey** | Ruhetag: Montag | Öffnungszeiten: 09:00–14:00 und 17:30–22:30 | GPS-Auto N28 08.300 W17 20.101 GPS-Auto 28.138333 -17.335017

Das **Restaurant Prisma,** in zweiter Reihe am Playa Alojera, bietet zwar nur bedingten Meerblick, dafür aber köstliche Fischgerichte. | **€** | Calle Playa de Alojera, **38852 Alojera** | Öffnungszeiten: 10–21 Uhr | Tel.: 0034/922800703 | Ruhetag: Mittwoch | GPS-Auto N28 09.881 W17 20.107 GPS-Auto 28.164683 -17.335117

RESTAURANTEMPFEHLUNGEN

Das **Restaurant Maria** ist ein echter Klassiker und mit ihren Kochkünsten überzeugt die Köchin Juana Díz Chine jeden Gast. | **€** | CV-18, km 9, **38892 Valle Gran Rey** | Tel.: 0034/922804034 | www.barrestaurantemaria.com | GPS-Auto N28 07.153 W17 17.199 GPS-Auto 28.119213, -17.286634

Wer einmal die kanarische Spezialität Gofio probieren möchte, kann dies auf La Gomera im **Wirtshaus La Montaña Casa Efigenia** tun: Das Restaurant liegt versteckt unter Eukalyptusbäumen am Rande des Nationalparks Garajonay und bietet traditionelle Küche. | **€** | Jardín las Hayas, Las Hayas, **38870 Valle Gran Rey** | www.casaefigenia.com | info@efigenianatural.com | 0034/922804077 | GPS-Auto N28 07.745 W17 17.563 GPS-Auto 28.129083 -17.292717

Von der großen Terrasse des **Restaurants Orquídea** genießt man kanarische Küche und einen herrlichen Ausblick auf das Valle Gran Rey. Am Taxistand die Treppe hinauf, geradeaus bis Apartementos Concha und dort rechts die Steintreppe hoch. | **€€** | La Orquídea, 1, **38870 Valle Gran Rey** | 0034/922895493 | Ruhetag: Samstag | Öffnungszeiten 18–23 Uhr | GPS-Fußgängerzone N28 05.732 W17 20.157 GPS-Fußgängerzone 28.095533 -17.33595

Im familiären Ambiente des Restaurants **El Palmar** genießen Einheimische und Besucher der Insel seit über 25 Jahren leckere kanarische Spezialitäten. | **€€** | Calle el Palmar 1, **38870 Borbalan Valle Gran Ray** | Tel.: 0034/922805332 | Ruhetag: Sonntag | Öffnungszeiten: 12.30–23 Uhr | GPS-Auto N28 05.417 W17 20.155 GPS Auto 28.090283 -17.335917

Das an den Felsen gebaute Restaurant **El Charcón,** mit Dachterrasse und Blick auf den Playa de la Cueva und Teneriffa, serviert kanarische Küche, eine sehr gute Paella und ist auch spezialisiert auf Fischgerichte. | **€€** | Playa de la Cueva, **38800 San Sebastián de la La Gomera** | Tel.: 0034/922141898 | Ruhetag: Montag | www.restauranteelcharcon.com | restauranteelcharcon@gmail.com | GPS-Auto N28 05.393 W17 06.379 GPS-Auto 28.089611, -17.106292 |

Das älteste Restaurant in San Sebastián, das **El Pajar Valenciano en Pajar,** besticht mit gemütlich-rustikalem Ambiente. Kanarische und valencianische Küche vom Feinsten. | **€** | Calle Ruiz de Padrón 26, **38800 San Sebastián de la La Gomera** | Tel.: 0034/922870355 | Ruhetag: Montag | Öffnungszeiten: 12:30–15:30, 18:30–23 Uhr | GPS-Fußgängerzone N28 05.509 W17 06.695 GPS-Fußgängerzone 28.091834, -17.111566

Im **Restaurant Playa** werden Tapas und leckere kanarische Gerichte, Spezialitäten wie Thunfisch und Tintenfisch serviert. | **€** | Avenida Marítima 46, **38810 Playa de Santiago** | 0034/922895147 | Ruhetag: Montag | GPS-Auto N28° 1.69163 W17° 11.86758 GPS-Auto 28.028194 -17.197793

In der **Bar Terraza La Chalana** sitzt man unter einem Sonnensegel, umgeben von tropischen Pflanzen und es werden hausgemachte Tapas gereicht. | **€** | Av. del Almirante Colón, **38810 Playa de Santiago** | 0034/922895969 | Ruhetag: Mittwoch | Öffnungszeiten: 12–22 Uhr | GPS-Auto N28° 1.7892 W17° 11.64858 GPS-Auto 28.029820 -17.194143

TRANSPORT

Busverbindungen
Sieben Buslinien verbinden die Hauptstädte. Folgende Webseite www.guaguagomera.com gibt auf Spanisch alle nützlichen Informationen. Drehkreuz für die meisten Hauptverbindungen ist San Sebastián. Wer zum Beispiel über den Hafen von San Sebastián nach Gomera anreist und in das Valle Gran Rey möchte, kann für diese Strecke die Buslinie 1 benutzen.

Buslinie 1: Valle Gran Ray – San Sebastián
http://www.guaguagomera.com/linea-1-valle-gran-rey-san-sebastian/

Busstationen: Estación de Valle Gran Rey, La Playa, La Puntilla, Vueltas, Calera, Guadá, Arure, Las Hayas, El Cercado, Chipude, Igualero, Pajaritos, Degollada de Peraza, San Sebastián de La Gomera

Buslinie 2: Vallehermoso – San Sebastián
http://www.guaguagomera.com/linea-2-vallehermoso-san-sebastian/
Busstationen: Vallehermoso, Tamargada, Las Rosas, Agulo, Hermigua und San Sebastián

Buslinie 3: Alajero – San Sebastián
http://www.guaguagomera.com/linea-3-alajero-san-sebastian/
Busstationen: Imada, Alajeró (Casco), Antoncojo, Aeropuerto, Santa Ana, Playa de Santiago, Tecina, Las Toscas, Vegaipala, Jerduñe, Degollada de Peraza und San Sebastián de la Gomera

Buslinie 4: Vallehermoso – La Dama
http://www.guaguagomera.com/linea-4-vallehermoso-la-dama/
Busstationen: Macayo, La Quilla, Epina, Las Hayas, El Cercado und Chipude

Buslinie 5: Vallehermoso – Alojera
http://www.guaguagomera.com/linea-5-vallehermoso-alojera/
Busstationen: Macayo, La Quilla, Epina, Alojera,

Buslinie 6: Flughafen – Valle Gran Rey
http://www.guaguagomera.com/linea-6-aeropuerto-valle-gran-rey/
Busstationen: Estación Valle Gran Rey, La Playa, La Puntilla, Vueltas, La Calera, Guadá, Arure, Las Hayas, El Cercado, Chipude, Igualero, Alajeró (Casco), Aeropuerto,

TRANSPORT

Buslinie 7: Flughafen – San Sebastián
http://www.guaguagomera.com/linea-7-aeropuerto-san-sebastian/
Bussstationen: Aeropuerto, Santa Ana, Playa Santiago, Tecina, Las Toscas, Vegaipala, Jerduñe, Degollada de Peraza und San Sebastián

Taxi

San Sebastián: 0034/922870524
Valle Gran Rey: 0034/922805058
Hermigua: 0034/922880047
Vallehermoso: 0034/922800279
Agulo: 0034/922801074
Alajero (Playa Santiago): 0034/922895300

BOTSCHAFTEN – KONSULATE

Honorakonsul der Bundesrepublik Deutschland | Urbanizacion Jardines, La Quinta, Calle Guillermo Rahn, 4, Locales 5-5, **38400 Puerto de la Cruz Teneriffa** | Tel.: 0034/922248820, Fax: 0034/922151555 | puerto-de-la-cruz@hk-diplo.de | Mo. bis Do. 10–13 Uhr

Österreichisches Konsulat | Costa y Grijalba 33, **38004 Santa Cruz de Tenerife** | Tel.: 0034/922023370, Telefax: 0034/922023371 | info@consuladoaustriatenerife.com | Di. Do. 15–17 Uhr

Schweizer Eidgenössisches Konsulat | Urbanización Bahía Feliz Edificio de Oficinas, Local 1 | **35107 Playa de Tarajalillo/ Gran Canaria** | Tel.: 00/34928157979, Fax.: 0034/928157900 | laspalmasgc@honrep.ch | Mo. bis Fr. 10–13 Uhr

NOTRUFE

Notrufnummer: 112
Feuerwehr: 080
Landespolizei Guradia Civil: 062
Policia Local: 092
Policia Nacional: 091
Forstzentrum: 922141766
Krankenhaus der Insel: 0034/922878920
Krankenstation San Sebastián: 922870750
Krankenstation Vallehermoso: 922800561

Informationen im Urlaub:

Patronato Insular de Turismo | Calle Real 4, **38800 San Sebastián** - Gomera | 0034/922141512

Oficina de Turismo de Valle Gran Rey | Calle Lepanto La Playa, **38870 Valle Gran Rey** - Gomera | 0034/922 805 458

Oficina de Turismo de Playa de Santiago | Edif. Las Vistas 8, Avda. Marítima | **38812 Alajeró-Playa de Santiago** | 0034/922895650

Informationen vor der Reise:

Spanisches Fremdenverkehrsamt Berlin | Lietzenburger Str. 99, **10707 Berlin** | 030/8826543

Spanisches Fremdenverkehrsamt Düsseldorf, Grafenberger Allee 100 | **40237 Düsseldorf** | 0211/6803980

Spanisches Fremdenverkehrsamt Frankfurt, Myliusstr. 14 | **60323 Frankfurt am Main** | 069/725033

Spanisches Fremdenverkehrsamt München, Schubertstraße 10, **80336 München** | 089/53074611

Spanisches Fremdenverkehrsamt Wien, Walfischgasse 8/14, **1010 Wien** | 0043/15129580

Spanisches Fremdenverkehrsamt Zürich, Seefeldstr. 19, **8008 Zürich** | 0041/442536050

DIE SPRACHE

Auf den kanarischen Inseln wird Spanisch gesprochen. Der Akzent und der Dialekt ähnelt eher dem Spanisch, das in Lateinamerika gesprochen wird. Einige Wörter werden abgekürzt, wodurch sie schwer zu verstehen sind, und übrigens sprechen die Kanaren sehr schnell. Viele Wörter stammen von den Ureinwohnern der kanarischen Inseln, welche auch heute noch verwendet werden.
Für den Urlaub auf La Gomera müssen sie nicht unbedingt Spanisch können. Deutsch, Englisch und die Gebärdensprache reichen meist völlig aus, um einzukaufen, ein Auto oder ein Zimmer zu mieten.

Sprache - minimal benötigter Wortschatz:

Si .... ja
No .... nein
por favor .... bitte
muchas gracias .... vielen Dank
Perdón .... Entschuldigung
Grande .... groß
Pequeña .... klein
Bueno .... gut
Mal (o) .... schlecht
Barato .... billig
Caro .... teuer
Mas .... mehr
Menos .... weniger
Con .... mit
Sin .... ohne
Abierto .... offen
Cerrado .... geschlossen
Señora .... Frau
Señorita .... junge Frau
Señor .... Herr
Habla usted alemán .... sprechen Sie Deutsch
Habla usted inglés .... sprechen Sie Englisch
No entiendo .... ich verstehe nicht
Buenos dias .... Guten Morgen (bis zum Mittag)
Buenos tardes .... Guten Tag (bis zum Abend)
Buenos noches .... Guten Abend sowie Gute Nacht
Hola .... Hallo
Adios .... auf Wiedersehen
Cómo está? .... wie geht's?
Muy bien, gracias .... sehr gut, danke

Sprache – Unterwegs – Hotel – Restaurant:

Quisiera alquilar	ich möchte mieten
Un coche	ein Auto
Una moto	ein Motorrad
Gasolinera	Tankstelle
Gasolina sin plomo	bleifreies Benzin
Gasoleo A	Diesel
lleno	voll tanken
Aparcar	Parken
Autobús	Autobus
Estación	Bahnhof
Parada	Haltestelle
Billete	Fahrkarte
Ida y vuelta	hin und zurück
Salida	Abfahrt
Illegeda	Ankunft
Qusiero Salir	ich möchte aussteigen
Tiene?	Haben sie
Una habitación	Doppelzimmer
Una individiual	Einzelzimmer
Para una noche	für eine Nacht
Para una semana	für eine Woche
Con ducha	mit Dusche
Con baño	mit Bad
Desayuno	Frühstück
Pensión completa	Vollpension
Pensión media	Halbpension
La cuenta por favor	die Rechnung bitte
Servicios	Toiletten
Señoras	Damen
Hombres	Herren

Sprache – Essen:

Atún	Thunfisch
Bacalao	Stockfisch
Calamar sepia	Tintenfisch
Carnes y pescados	Fleisch und Fisch
Dorada	Goldbrasse
El pato	die Ente
El filete	das Filet
El pescado	der Fisch
El ava de corral	das Geflügel
El pollo	das Huhn
Lenguado	Seezunge

Merluza	Seehecht
Ternera	das Kalbfleisch
Queso Blanco	Ziegenkäse
Queso asado	Ziegenkäse in Stücke geschnitten
Queso frito	Ziegenkäse gegrillt
Vieja	Papageienfisch

Sprache – Typische Gerichte

Almogrote	Rötlich-dunkel schimmernde Käsemischung
Arroz cubano Kurioses	Allerlei aus Spiegelei, Bohnen, Reis, Bananen und Fleisch.
Bienmesabe	zäher, goldbrauner Nachtisch aus Honig, Mandelsplittern, Eigelb und Zitrone, der so mundet, wie er übersetzt heißt: schmeckt mir gut
Caldo de pescado	dünne Fischsuppe mit Kartoffeln und Kräutern
Cherne al cilantro	gebratene kanarische Goldbrasse in Koriandersauce
Gambas al ajillo	Garnelen in kochendem Olivenöl mit Knoblauch
Gofio escaldado	Gofio mit der Brühe des Caldo de pescado zu sämigem, maisgelbem Brei angedickt, wird mit Kräutern und Paprika serviert
Mojo rojo	roter Mojo: sämige bis flüssige, scharfe Tunke aus roten Peperoni, Öl, Knoblauch, Essig und Salz zu Fleischgerichten und Papas arrugadas
Mojo verde	grüner Mojo: gleiche Herstellung wie Mojo rojo, aber grüne Peperoni mit viel Korianderkraut; begleitet Fischgerichte und Papas arrugadas
Papas arrugadas	in Salzlake gekochte, kleine kanarische Kartoffeln, die immer mit ihrer schrumpeligen (arrugado) Haut verzehrt werden
Pella	brotartige Masse aus Gofio, Wasser und Salz. Sie wird, in Scheiben geschnitten, zum Sancocho canario gegessen
Ron con miel de palma	spanischer Honigrum
Rrancho canario	deftiger Eintopf aus Kichererbsen, Kartoffeln, Schweinefleisch, Nudeln, Zwiebeln, Safran, Knoblauch, Paprikawurst

Sancocho canario	in Salz eingelegter, gekochter Fisch, der mit Gemüse und Mojo gegessen wird
Sama a la sa	Rotbrasse im Salzmantel
Tollo	gedörrter Fisch

Sprache – Geographische Begriffe

Atalaya	Ausguck und Wachtturm
Barranco	Trockenflußbett
Caldera	Riesenkrater der durch Einsturz des Vulkans nach der Entleerung der Magmakammer entsteht
Caleta	kleine Bucht
Camino	Wanderweg
Casa	Haus
Caseríos	Weiler
Castillo	Burganlage
Cueva	Höhle
Desprendimientos	Steinschlag
Diques	quer schießende Ausbruchsrinnen von Lava
Ermita	Kirche/Kloster
Faro	Leuchtturm
Finca	Landgut
Degollada	Einsattelung oder Pass
Iglesia	Kirche
Isla	Insel
Llano	Ebene
Lomo	Bergrücken
Malpais	so zerklüftetes Lavafeld, das nicht zu Landwirtschaft genutzt werden kann
Mirador	Aussichtspunkt
Montaña	Berg
Morro	Bergkuppe oder Felskopf
Playa	Strand
Pico	Gipfel
Punta	Landzunge
Risco	Klippe oder Grat
Roque	Felsen
Sud	Süden
Salinas	Entsalzungsanlagen
Valle	Tal

REGISTER

A
Agulo • 168, 169, 174, 175, 187
Alajeró • 75, 76, 77, 81, 212, 213, 215, 246
Alojera • 107, 116, 130, 131
Alto de Garajonay • 41, 42, 44, 53, 121, 139, 141, 164, 209, 210
Antoncojo • 220, 222, 245
Arcadece • 117
Arguamul • 87, 88, 89, 108, 109, 121, 122
Arguayoda • 78,79
Arure • 133, 135
Ayamosna • 194, 198, 230

B
Bar Casa Luis Comidas • 171
Bar Central • 97
Bar El Jape • 66
Bar Perdomo • 130
Bar Taguluche • 133
Barranco Erque • 55
Barranco de Argaga • 52, 74
Barranco de Arure • 57
Barranco de la Negra • 78, 80
Barranco del Cedro • 164
Barranco del Guarane • 136, 137
Barranco de Guarimiar • 212
Barranco del Mono • 114
Barranco Quillo • 82
Bar Restaurant María • 31
Baja de los Roques • 108, 110
Benchijigua • 190, 191, 192
Bodegón Roque Blanco • 128

C
Caldera • 81
Calle Mayor • 97
Calle San Antonio • 37
Camio Los Reyes • 74
Camino • 75
Camino Puntanella • 249
Cañada de Jorge • 118, 119
Casa de Aluce • 249, 250
Casa del Manco • 149, 151
Casa Forstale • 44
Casa Fortaleza • 35, 61
Casas de Contrera • 199
Casas de Cuevas Blancas • 144
Casa del Manco • 227, 228
Casas del Moralito • 148
Casas del Palmar • 181, 183
Casas de Taguluche • 181
Casas de los Manantiales • 56
Caseria Cubada • 100, 104, 105, 106
Caserio Taco • 216, 217
Castillo del Mar • 112, 113
Centro de Interpretacion Casa de la Miel • 105
Chipude • 36, 38, 42, 53, 56, 61, 71
Chorros de Epina • 93, 96, 97
Cruz de Pierno • 127

D
Degollada de la Cumbre • 159, 160
Degollada de Peraza • 194, 195, 199, 200, 227, 228
Drachenbaum • 246, 248

E
Enchereda • 238
El Cedro • 162, 163, 167
El Cercado • 31, 39
El Chorro • 166
El Contadero • 41
El Guro • 49, 58, 59
El Muelle De Lorenz • 178, 179
El Transportador • 185
Embalse de la Encatadora • 125, 127, 128
Epina • 100, 103
Ermita de Lourdes • 162, 139, 141, 142
Ermita de San Juan • 155, 158, 165
Ermita de San Marcos • 168, 169
Ermita del Santo • 134
Ermita de Santa Clara • 120
Ermita de Los Reyes • 30, 31, 32, 50, 74
Ermita de Nuestra Señora de Guadalupe • 73, 74. 249
Ermita de Nuestra Señora de Las Nieves • 80, 227
Ermita de San Isidro Labrador • 75, 76, 93
Ermita de Santa Clara • 87, 121

F
Fortaleza de Chipude • 34, 36, 39, 53, 56, 60, 62, 66
Finca Argayall • 73

G
Garajonay-Nationalpark • 35, 46, 55, 94, 140
Castillo del Mar • 111
Guarimiar • 212, 213
Guillama • 88, 110

H
Hermigua • 113, 146, 147, 148, 152, 156, 158, 160, 174, 175, 181, 182, 184, 238, 240
Hermigua El Convento • 165
Hotel Jardin Tecina • 201

I
Iglesia de El Salvador del Mundo • 77
Iglesia de Santo Domingo de Guzmán • 152, 165
Iglesia de San Juan Bautista • 121
Iglesia de San Marcos Evangelista • 168, 170
Iglesia Nuestra Señora de La Encarnación • 175
Imada • 142, 190, 191, 192, 208, 209, 210

J
Juego de Bolas • 187, 188

K
Kolumbus-Haus • 234

L
La Caldera • 73, 82, 83
La Caleta • 178
Las Casetas • 238
Las Creces • 84
La Dama • 26, 54, 62, 69, 78
La Gerode • 143, 144
Laguna Grande • 41, 43, 90
Laguna de Santiago • 201
La Laja • 149, 151, 182, 227, 229
La Mércia • 64
La Merica-Hochebene • 63
La Palmita • 175, 176

La Playa • 63
Las Casas • 165, 167
Las Creces • 48
Las Hayas • 38, 46
Las Mimbreas • 162
Las Nuevita • 148
Las Pilas-Hochebene • 49
Leche • 186
Lechepfad • 50
Lepe • 186
Le Roques • 208
Lo del Gato • 216, 217, 218
Lomo del Balo • 37, 38
Lomo del Espino • 100
Lomo Gordo • 155, 156
Lomo Majona • 143, 145
Los Acevinos • 155, 157, 158
Los Granados • 26

M
Macayo • 96, 98
Magische Quellen von La Gomera • 94
Mirador • 84
Mirador César Manrique • 27, 29, 64, 66
Mirador de Agando • 190, 192
Mirador de La Trinchera • 220
Mirador de Tajaque • 142
Mirador del Bailadero • 149
Mirador Ermita del Santo • 66
Mirador Igualero • 55
Mirador La Carbonera • 159
Mirador La Pilarica • 125, 128
Mirador Morro de Agando • 139, 142
Mirador Punta de Alcalà • 120, 124
Mirador Risquillos de Corgo • 86
Mirador Roque Agando • 149, 151
Mirador Roque Blanco • 125
Mirador Roque de Ojila • 192
Montaña del Adivino • 52
Montaña de la Zaaza • 95
Montaña del Calvario • 75, 76
Montaña del Cepo • 171, 173
Montaña de los Manantiales • 85, 91, 119
Montaña Farian • 38
Monumento de los Roques • 192

N
Nationalpark Garajonay • 40, 43, 48, 90, 208

P
Parque Nacional de Garajonay • 182
Parque Rural • 51
Pavon • 62
Pescante de Agulo • 184, 185
Pecante de Hermigua • 184
Pico de Herrera • 104, 106
Playa Alojera • 129, 131, 132
Playa Calatea • 179, 183
Playa de Ereses • 242
Playa de Arguamul • 108, 110
Playa de Cabrito • 194, 195,
Playa de Cascante • 204
Playa de Gunacha • 224, 226, 233
Playa de Ingles • 64
Playa de Iguala • 67, 70
Playa del la Negra • 78, 80
Playa del Guincho • 204, 206
Playa del Medio • 204, 205
Playa de los Dejes en Tamargada • 111, 112
Playa del Trigo • 129, 130, 131
Playa de Santa Catalina • 110
Playa de San Marcos • 168
Playa de San Sebastián • 224
Playa de Suarez • 204, 205
Playa La Cantera • 81, 82
Playa Negrin • 104, 105, 106
Playa Santiago • 199, 220, 221, 222
Playa Vallehermoso • 111
Punto de la Sepultura • 111, 112
Punta de Lorenzo • 178

R
Raso de la Bruma • 118
Restaurant La Vista • 165, 166
Restaurants Los Chorros de Epina • 93
Restaurant Taguluche • 136
Reventón Oscuro • 139, 141, 149, 150
Riscos de la Mércia • 64
Risquillo de Corgo • 84, 86
Roque Blanco • 125
Roque de Agando • 151
Rorque de Alojera • 129, 132
Roque de Cano • 92, 111, 113, 124
Roque de Imada • 212, 213,
Roque de la Zarcita • 150, 151
Roque de Las Lajas • 150
Roque de los Moros • 220
Roque de Mona • 136
Roque de Ojila • 139, 141,
Roques de San Pedro • 154
Roque de Sombrero • 230
Roque El Rejo • 159, 160, 161
Roque Magro • 198
Rotes Gestein • 83
Rote Wand • 187, 188

S
San Pedro • 123
San Sebastián • 55, 144, 159, 182, 225, 226, 230, 233, 234
Santa Clara • 88
Sagrado Corazon de Jesus • 234
Seima • 195, 199, 200, 201
Sendero Quise • 82
Schweinebucht • 71, 72
Skywalk • 188
Stausee de El Garabato • 171, 172

T
Taguluche • 114, 115, 134, 135
Tamagarda • 113
Tazo • 100, 101, 103, 105, 106
Tejeleche • 114, 115, 116
Tequergenche • 50

V
Valle Gran Rey • 28, 31, 33, 37, 39, 49, 51, 52, 57, 63, 64, 71, 92,
Vallehermoso • 86, 96, 99, 112, 113, 121, 124, 125, 126, 127
Virgen de Candelaria • 131

W
Wasserfall • 70
Wirtshaus La Montana • 37, 38, 46, 48

IMPRESSUM

© KOMPASS-Karten, A-6020 Innsbruck (17.01)
1. Auflage 2017 Verlagsnummer 5904 ISBN 978-3-99044-226-5

Text und Fotos (soweit nicht anders angegeben): Michael Will

Titelbild: Umgebung von Hermigua (Foto: ferkelraggae, © www.fotolia.de)

Grafische Herstellung: Stefan Treichl
Wanderkartenausschnitte: © KOMPASS-Karten GmbH

Alle Angaben und Routenbeschreibungen wurden nach bestem Wissen gemäß unserer derzeitigen Informationslage gemacht. Die Wanderungen wurden sehr sorgfältig ausgewählt und beschrieben, Schwierigkeiten werden im Text kurz angegeben. Es können jedoch Änderungen an Wegen und im aktuellen Naturzustand eintreten. Wanderer und alle Kartenbenützer müssen darauf achten, dass aufgrund ständiger Veränderungen die Wegzustände bezüglich Begehbarkeit sich nicht mit den Angaben in der Karte decken müssen. Bei der großen Fülle des bearbeiteten Materials sind daher vereinzelte Fehler und Unstimmigkeiten nicht vermeidbar. Die Verwendung dieses Führers erfolgt ausschließlich auf eigenes Risiko und auf eigene Gefahr, somit eigenverantwortlich. Eine Haftung für etwaige Unfälle oder Schäden jeder Art wird daher nicht übernommen. Für Berichtigungen und Verbesserungsvorschläge ist die Redaktion stets dankbar. Korrekturhinweise bitte an folgende Anschrift:

KOMPASS-Karten GmbH
Karl-Kapferer-Straße 5, A-6020 Innsbruck
www.kompass.de/service/kontakt

FSC www.fsc.org
MIX
Paper from responsible sources
FSC® C011918